Spanisch in 30 Tagen

Langenscheidt

Spanisch in 30 Tagen

Von Carmen R. de Königbauer
und Harda Kuwer

Langenscheidt

Berlin · München · Wien · Zürich · New York

Umwelthinweis: gedruckt auf chlorfrei gebleichtem Papier

Umschlaggestaltung: Independent Medien-Design
Zeichnungen im Innenteil: Ulf Marckwort, Kassel
Lektorat: Margarete Leidolf

Druck: Druckhaus Langenscheidt, Berlin
Printed in Germany
ISBN 3-468-29906-0
www.langenscheidt.de

1. 2. 3. 4. 5. 05 04 03 02 01

Inhaltsverzeichnis

Vorwort **11**

Schreibung und Aussprache **12**

Grammatische Fachausdrücke **14**

Lektion 1 ***En el avión*** **15**
Im Flugzeug

Grammatik: Regelmäßige Verben auf ***-ar*** ▪ ***ser*** ▪ Personalpronomen ▪ Einfacher Satz ▪ Fragesatz ▪ Verneinter Satz
Landeskunde: Kleine Kaffee-Kunde

Lektion 2 ***En el aeropuerto*** **21**
Auf dem Flughafen

Grammatik: ***estar*** ▪ Artikel + Substantiv ▪ Pluralbildung ▪ Adjektive
Landeskunde: ¿Señorita? ¿Señorito?

Lektion 3 ***Ir a la ciudad*** **27**
Fahrt in die Stadt

Grammatik: ***ir*** ▪ ***ser/estar*** ▪ ***hay*** ▪ Stellung der Adjektive ▪ Grundzahlen 1–30
Landeskunde: Taxifahren

Lektion 4 ***Encuentro con la familia*** **35**
Die Familie kennen lernen

Grammatik: Regelmäßige Verben auf ***-ir*** ▪ ***se habla*** ▪ Unbetontes Possessivpronomen ▪ Steigerung der Adjektive ▪ Artikel bei ***señor/señora***
Landeskunde: Kleine Namenskunde

Lektion 5 ***En casa*** **43**
Zu Hause

Grammatik: Regelmäßige Verben auf ***-er*** ▪ Unregelmäßige Verben ***tener/venir*** ▪ ***tener que*** ▪ ***hay/estar*** ▪ ***de + el = del*** ▪ ***a + el = al***
Landeskunde: Noch mehr zum Thema »Wohnen«

Lektion 6 **La vida familiar** **51**
Familienleben

Grammatik: Stammveränderung der Verben ***o – ue*** ■ Reflexive Verben ■ ***todo/a el/la, todos/as los/las*** etc. ■ Uhrzeit
Landeskunde: Essgewohnheiten

Lektion 7 **En la cocina** **61**
In der Küche

Grammatik: ***saber – hacer*** ■ Demonstrativpronomen ■ ***el ama, el agua***
Landeskunde: Die spanische Küche

Test 1 **70**

Lektion 8 **De compras** **72**
Beim Einkaufen

Grammatik: Stammveränderung der Verben ***e – ie*** ■ Unbetontes Objektpronomen (Dativ und Akkusativ) ■ ***medio – otro*** ■ Grundzahlen 31–1000
Landeskunde: Öffnungszeiten

Lektion 9 **En la estación central** **81**
Am Hauptbahnhof

Grammatik: ***ir a*** + Infinitiv ■ ***hay que*** ■ ***para*** ■ Ordnungszahlen
Landeskunde: Fahren mit dem Zug

Lektion 10 **En la información turística** **89**
In der Touristeninformation

Grammatik: Verben mit Stammveränderung ***c – cz*** ■ Objektpronomen nach Präpositionen ■ ***quisiera*** + Infinitiv ■ ***estar + para*** + Infinitiv ■ ***por***
Landeskunde: Alcázar

Lektion 11 ***La primera cita de Karin*** **97**
Karins erstes Rendezvous

Grammatik: ***dar – salir*** ■ ***conmigo/contigo/consigo***
Akkusativ von Personen ■ Wir Spanier…
Landeskunde: Verabredung

Lektion 12 ***Visita a la ciudad*** **105**
Stadtbesichtigung

Grammatik: Regelmäßige Partizipien ■ Zusammengesetztes Perfekt ■ ***ver*** ■ ***y – e*** ■ Ausrufesätze
Landeskunde: Tapas

Lektion 13 ***En el restaurante*** **113**
Im Restaurant

Grammatik: Verben mit Stammveränderung ***e – i*** ■ Indefinitpronomen ■ Doppelte Verneinung ■ ***estar + bien/mal ser + bueno/malo***
Landeskunde: ¿Dónde comer en España?

Lektion 14 ***Una situación desagradable*** **121**
Eine peinliche Situation

Grammatik: Unregelmäßige Partizipien ■ Adverbien ■ Verkleinerungsformen
Landeskunde: Spanische Lebensart

Test 2 **128**

Lektion 15 ***Una llamada telefónica*** **130**
Ein Telefonanruf

Grammatik: Gerundium ■ unregelmäßige Gerundien ■ Regeln für den Gebrauch ■ ***decir – oír – seguir*** ■ ***volver a*** + Infinitiv
Landeskunde: Post und Telefon

Lektion 16 ***La Moda*** ***137***
Die Mode

Grammatik: Konditional ■ Unregelmäßige Konditionalformen ■ Zwei Personalpronomen beim Verb
Landeskunde: Kleidung

Lektion 17 ***En la comisaría*** ***145***
Auf dem Polizeirevier

Grammatik: Indefinido (regelmäßige Formen) ■ ***al/sin*** + Infinitiv ■ ***de***
Landeskunde: Die Polizei

Lektion 18 ***Vamos de cámping*** ***153***
Wir gehen campen

Grammatik: Unregelmäßige Indefinido-Formen ■ ***no . . . ni, ni*** ■ ***o – u***
Landeskunde: Infos zum Thema Camping

Lektion 19 ***Un viaje en coche*** ***161***
Eine Fahrt mit dem Auto

Grammatik: Unregelmäßige Indefinido-Formen ■ ***deber*** + ***de*** + Infinitiv ■ ***bueno/malo/grande*** + Substantiv – ***buen, mal, gran***
Landeskunde: Autofahren in Spanien

Lektion 20 ***Un accidente*** ***169***
Ein Unfall

Grammatik: Imperfekt ■ Unregelmäßige Imperfekt-Formen ■ weitere unregelmäßige Indefinido-Formen
Landeskunde: Für Autofahrer

Lektion 21 ***¡Viva el deporte!*** ***177***
Es lebe der Sport!

Grammatik: Imperfekt – Indefinido im Vergleich ■ Wiederholung des Objekts durch Pronomen ■ ***me gusta – me gustan*** ■ ***muy/mucho*** ■ ***jugar a*** + Artikel + Substantiv
Landeskunde: Für Sportfans

Test 3 **186**

Lektion 22 ***Busco un nuevo trabajo*** **188**
Ich suche eine neue Arbeitsstelle

Grammatik: Futur ■ Unregelmäßige Futur-Formen ■ ***llevar*** ■ Unpersönliches ***uno/una***
Landeskunde: Der spanische Arbeitsmarkt

Lektion 23 ***En el Rastro*** **197**
Auf dem Flohmarkt

Grammatik: Futur als Ausdruck der Vermutung ■ Artikel + ***de*** als Demonstrativpronomen ■ Vergleich: ***más/menos que, más/menos de***
Landeskunde: Der Rastro

Lektion 24 ***Hacer unos recados*** **205**
Ein paar Besorgungen machen

Grammatik: Passiv ■ Zustandspassiv ■ Passivumschreibung mit ***se*** ■ ***deber*** + Infinitiv ■ ***quería – querría*** ■ ***desde – desde hace – hace***
Landeskunde: El Estanco

Lektion 25 ***Madrid de noche*** **213**
Madrid bei Nacht

Grammatik: Subjuntivo Präsens ■ Subjuntivo nach Äußerung von Wünschen und Empfindungen ■ ***si*** (als Beteuerung)
Landeskunde: El Flamenco

Lektion 26 ***¡Feliz cumpleaños!*** **221**
Alles Gute zum Geburtstag!

Grammatik: Unregelmäßige Subjuntivo-Formen ■ Subjuntivo nach Ausdrücken des Zweifelns und der Hoffnung ■ Subjuntivo nach unpersönlichen Ausdrücken ■ ***cuando*** + Subjuntivo ■ ***ser/estar*** (Bedeutungsunterschiede)
Landeskunde: Festlichkeiten

Lektion 27 ***Visita de Alemania*** **231**
Besuch aus Deutschland

Grammatik: Subjuntivo von ***dar*** ■ Subjuntivo nach bestimmten Konjunktionen ■ Subjuntivo im Relativsatz ■ ***acabar*** + ***de*** + Infinitiv ■ ***¿cuánto?***
Landeskunde: Übernachten

Lektion 28 ***Una noche con los amigos*** **239**
Ein Abend bei Freunden

Grammatik: Bejahter Imperativ ■ Pronomen beim bejahten Imperativ ■ Betontes Possessivpronomen ■ ***tan/tanto***
Landeskunde: Im Umgang mit Freunden

Lektion 29 ***En la consulta*** **247**
In der Sprechstunde

Grammatik: Unregelmäßige Imperativ-Formen ■ Ersatzformen für den Imperativ ■ ***ir – venir*** ■ Akzente
Landeskunde: Ärztliche Hilfe

Lektion 30 ***La despedida*** **255**
Der Abschied

Grammatik: Verneinter Imperativ ■ Pronomen beim verneinten Imperativ ■ Relativpronomen ***el que, la que, el cual, cuyo*** ■ Ortsangaben
Landeskunde: Was tun beim Abschied

Schlüssel zu den Übungen ***262***

Lösungen der Tests ***273***

Wörterverzeichnis ***274***

Vorwort

Dieser Selbstlernkurs vermittelt Ihnen solide Grundkenntnisse des Spanischen. Er macht Sie vertraut mit einem modernen Wortschatz und gängigen Satzmustern, die sich in Alltagssituationen ergeben und sofort umsetzbar sind. Das Buch richtet sich an Anfänger ohne Vorkenntnisse ebenso wie an jene, die ihre Kenntnisse auffrischen möchten.
Jede der dreißig Lektionen besteht aus einem Dialog mit deutscher Übersetzung, Grammatik, Übungen, Landeskunde und Wortschatz. Die Dialoge zeigen lebhafte Szenen aus dem spanischen Alltagsleben und führen neue Grammatikthemen ein, die jeweils im Anschluss leicht verständlich erklärt werden. Die Übungen dienen dazu, das Erlernte spielerisch umzusetzen und zu festigen. Den Lösungsschlüssel zur Selbstkontrolle finden Sie im Anhang des Buches. Nach dem lektionsbezogenen Wortschatz bieten praktische landeskundliche Informationen Wissenswertes über Kultur und Lebensart in Spanien und geben dem Spanienreisenden nützliches Rüstzeug mit auf den Weg.
Drei unterhaltsame Zwischentests dienen der individuellen Lernkontrolle und Vertiefung des Gelernten. Das komplette Wortschatzregister am Schluss des Buches ermöglicht Ihnen ein rasches Auffinden aller im Buch vorkommenden Vokabeln.
Wir empfehlen, anhand der spanischen Ausspracheregeln die Aussprache zu üben und jede Gelegenheit zu nutzen, um gesprochenes Spanisch zu hören.
Dieser Selbstlernkurs ist auch als Buch mit Audio-Kassette bzw. Audio-CD erhältlich, die die Dialogtexte in zwei Sprechgeschwindigkeiten bieten – einmal in flotter Alltagssprache und einmal in langsamerem Tempo zum Nachsprechen.
Viel Erfolg mit diesem unterhaltsamen Sprachkurs wünschen Ihnen

Autorinnen und Verlag

Schreibung und Aussprache

Groß– und Kleinschreibung:
Mit großen Anfangsbuchstaben beginnen im Spanischen:
- der Anfang eines Satzes
- Eigennamen (Madrid, Pedro, los Alpes, España)
- Institutionen (las Cortes – das spanische Parlament)
- Studienfächer (Historia – Geschichte)

Alles andere wird klein geschrieben (lunes – Montag, julio – Juli, los españoles – die Spanier)

Aussprache der Vokale:
Sie werden wie in den folgenden deutschen Wörtern ausgesprochen:
a – **A**rbeit – tr**a**bajo
e – R**e**cht – der**e**cho
i – **i**deal – **i**deal
o – G**o**tt – Di**o**s
u – akt**u**ell – act**u**al
Treffen zwei Vokale aufeinander, wird – im Gegensatz zu den Diphthongen im Deutschen – jeder Vokal für sich ausgesprochen:
m**a**-**e**stra (Lehrerin)
u oder **i/y** neben einem anderen Vokal bilden hingegen Diphthonge: leng**ua** (Sprache), a**yu**da (Hilfe)

Aussprache der Konsonanten:
b am Satzanfang und nach m wie im Deutschen: ¡Buenos días! (Guten Tag!), nombre (Name), und in allen übrigen Fällen etwa wie das deutsche w (zwischen den Lippen): abril (April), abrir (öffnen).
c vor a, o, u und Konsonanten wie k: ¿cómo?, ¿cuándo?; vor e, i gelispelt: Cecilia, centro (Zentrum)
ch wie **tsch**: charlar (plaudern)
d weicher als deutsches d und am Wortende kaum hörbar: Madrid
f wie im Deutschen: familia (Familie)
g vor a, o, u wie deutsches g: gota (Tropfen), gracias (danke); vor e und i stimmlos wie ch in Dach: gente (Leute); soll g vor e und i wie g gesprochen werden, wird ein u

eingeschoben (Achtung: das u wird dabei nicht ausgesprochen): guitarra (Gitarre), guía (Reiseführer), guerra (Krieg); soll das u nach g und vor e und i ausgesprochen werden, wird es als ü geschrieben: cigüeña (Storch)

h bleibt stumm: hombre (Mann, Mensch)

j wie ch in Dach: julio (Juli), jamón (Schinken)

l wie im Deutschen: leche (Milch), lunes (Montag)

ll als lj wie in Billard oder Billett: billete (Billett)

m wie im Deutschen: madre (Mutter)

n wie im Deutschen: nombre (Name);
vor b, f, p und v wie m: un banco (eine Bank)

ñ als nj wie in Kognak: coñac (Kognak), mañana (morgen)

p wie im Deutschen: patatas (Kartoffeln), pensión (Pension)

qu wie deutsches k: ¿qué? (was?), queso (Käse)

r gerollt: pero (aber), periódico (Zeitung), rabia (Wut)

rr stark gerolltes r: perro (Hund), barril (Fass)

s wie ß mit Tendenz zu sch: señor (Herr)

t wie im Deutschen, aber nicht angehaucht: teatro (Theater)

v wird am Wortanfang und nach n wie b ausgesprochen: vaso (Glas), tranvía (Straßenbahn); in allen übrigen Fällen wie w (zwischen den Lippen): televisión (Fernsehen)

x weicher als im Deutschen: extra (extra), extraordinario (außergewöhnlich)

y am Wortanfang wie das deutsche j: ya (schon)
allein oder in der Wortmitte wie i: yo y tú (ich und du)

z gelispelt: zapato (Schuh), zanahoria (Möhre)

Betonung der spanischen Wörter:
Bei Endung auf Vokal, -n oder -s wird die **vorletzte Silbe** betont: Es**pa**ña (Spanien), en**to**nces (dann), **can**tan (sie singen).
Bei Endung auf Konsonant (außer n und s) wird die **letzte Silbe** betont: espa**ñol** (spanisch), en**trar** (hineingehen).
Ausnahmen von dieser Regel werden mit **Akzent** gekennzeichnet: café (Kaffee), fantástico (fantastisch), azúcar (Zucker).
Auch gleichlautende Wörter mit verschiedenen Bedeutungen werden durch Akzent voneinander unterschieden: solo (allein) – sólo (nur); más (mehr) – mas (aber).
Fragefürwörter tragen Akzent: ¿cómo? (wie?) – como (wie – Vergleichspartikel)

Grammatische Fachausdrücke

Adjektiv	Eigenschaftswort
Adverb	Umstandswort
Akkusativ	Wenfall (wen? was?)
Dativ	Wemfall (wem?)
Demonstrativpronomen	hinweisendes Fürwort
Diphthong	einsilbig ausgesprochener Doppellaut
feminin	weiblich
Futur	Zukunft
Genitiv	Wesfall (wessen?)
Gerundium	unveränderliche Verbform mit Adverbfunktion
Imperativ	Befehlsform
Imperfekt	eine Vergangenheitszeit
Indefinido	eine Vergangenheitszeit
Indefinitpronomen	unbestimmtes Fürwort
Indikativ	Wirklichkeitsform
Infinitiv	Grundform des Verbs
Konditional	Bedingungsform
maskulin	männlich
neutrum	sächlich
Objekt	Satzergänzung
Partizip	Mittelwort der Vergangenheit
Passiv	Leideform
Perfekt	eine Vergangenheitszeit
Personalpronomen	persönliches Fürwort
Plural	Mehrzahl
Possessivpronomen	besitzanzeigendes Fürwort
Präposition	Verhältniswort
Präsens	Gegenwart
Reflexivpronomen	rückbezügliches Fürwort
Relativpronomen	bezügliches Fürwort
Relativsatz	durch Relativpronomen eingeleiteter Nebensatz
Singular	Einzahl
Subjuntivo	Möglichkeitsform
Substantiv	Hauptwort
Verb	Zeitwort

En el avión

Azafata: ¿Habla usted español?
Karin: Sí, un poco.
Azafata: ¿Qué toma usted?
Karin: Un café, por favor.
Azafata: ¿Con leche y azúcar?
Karin: Sólo con leche, gracias.
Stößt versehentlich ihren Nachbarn
¡Oh, perdón!
Pasajero: No es nada, no es nada. ¿Es usted de Múnich?
Karin: Sí, soy de Múnich, ¿y usted?
Pasajero: Yo soy de Madrid.
Karin: ¡Ah, . . . usted es español!
Pasajero: Sí, y usted es de Alemania.
Karin: Sí, soy de Alemania.
Pasajero: ¿Viaja usted a España como turista?
Karin: No, no viajo como turista sino como Au-pair por un año.
Pasajero: ¡Qué interesante! ¿A qué ciudad viaja usted?
Karin: A Madrid.

Der Passagier stellt sich vor.

Pasajero:	¡Perdón! Yo soy José Pérez, soy profesor.
Karin:	Yo soy Karin Müller, soy enfermera.

Im Flugzeug

Stewardess:	Sprechen Sie Spanisch?
Karin:	Ja, ein bisschen.
Stewardess:	Was trinken Sie?
Karin:	Einen Kaffee, bitte.
Stewardess:	Mit Milch und Zucker?
Karin:	Nur mit Milch, danke. Oh, Entschuldigung.
Passagier:	Das macht nichts, das macht nichts. Sind Sie aus München?
Karin:	Ja, ich bin aus München, und Sie?
Passagier:	Ich bin aus Madrid.
Karin:	Ah, ... Sie sind Spanier!
Passagier:	Ja, und Sie sind aus Deutschland.
Karin:	Ja, ich bin aus Deutschland.
Passagier:	Reisen Sie nach Spanien als Touristin?
Karin:	Nein, ich reise nicht als Touristin, sondern als Au-pair für ein Jahr.
Passagier:	Wie interessant! In welche Stadt reisen Sie?
Karin:	Nach Madrid.
Passagier:	Entschuldigung! Ich bin José Pérez, ich bin Lehrer.
Karin:	Ich bin Karin Müller, ich bin Krankenschwester.

Regelmäßige Verben auf -ar

*viaj**ar***	reisen		
*viaj**o***	ich reise	*viaj**amos***	wir reisen
*viaj**as***	du reist	*viaj**áis***	ihr reist
*viaj**a***	er, sie reist	*viaj**an***	sie reisen

Die Endung gibt Person (ich, du ...) und Zeit an (hier: Gegenwart).

Es gibt Verben auf ***-ar***, ***-er*** und ***-ir***

Das Personalpronomen

yo *viajo*	ich reise
tú *viajas*	du reist
él, ella, usted (Vd.) *viaja*	er, sie reist / Sie reisen
nosotros, -as *viajamos*	wir reisen
vosotros, -as *viajáis*	ihr reist
ellos, ellas,	
ustedes (Vds.) viajan	sie, Sie reisen

■ ***usted (Ud./ Vd.), ustedes (Uds./Vds.)*** sind Höflichkeitsformen für die Anrede. Sie stehen im Singular oder Plural.
nosotros, vosotros, ellos haben eine weibliche Form auf ***-as***
Im Gegensatz zum Deutschen wird das Personalpronomen nur gebraucht, wenn es betont werden soll.

Übung 1

Setzen Sie die richtige Verbform ein:

1. José (viajar) a Madrid.
2. Ella (tomar) café con leche.
3. Karin y José (hablar) español.
4. Usted (estudiar) francés.
5. Nosotros (hablar) italiano.
6. Tú (entrar) en el bar.
7. Ellas (tomar) el avión.

ser sein (Wesenseigenschaft)

soy *José Pérez*	ich bin José Pérez
eres *profesor*	du bist Lehrer
es *domingo*	es ist Sonntag
somos *españoles*	wir sind Spanier
sois *simpáticos*	ihr seid nett
son *de Madrid*	sie sind aus Madrid

Übung 2

Setzen Sie die richtige Form von *ser* ein:

1. Tú .... arquitecto.
2. José .... profesor.
3. El .... italiano.
4. Pedro .... ingeniero.
5. Vosotras .... simpáticas.
6. Ellos .... españoles.
7. La leche .... blanca.

Einfacher Satz

Der Satzbau entspricht dem Deutschen:

Yo soy de Madrid.	Ich bin aus Madrid.
Usted es alemana.	Sie sind Deutsche.

Fragesatz

Der Satzbau entspricht dem Deutschen:

¿Es Ud. de Múnich?	Sind Sie aus München?
¿Viaja Ud. a España?	Reisen Sie nach Spanien?

Aufgepasst

Fragesatz und Ausrufesatz werden durch Satzzeichen eingeschlossen (¿ … ?) (¡ … !).

Verneinter Satz

Im Gegensatz zum Deutschen steht die Verneinung ***(no)*** immer vor dem Verb.

No viajo *como turista.*	Ich **reise nicht** als Tourist(in).
No tomo *café.*	Ich **nehme keinen** Kaffee.

Übung 3

Verneinen Sie die Sätze aus Übung 1.

1. ....
2. ....
3. ....
4. ....
5. ....
6. ....
7. ....

Übung 4

Übersetzen Sie:

Er ist aus Barcelona. Er ist Spanier. Ich bin aus Deutschland. Reisen Sie als Tourist? In welche Stadt reisen Sie? Nehmen Sie Milch und Zucker? Nein, nur Milch, danke. Ich bin Paco. Ich bin Lehrer und lerne Spanisch. Wie interessant!

Wortschatz

a	nach
adiós	Auf Wiedersehen
alemán, alemana	Deutscher, Deutsche
Alemania *f*	Deutschland
año *m*	Jahr
aquí	hier
arquitecto *m*	Architekt
avión *m*	Flugzeug
azafata *f*	Stewardess
azúcar *m*	Zucker
bar *m*	Bar
blanco, -a	weiß
café *m*	Kaffee
ciudad *f*	Stadt
como	als, wie
con	mit
de	aus
día *m*	Tag
domingo *m*	Sonntag
en	im
enfermera *f*	Krankenschwester
entrar	hineingehen
España *f*	Spanien
español, -a	spanisch, Spanier/in
estudiar	lernen, studieren
gracias	danke
hablar	sprechen
ingeniero *m*	Ingenieur
inglés, -a	englisch, Engländer/in
interesante	interessant
italiano, -a	italienisch, Italiener/in

▶

leche *f*	Milch
Múnich	München
no es nada	das macht nichts
no	nein
país *m*	Land
pasajero *m*	Passagier
¡perdón!	Entschuldigung!
por favor	bitte
por	für
profesor *m*	Lehrer
qué	wie, welche
¡qué interesante!	wie interessant!
¿qué?	was?
ser	sein
sí	ja
simpático, -a	nett
sino	sondern
sólo	nur
tomar	nehmen, trinken
turista *m/f*	Tourist/in
un	ein
un poco	ein bisschen
un, -a	ein, eine
usted	Sie
viajar	reisen
y	und

Zusatz-wortschatz

Nützliche Redewendungen:

por favor	bitte
gracias	danke
muchas gracias	vielen Dank
de nada	gern geschehen, bitte (als Antwort auf »Danke«)
no hay de que	keine Ursache

Aufgepasst

Kleine Kaffee-Kunde

Hier heißt es aufpassen: **Café ist nicht gleich Kaffee!**

café sólo = kleiner starker schwarzer Kaffee (wie Espresso)
café con leche = großer Milchkaffee und nicht Kaffee mit Milch!
café cortado = kleiner Kaffee mit einem Schuss Milch
carajillo = Espresso mit einem Schuss Kognac

En el aeropuerto

En el control de pasaportes:

Policía: ¡Buenos días!
Karin: ¡Buenos días!
Policía: El pasaporte, por favor.
Karin: Sí, aquí.
Policía: Por aquí, por favor.

En la cinta de equipaje:

Pasajero: ¿Es todo su equipaje?
Karin: Una maleta grande y un bolso.
Pasajero: Es mucho. ¡Claro, para un año en Madrid!
Karin: Ah, sí... Necesito un diccionario de español-alemán, libros, ropa... ¿Es necesario declarar el equipaje en la aduana?
Pasajero: No,... España está en la Unión Europea.
Karin: ¡Ah, claro!... ¿Dónde está mi pasaporte? ¡No está en el bolso!... ¡Oh, sí, aquí está!
Pasajero: Señorita Müller, aquí está mi tarjeta.
Karin: Muchas gracias, Señor Pérez... ah, allí está mi maleta.
Pasajero: ¿Dónde está mi equipaje?
Karin: Allí está mi bolso.

Pasajero:	¿Está completo su equipaje?
Karin:	Sí, ... ¿y su maleta?
Pasajero:	¡Allí está!

Auf dem Flughafen

An der Passkontrolle:

Polizist:	Guten Morgen!
Karin:	Guten Morgen!
Polizist:	Den Reisepass bitte.
Karin:	Ja, hier.
Polizist:	Hier entlang bitte.

Am Laufband der Gepäckausgabe:

Passagier:	Ist das alles Ihr Gepäck?
Karin:	Ein großer Koffer und eine Tasche.
Passagier:	Das ist viel. Klar, für ein Jahr in Madrid.
Karin:	Ja, ... ich brauche ein Wörterbuch Spanisch-Deutsch, Bücher, Kleidung ... Ist es nötig, das Gepäck beim Zoll zu deklarieren?
Passagier:	Nein, ... Spanien ist in der Europäischen Union.
Karin:	Natürlich! ... Wo ist mein Reisepass? Er ist nicht in der Tasche! ... Ah, hier ist er ja ... !
Passagier:	Fräulein Müller, hier ist meine Visitenkarte.
Karin:	Vielen Dank, Herr Pérez ... dort ist mein Koffer.
Passagier:	Wo ist mein Gepäck?
Karin:	Dort ist meine Tasche.
Passagier:	Ist Ihr Gepäck komplett?
Karin:	Ja ... und Ihr Koffer?
Passagier:	Dort ist er!

estar sein, sich befinden
(im Unterschied zu ***ser*** als Wesenseigenschaft)

estoy *en Madrid*	ich bin in Madrid
estás *de viaje*	du bist auf Reisen
está *enfermo, -a*	er/sie ist krank
estamos *listos*	wir sind fertig
estáis *tristes*	ihr seid traurig
están *aquí*	sie sind hier

Übung 1

Setzen Sie die richtige Form von *estar* ein:

1. ¿Dónde (estar) la azafata?

2. ¿Cómo (estar) Vds.?

3. ¿Dónde (estar) vosotros?

4. ¿Dónde (estar) ellos?

5. La maleta (estar) allí.

6. El café (estar) caliente.

Artikel und Substantiv

bestimmter Artikel	***unbestimmter Artikel***
el pasajero der Passagier	***un libro*** ein Buch
los pasajeros die Passagiere	***unos libros*** einige/ ein paar Bücher
la azafata die Stewardess	***una tarjeta*** eine Visitenkarte
las azafatas die Stewardessen	***unas tarjetas*** einige/ ein paar Visitenkarten

Im Spanischen gibt es nur **maskuline** (männliche) und **feminine** (weibliche) Substantive. Maskuline Substantive enden im allgemeinen auf ***-o***, feminine auf ***-a***.

Aber es gibt auch Ausnahmen:
el día – der Tag, ***la mano*** – die Hand,
el/la turista – der Tourist, die Touristin

■ Der neutrale Artikel ***lo*** dient zur Substantivierung:
lo bueno das Gute; ***a lo lejos*** in der Ferne

Aufgepasst

Übung 2

Setzen Sie den richtigen Artikel und die richtige Verbform ein:

1. Yo (tomar) . . . café con azúcar.

2. . . . avión (ser) grande.

3. . . . pasajero (ser) simpático.

4. . . . bolso (ser) grande.

5. . . . maletas (pesar) mucho.

6. ¿(Ser) Vd. . . . Au-pair?

7. España (ser) ... país grande.

8. . . . señorita (saludar).

Pluralbildung

Man bildet den Plural mit ***-s***, wenn das Wort auf einen **Vokal** auslautet

*el caf**é***	*los café**s***
*la señorit**a***	*las señorita**s***

mit -es, wenn das Wort auf einen **Konsonanten** auslautet:

*el españo**l***	*los españo**les***
*la ciuda**d***	*las ciuda**des***

Übung 3

Bilden Sie den Plural:

el pasaporte	una azafata
el equipaje	un pasajero
la maleta	una tarjeta
la aduana	un bolso
el diccionario	un libro

Das Adjektiv

Die meisten Adjektive haben **zwei Endungen**, eine männliche auf ***-o*** und eine weibliche auf ***-a***:

el** pasajero simpátic**o ***la** azafata español**a***

Manche Adjektive auf e, l und n haben für **beide Geschlechter** nur **eine** Form, z.B.

el** cielo azu**l ***la** maleta azu**l***

Die Pluralbildung erfolgt wie beim Substantiv durch Anhängen von ***-s*** oder ***-es***:

las** maletas pequeña**s ***los** libros azu**les***

Aufgepasst

Das Adjektiv richtet sich in Zahl und Geschlecht nach dem Substantiv.

Übung 4

Ergänzen Sie die Endung der Adjektive:

1. Las manos están suci . . .

2. Los bolsos son grand . . .

3. Sois muy simpátic . . .

4. El libro es interesant . . .

5. La leche es blanc . . .

6. La azafata es amabl . . .

Übung 5

Kombinieren Sie die Adjektive mit den Substantiven und ergänzen Sie den unbestimmten Artikel:
Beispiel:
una azafata simpática

grande – simpático – dulce – pesado – rubio

. . . maleta . . .

. . . café . . .

. . . pasajero . . .

. . . aviones . . .

. . . aduanero . . .

Wortschatz

aduana *f*	der Zoll
aduanero *m*	Zollbeamter
aeropuerto *m*	Flughafen
allí	dort
amable	freundlich
azul	blau
bolso *m*	Tasche
buenos días	guten Morgen
cielo *m*	Himmel
cinta *f*	Band
cinta *f* **de equipaje**	Laufband für Gepäck
claro	klar, natürlich
completo, -a	vollständig
control *m*	Kontrolle
control *m* **de pasaportes**	Passkontrolle
declarar	deklarieren
diccionario *m*	Wörterbuch
¿dónde?	wo?
dulce	süß
enfermo, -a	krank
equipaje *m*	Gepäck
estar	sein
grande	groß
interesante	interessant
libro *m*	Buch
listo, -a	fertig, bereit
maleta *f*	Koffer
mano *f*	Hand
mi	mein
mucho, -a	viel

necesario, -a	notwendig	**saludar**	grüßen
necesitar	brauchen	**señor** *m*	Herr
para	für	**señorita** *f*	Fräulein
pasaporte *m*	Reisepass	**su**	Ihr
pequeño, -a	klein	**sucio, -a**	schmutzig
pesado,-a	schwer	**tarjeta** *f*	Visitenkarte
pesar	wiegen	**todo**	alles
policía *m*	Polizist	**triste**	traurig
por aquí	hier entlang	**Unión** *f* **Europea**	Europäische Union
ropa *f*	Kleidung	**viaje** *m*	Reise
rubio, -a	blond		

Zusatz-wortschatz

Und so begrüßt man sich in Spanien:

¡Hola!	Hallo!	**¡Buenas tardes!**	Guten Tag! (nach dem Mittagessen bis zum Abendessen, bis ca. 20 Uhr)
Hola, ¿qué tal?	Hallo, wie geht's?	**¡Buenas noches!**	Guten Abend! (nach dem Abendessen)
Hola, ¿qué hay?	Hallo, was gibt's?		
¡Buenos días!	Guten Morgen! (bis zum Mittagessen, bis ca. 14 Uhr)		

Aufgepasst

■ Wer jemanden mit ***»Hola, ¿qué tal?«*** bzw. ***»Hola, ¿qué hay?«*** begrüßt, erwartet auf seine Frage nicht unbedingt eine Antwort.

¿Señorita? ¿Señorito?

Señorita wird im Spanischen viel häufiger verwendet als »Fräulein« im Deutschen. ***Señorita*** ist nicht nur die höfliche Bezeichnung für eine unverheiratete – junge oder ältere – Dame, sondern auch das geläufige Wort für Lehrerin. Mit ***señorita*** kann man außerdem die Bedienung heranrufen. Das männliche ***señorito*** hingegen steht für die Söhne der reichen Großgrundbesitzer in Andalusien und ist oft etwas abwertend für ein »Söhnchen« aus reichem Haus.

Ir a la ciudad

Pasajero: ¿Cómo va al centro?
Karin: Voy en taxi, es cómodo y práctico, ¿y Vd.?
Pasajero: Voy en autobús hasta la Plaza de Colón, que está en el centro y luego en metro.
Karin: Bueno, Sr. Pérez, hasta otro día.
Pasajero: Adiós, Srta. Müller, mucha suerte con la familia.
Karin: Gracias, adiós.
Karin va a la Oficina de Información.
Karin: Por favor, ¿dónde tomo el taxi para el centro?
Empleada: Allí por la puerta grande a la izquierda y luego a la derecha.
Karin: ¿Está lejos?
Empleada: No, está cerca.
Karin: Muchas gracias.
Empleada: De nada.
Karin toma un taxi al centro.
Karin: Al centro, por favor. ▶

Taxista:	Sí, señorita, ¿Adónde va Vd. exactamente?
Karin:	Aquí está la dirección. Es Paseo de la Castellana no. 6.
Taxista:	Está bien. Vd. es extranjera, ¿verdad?
Karin:	Sí, soy alemana, ... de Múnich.
Taxista:	¡Ah ... de Múnich! ¡Donde se fabrica la famosa cerveza!
Karin:	Sí, nuestra cerveza es famosa. ¿Hay cerveza famosa en España?
Taxista:	En España hay el famoso vino de La Rioja y el excelente jerez de Jerez de la Frontera.
Karin:	Hay mucho tráfico por aquí.
Taxista:	Ahora estamos en el Paseo de la Castellana.
Karin:	¿Cuánto es?
Taxista:	Son 2000 pesetas.
Karin:	Es barato.
Karin paga.	
Karin:	Gracias, adiós.

Fahrt in die Stadt

Passagier:	Wie fahren Sie in die Stadt?
Karin:	Ich fahre mit dem Taxi, das ist bequem und praktisch. Und Sie?
Passagier:	Ich fahre mit dem Bus bis zur Plaza de Colón, die im Zentrum liegt, und dann mit der Metro.
Karin:	Also gut, Herr Pérez, bis dann.
Passagier:	Auf Wiedersehen, Fräulein Müller, viel Glück mit der Familie.
Karin:	Danke, auf Wiedersehen.
Karin geht ins Informationsbüro:	
Karin:	Wo nehme ich das Taxi in die Stadt, bitte?
Angestellte:	Dort durch die große Tür links und dann nach rechts.
Karin:	Ist es weit?
Angestellte:	Nein, es ist nah.
Karin:	Vielen Dank.
Angestellte:	Gern geschehen.

Karin nimmt ein Taxi in die Stadt.

Karin:	In die Stadt, bitte.
Taxifahrer:	Ja, Fräulein. Wohin fahren Sie genau?
Karin:	Hier ist die Adresse. Es ist Paseo de la Castellana Nr. 6.
Taxifahrer:	In Ordnung. Sie sind Ausländerin, nicht wahr?
Karin:	Ja, ich bin Deutsche ... aus München.
Taxifahrer:	Aha ... aus München! Wo das berühmte Bier hergestellt wird!
Karin:	Ja, unser Bier ist berühmt. Gibt es berühmtes Bier in Spanien?
Taxifahrer:	In Spanien gibt es den berühmten Wein aus La Rioja und den hervorragenden Sherry aus Jerez de la Frontera.
Karin:	Hier ist viel Verkehr.
Taxifahrer:	Wir sind jetzt im Paseo de la Castellana.
Karin:	Was kostet es?
Taxifahrer:	Das macht 2000 Ptas.
Karin:	Das ist billig.
Karin zahlt.	
Karin:	Danke, auf Wiedersehen.

ir fahren, gehen

voy	ich gehe	***vamos***	wir gehen
vas	du gehst	***vais***	ihr geht
va	er/sie geht, Sie gehen	***van***	sie gehen, Sie gehen

Beachte:
Voy ***a*** *pie* = ich gehe zu Fuß
aber: *Voy* ***en*** *coche* = ich fahre mit dem Auto

Aufgepasst

Übung 1

Setzen Sie die richtige Form von *ir* ein:

1. Yo ... a casa.

2. Nosotros ... a la Plaza de Colón.

3. El coche ... a la derecha.

4. ¿ ... *(ustedes)* a Inglaterra?

5. Hoy *(nosotros)* ... a la playa.

ser und estar – Verwendung

ser drückt **dauerhafte, charakteristische** Eigenschaften aus. Es wird verwendet für Zeit- und Zahlenangaben (Uhrzeit, Tag, Mengen), Herkunft, Beruf.

Es *la una de la tarde.*	Es ist ein Uhr nachmittags.
Soy *ingeniero.*	Ich bin Ingenieur.
Hoy ***es*** *lunes.*	Heute ist Montag.

estar drückt **vorübergehende** Eigenschaften aus. Es wird verwendet für Ortsangaben oder die Angabe eines vorübergehenden Zustands, z.B. Befinden.

Está *en la calle.*	Er ist auf der Straße.
Está *enfermo.*	Er ist krank.

Beachten Sie die Bedeutungsunterschiede:

la puerta ***es*** *grande*	*la puerta* ***está*** *abierta*
die Tür ist groß	die Tür ist offen
Karin ***es*** *de Munich*	*Karin* ***está*** *en Madrid*
Karin ist aus München	Karin ist (jetzt) in Madrid

Aufgepasst

Vor Substantiv steht immer *ser!*

Karin ***es*** *enfermera.* *José* ***es*** *profesor.*

Übung 2

Ser **oder *estar*?**

Karin Müller . . . enfermera.
Ella . . . de Alemania. . . . alemana.
. . . de Múnich, pero . . . en Madrid con una familia.
La familia García . . . simpática. La Sra. García . . . madrileña. Los niños . . . en casa. Ellos . . . niños cariñosos.

Übung 3

Ser **oder *estar*?**

1. ¿De dónde... Vds.?

. . . de Madrid.

2. Tú . . . de Barcelona, ¿verdad?

Sí, (yo) . . . de Barcelona.

3. ¿Dónde . . . Juan?

El . . . en Granada.

hay

Die unpersönliche Verbform ***hay*** bedeutet »es gibt, da ist, da sind«.

hay *mucho tráfico*	es ist viel Verkehr
hay *dos personas*	da sind zwei Personen

Hay bleibt immer **unverändert.**

Aufgepasst

Die Stellung der Adjektive

Adjektive können **vor** und **nach** dem Substantiv stehen. Üblich ist die Nachstellung. Vorangestellte Adjektive drücken eine Wertung aus.

*la **famosa** cerveza* das berühmte Bier (lobend)

*la cerveza **famosa*** (neutrale Feststellung, dass das Bier berühmt ist)

Zahlwörter und Mengenangaben werden vorangestellt:

*hay **mucho** tráfico*

*son **tres** personas*

Aufgepasst

Übung 4

Stellen Sie die Adjektive an die richtige Stelle vor oder hinter das Substantiv:

gente / mucha; la lengua / francesa; los turistas / franceses; ruido / tanto; hoteles / buenos; la semana / última; azafatas / pocas; pasajeros / tres

Übung 5

Haben Sie bemerkt, dass ***a*** zusammen mit ***ir*** für Richtungsangaben (wohin wird gefahren?) und ***en*** für Ortsangaben (worin wird gefahren?) verwendet wird? Wählen Sie: ***¿Vamos en...?*** oder ***¿Vamos a...?***

		autobús
		Granada
Vamos	en	tren
	a	barco
		avión
		Madrid

Übung 6

Übersetzen Sie:

Karin nimmt das Gepäck und fährt ins Zentrum. Das macht 2.000 Ptas. Karin zahlt. Am Paseo de la Castellana Nr. 6 steigt sie aus (bajar). Es gibt viele Menschen im Zentrum. Hier ist die Adresse. Wo ist das Haus?

Die Grundzahlen von 1 bis 30

0 cero	***11 once***	***22 veintidós***
1 uno	***12 doce***	***23 veintitrés***
2 dos	***13 trece***	***24 veinticuatro***
3 tres	***14 catorce***	***25 veinticinco***
4 cuatro	***15 quince***	***26 veintiséis***
5 cinco	***16 dieciséis***	***27 veintisiete***
6 seis	***17 diecisiete***	***28 veintiocho***
7 siete	***18 dieciocho***	***29 veintinueve***
8 ocho	***19 diecinueve***	***30 treinta***
9 nueve	***20 veinte***	
10 diez	***21 veintiuno***	

¿adónde?	wohin?
a la derecha	nach rechts, zur Rechten
a la izquierda	nach links, zur Linken
ahora	jetzt
autobús *m*	Bus
barato, -a	billig
barco *m*	Boot
bueno, -a	gut
calle *f*	Straße
cariñoso, -a	lieb
casa *f*	Haus
centro *m*	(Stadt) Zentrum
cerca	nah
cerveza *f*	Bier
ciudad *f*	Stadt
coche *m*	Auto
¿cómo?	wie?
cómodo, -a	bequem
¿cuánto, -a?	wie viel
¿cuánto es?	wie viel kostet es?
¿de dónde?	woher?
dirección *f*	Adresse
donde	wo
empleada *f*	Angestellte
enfermo, -a	krank
está bien	in Ordnung
exactamente	genau
excelente	ausgezeichnet
extranjera *f*	Ausländerin
extranjero *m*	Ausland, Ausländer
fabricar	herstellen
familia *f*	Familie
famoso, -a	berühmt
gente *f*	Menschen, Leute
hasta	bis
hasta otro día	bis dann
hay	es gibt
hotel *m*	Hotel
Inglaterra *f*	England
ir	fahren, gehen
jerez *m*	Sherry
lejos	weit
lengua *f*	Sprache
luego	nachher
lunes *m*	Montag
madrileño, -a	Madrider, -in, aus Madrid
metro *m*	Metro
niña *f*	Mädchen
niño *m*	Junge
niños *m pl*	Kinder
nuestro, -a	unser
oficina *f*	Büro
oficina *f* **de información**	Informationsbüro
otro, -a	andere/r
pagar	zahlen
para	für, nach
paseo *m*	Weg, Promenade
pero	aber
persona *f*	Person
pie *m*	Fuß
playa *f*	Strand
plaza *f*	Platz
poco, -a	wenig
por	durch
práctico, -a	praktisch

puerta *f*	Tür	**tráfico** *m*	Verkehr
ruido *m*	Lärm	**tren** *m*	Zug
semana *f*	Woche	**último, -a**	letzter, letzte
suerte *f*	Glück	**verdad** *f*	Wahrheit
tanto, -a	so viel	**¿verdad?**	nicht wahr?
tarde *f*	Nachmittag	**vino** *m*	Wein
taxi *m*	Taxi		

Zusatz-wortschatz

Und so kann man sich auch noch verabschieden:

¡Hasta mañana!	Bis morgen!	**¡Hasta la vista!**	Auf Wiedersehen!
¡Hasta el domingo!	Bis Sonntag!	**¡Buenas noches!**	Gute Nacht!
¡Hasta luego!	Bis später!		
¡Hasta pronto!	Bis bald!		

Taxifahren

Das ***SP*** an der vorderen und hinteren Stoßstange von Taxis heißt nicht Spanien, sondern ***»Servicio Público«***, öffentlicher Verkehrsdienst.
Es empfiehlt sich, nur Taxis zu nehmen, die ausdrücklich mit einem Taxischild gekennzeichnet sind. Überhöhte Fahrtkosten von privaten »Taxifahrern« trüben sonst die Freude am Urlaub, bevor dieser richtig angefangen hat.
Zuschläge für Fahrten vom und zum Flughafen sind üblich.
Trinkgeld: Bei Taxifahrern rundet man die geforderte Summe einfach auf.

Encuentro con la familia

Karin toca el timbre, la Sra. Carmen García abre la puerta.

Karin: Buenas tardes señora, yo soy Karin Müller.
Carmen: Bienvenida, señorita Karin. Mucho gusto. Yo soy Carmen de García.
Karin: Encantada, Sra. de García.
Carmen: ¿Está cansada?
Karin: Sí, un poco.
Carmen: Oh, aquí está mi marido, Pedro García.
Pedro: Encantado, bienvenida a nuestra casa.
Karin: Mucho gusto, Sr. García.
Carmen: Aquí está Lucía.
Lucía: ¡Hola, Karin! ¿Cómo se escribe tu nombre?
Karin: K-a-r-i-n. Encantada ... y ¿quién eres tú?

David:	Soy David. ¿Se habla español en Alemania?
Karin:	No, en Alemania se habla alemán. ¡Qué alto eres!
David:	Lucía es más alta que yo. Y papá es el más alto.
Carmen:	¿Toma un café con nosotros?
Karin:	Gracias, con gusto.
David:	Mamá, la señorita Karin es muy amable.

Die Familie kennen lernen

Karin läutet, und Frau Carmen García öffnet die Tür.

Karin:	Guten Tag, Frau García, ich bin Karin Müller.
Carmen:	Willkommen, Fräulein Karin. Freut mich sehr. Ich bin Carmen de García.
Karin:	Sehr erfreut, Frau de García.
Carmen:	Sind Sie müde?
Karin:	Ja, ein wenig.
Carmen:	Hier ist mein Mann, Pedro García.
Pedro:	Sehr erfreut, willkommen in unserem Haus.
Karin:	Freut mich sehr, Herr García.
Carmen:	Hier ist Lucía.
Lucía:	Hallo, Karin. Wie schreibt man deinen Namen?
Karin:	K-a-r-i-n. Freut mich ... Und wer bist du?
David:	Ich bin David. Spricht man in Deutschland Spanisch?
Karin:	Nein, in Deutschland spricht man Deutsch. Wie groß du bist!
David:	Lucía ist größer als ich, und Papa ist am größten.
Carmen:	Trinken Sie einen Kaffee mit uns?
Karin:	Danke, gern.
David:	Mama, Fräulein Karin ist sehr nett.

Regelmäßige Verben auf -ir

abrir (öffnen)

*abr**o** la puerta*	ich öffne die Tür
*abr**es** una botella*	du öffnest eine Flasche
*abr**e** el libro*	er, sie öffnet das Buch
*abr**imos***	wir öffnen
*abr**ís***	ihr öffnet
*abr**en***	sie öffnen

Ergänzen Sie die Verbform:

Übung 1

	vosotros	usted	tú	ellas
1. hablar				
2. escribir				
3. ser				
4. bailar				
5. abrir				

Die unpersönliche Form: se habla

se + 3. **Person Singular** oder **Plural** (die Zahl richtet sich nach dem Objekt) = **man**

se *habl**a** español*
man spricht Spanisch, es wird Spanisch gesprochen

*¿Qué lengua**s** **se** habl**an** en España?*
Welche Sprachen spricht man in Spanien? oder auch:
Welche Sprachen werden in Spanien gesprochen?

Bilden Sie Sätze mit *se*:

Übung 2

1. En España (hablar) español.

2. El flamenco (bailar) en Andalucía.

3. La puerta (abrir) automáticamente.

4. En el centro de Madrid (tomar) el metro.

Das unbetonte Possessivpronomen

Singular		***Plural***	
***mi** libro*	mein Buch	***mis** libros*	meine Bücher
***tu** padre*	dein Vater	***tus** padres*	deine Eltern
***su** coche*	sein, ihr, Ihr Auto	***sus** coches*	seine, ihre, Ihre Autos
nuestro, -a	unser/e	***nuestros, -as***	unsere
vuestro, -a	euer/e	***vuestros, -as***	eure
***su** maleta*	ihr Koffer, Ihr Koffer	***sus** maletas*	ihre Koffer, Ihre Koffer

■ Das unbetonte Possessivpronomen steht immer **vor** dem Substantiv.

Wenn nicht klar ist, wen ***su*** meint, wird ***de*** + **Personalpronomen/Substantiv** verwendet:
su** coche: el coche **de mi hermano = das Auto meines Bruders
su** coche: el coche **de Vd. = Ihr Auto

Übung 3

Setzen Sie die Possessivpronomen ein:

1. (Tú) maleta es nueva.
2. (Nosotros) padres están de viaje.
3. El coche es de (yo) abuelo.
4. (Vd.) amigo es amable.
5. Hablo con (vosotros) hermanos.
6. (Vosotros) casa es más grande que (nosotros) chalet.
7. Aquí están (Vds.) llaves.
8. ¿Jugáis con (nosotros) amigos?

Die Steigerung der Adjektive

más/menos + Adjektiv + ***que*** = mehr/weniger ... als
Lucía es ***más alta que*** *David.* = Lucía ist größer als David.
La maleta es ***menos bonita que*** *el bolso.* = Der Koffer ist nicht so schön wie die Tasche.

tan + Adjektiv + ***como*** = genauso ... wie
Carmen es ***tan alta como*** *Karin.* = Carmen ist genauso groß wie Karin.

el/la/lo más + Adjektiv = **am meisten/am wenigsten**
Papá es ***el más alto.*** = Papa ist der größte.

Adjektiv + ***-ísimo/s, ísima/s*** = **absolute Steigerung**
El monte es ***altísimo.*** = Der Berg ist riesig.
La cucaracha es ***pequeñísima.*** = Die Küchenschabe ist winzig.

Vor **Zahlen** und **Zeitangaben** steht ***más de***
Tengo ***más de veinte*** *pesetas.* = Ich habe mehr als 20 Pesetas.

■ ***no más que*** vor Zahlen = **nur**
No *quedan* ***más que*** *tres alumnos.* = Es sind **nur** 3 Schüler übrig.

Manche Adjektive werden unregelmäßig gesteigert

bueno	***mejor***	***el/la mejor***	gut, besser, am besten
malo	***peor***	***el/la peor***	schlecht, schlechter, am schlechtesten
grande	***mayor***	***el/la mayor***	groß, größer, am größten
pequeño	***menor***	***el/la menor***	klein, kleiner, am kleinsten

Übung 4

Setzen Sie die richtigen Vergleichspartikel ein:

1. La tierra es ... grande ... la luna.
2. Los Alpes son ... altos ... los Pirineos.
3. La Plaza de España es ... moderna ... la Plaza de Colón.
4. Las películas americanas son buenas, pero las francesas son ... de todas.
5. El Retiro es ... parque ... famoso de Madrid.

Aufgepasst

Der Gebrauch des bestimmten Artikels bei señor + señora

La señora *García abre la puerta.*
El señor *López no está en casa.*
¿Dónde vive ***la señorita*** *Ramírez?*
Aber: *¡Buenos días señorita García!*

Vor ***señor, señora*** etc. steht der bestimmte Artikel. Ausgenommen ist die Anrede.

Übung 5

Schreiben Sie die folgenden Zahlen auf Spanisch aus:

14, 29, 15, 9, 1, 4, 25, 21, 19, 30

Übung 6

Ergänzen Sie:

1. La hija de mi marido es mi ...
2. El padre de mi hija es mi ...
3. Mi hija es la ... de mi madre.
4. Mi hijo y mi hija son mis ...
5. Mi madre es la ... de mi marido.
6. La mujer de mi hermano es mi ...

Wortschatz

abrir	öffnen	**lengua** *f*	Sprache
Alpes *m pl*	Alpen	**llave** *f*	Schlüssel
alto, -a	groß, hoch	**luna** *f*	Mond
alumno *m*	Schüler	**malo, -a**	schlecht
americano, -a	amerikanisch, Amerikaner(in)	**marido** *m*	Ehemann
		más	mehr
		mi	mein
amigo *m*	Freund	**moderno, -a**	modern
Andalucía *f*	Andalusien	**monte** *m*	Berg
automáticamente	automatisch	**mucho, -a**	viel
		mucho gusto	freut mich sehr
bailar	tanzen		
bicicleta *f*	Fahrrad	**muy**	sehr
bienvenido, -a	willkommen	**nombre** *m*	Name
bonito, -a	hübsch, schön	**nuestro, -a**	unser
		nuevo, -a	neu
botella *f*	Flasche	**parque** *m*	Park
cansado, -a	müde	**película** *f*	Film
chalet *m*	Ferienhaus	**Pirineos** *m pl*	Pyrenäen
con gusto	gerne	**puerta** *f*	Tür, Tor
cucaracha *f*	Küchenschabe	**quedar**	bleiben
		¿quién?	wer?
difícil	schwierig	**tierra** *f*	Erde
encantado, -a	entzückt, hier: sehr angenehm	**timbre** *m*	Türglocke
		tocar	berühren, spielen (tocar la guitarra = Gitarre spielen)
encuentro *m*	Treffen		
escribir	schreiben		
fácil	leicht		
jugar	spielen	**tocar el timbre**	läuten

Zusatzwortschatz

Die Familie

familia *f*	Familie	**hija** *f*	Tochter
padre *m*	Vater	**hijos** *m pl*	Kinder
madre *f*	Mutter	**hermano** *m*	Bruder
padres *m pl*	Eltern	**hermana** *f*	Schwester
hijo *m*	Sohn	**abuelo** *m*	Großvater

abuela *f*	Großmutter	**suegro** *m*	Schwieger-vater
abuelos *m pl*	Großeltern	**suegra** *f*	Schwieger-mutter
mujer *f*	Frau	**cuñado** *m*	Schwager
esposa *f*	Ehefrau	**cuñada** *f*	Schwägerin
marido *m*	(Ehe)Mann	**nieto** *m*	Enkel
esposo *m*	Ehemann	**nieta** *f*	Enkelin
tío *m*	Onkel	**nietos** *m pl*	Enkelkinder
tía *f*	Tante	**sobrino** *m*	Neffe
tíos *m pl*	Onkel und Tanten	**sobrina** *f*	Nichte
primo *m*	Cousin		
prima *f*	Cousine		

Kleine Namenskunde

In Spanien behalten die Frauen auch nach der Heirat ihre beiden Nachnamen, von denen der erste vom Vater, der zweite von der Mutter vererbt wurde. Entsprechend erhalten die Kinder als ersten Nachnamen den ersten Nachnamen des Vaters, als zweiten Nachnamen den ersten Nachnamen der Mutter. Alles klar?

z.B. Carmen Galván Torres heiratet José García Ginestar.
Die Tochter heißt dann: Lucía García Galván.
Wenn Carmen als Sra. de García angesprochen wird, dann ist das »de« kein Adelstitel, sondern besagt lediglich, dass Carmen die Frau von Herrn García ist.

»Don« bzw. **»doña«** werden in der Regel bei älteren Personen oder Respektspersonen dem Vornamen als Ausdruck der Höflichkeit vorangestellt: Don Alfonso, Doña María.

En casa

Carmen: Nuestro piso es grande. Tiene tres dormitorios, una cocina, una sala de estar-comedor, dos baños, un aseo y un vestíbulo. ¿Viene? Esta es su habitación, entra el sol por la mañana. Y aquéllo es su baño.
Karin: ¡Qué guay! Es todo bastante grande.
Carmen: El barrio en que vivimos es tranquilo. Estamos cerca de la Plaza de Colón y de la estación del metro.
Karin: ¿Está lejos el Parque del Retiro?
Carmen: No, … en absoluto. Hay también un autobús que pasa por la puerta de casa.
Karin: ¡Qué bien! y la parada ¿dónde está?
Carmen: Allí enfrente. En la esquina.

Lucía entra en la habitación de Karin con su conejo.
Lucía: ¡Mira, Karin! Es mi conejo Nicolás.
Karin: ¡Ah, un conejo! ¡Qué mono!
Lucía: Nicolás come pan, zanahorias, pero también come las cosas.
Karin: ¡Mira, Lucía!

Karin saca algo de su bolso.

Lucía:	¡Oh, qué bonito!, un oso de felpa.
Karin:	Es Franz, es mi mascota.
Lucía:	¿Es Franz un nombre alemán?
Karin:	Sí, como Francisco en español.
Lucía:	¿Me regalas el oso el día de mi santo?
Karin:	A ver.
Carmen:	Karin, ¿está contenta con su habitación?
Karin:	Sí, y también con el baño. Los pisos en Alemania son cómodos pero pequeños, y las cocinas pequeñísimas.
Carmen:	Aquí en España las cocinas son más grandes porque a veces comemos en ellas.

Zu Hause

Carmen:	Unsere Wohnung ist groß. Sie hat drei Schlafzimmer, eine Küche, ein Wohn- und Esszimmer, zwei Bäder, eine Toilette und eine Diele. Kommen Sie? Dies ist Ihr Zimmer, die Sonne kommt am Morgen herein. Und das dort ist Ihr Badezimmer.
Karin:	Wie toll! Es ist alles ziemlich groß.
Carmen:	Das Viertel, in dem wir leben, ist ruhig. Wir sind nah an der Plaza de Colón und an der Metrostation.
Karin:	Ist der Retiro-Park weit?
Carmen:	Nein, überhaupt nicht. Es gibt auch einen Bus, der vor der Haustür vorbeifährt.
Karin:	Wie schön! Und die Haltestelle, wo ist die?
Carmen:	Dort gegenüber. An der Ecke.

Lucía kommt in Karins Zimmer mit ihrem Hasen.

Lucía:	Schau, Karin! Das ist mein Hase Nicolás.
Karin:	Ein Hase! Wie süß!
Lucía:	Nicolás frisst Brot, Mohrrüben, aber er frisst auch die Sachen an.
Karin:	Sieh mal, Lucía!

Karin holt etwas aus der Tasche heraus.

Lucía:	Wie schön! Ein Teddybär.
Karin:	Das ist Franz, mein Maskottchen.
Lucía:	Ist Franz ein deutscher Name?

Karin:	Ja, wie Francisco auf Spanisch.
Lucía:	Schenkst du mir den Teddybären zum Namenstag?
Karin:	Mal sehen.
Carmen:	Karin, sind Sie zufrieden mit Ihrem Zimmer?
Karin:	Ja, und auch mit dem Badezimmer. Die Wohnungen in Deutschland sind bequem, aber klein, und die Küchen sind winzig.
Carmen:	Hier in Spanien sind die Küchen größer, weil wir manchmal darin essen.

Regelmäßige Verben auf -er

comer	essen
*com**o** pan*	ich esse Brot
*com**es***	du isst
*com**e***	er / sie isst, Sie essen
*com**emos***	wir essen
*com**éis***	ihr esst
*com**en***	sie, Sie essen

Unregelmäßige Verben

tener	haben	***venir***	kommen
***tengo** hambre*	ich habe Hunger	***vengo***	ich komme
*t**ie**nes sed*	du hast Durst	*v**ie**nes*	du kommst
*t**ie**ne*	er / sie hat	*v**ie**ne*	er, sie, es kommt
tenemos	wir haben	*venimos*	wir kommen
tenéis	ihr habt	*venís*	ihr kommt
*t**ie**nen*	sie haben	*v**ie**nen*	sie kommen

■ Manche unregelmäßige Verben haben in der Ich-Form ein ***g***.

■ Achten Sie auf die deutsche Übersetzung: ***¿Tiene Ud. coche?*** Haben Sie **ein** Auto? Dinge, die man in der Regel nicht mehrfach besitzt, stehen nach ***tener*** **ohne** Artikel! Hier macht man leicht Fehler!

Aufgepasst

Aufgepasst

- ***Tengo 30 años.*** Ich bin 30 Jahre alt.
  Tienen frío. Sie frieren.
  Tenemos sueño. Wir sind müde.

  tener que + Infinitiv = müssen
  Tengo que ir a casa. = Ich muss nach Hause gehen.

Übung 1

Entscheiden Sie sich: ***ser, estar, tener*** oder ***hay***?

1. El cielo . . . azul.
2. En el cielo . . . nubes.
3. En el bar . . . 10 personas.
4. La familia . . . en el bar.
5. Madrid . . . en el centro del país.
6. David . . . 7 años.
7. Ellos . . . en Madrid.
8. Carmen . . . de España.
9. Ella . . . un coche negro.
10. Pedro . . . en casa.
11. La casa . . . cerca de la plaza.
12. . . . muchas rebajas ahora.

hay und estar im Vergleich

hay drückt aus, **ob** etwas vorhanden ist, ***estar*** dagegen, **wo** sich etwas befindet:

***en** la mesa **hay** un periódico*	auf dem Tisch ist eine Zeitung
*el periódico **está en** la mesa*	die Zeitung ist auf dem Tisch

Übung 2

***Hay* oder *estar*?**

1. . . . muchas personas en el teatro.
2. El parque . . . a dos kilómetros de aquí.
3. Junto al río . . . una carretera.
4. La parada . . . enfrente de la puerta.
5. En la habitación . . . un conejo.
6. El oso de felpa . . . en el bolso.
7. ¿. . . lejos el parque?
8. ¿Dónde . . . una estación de metro?
9. ¿Dónde . . . la cocina?
10. ... poca gente en la calle.

Zusammenziehen von de/a + bestimmter Artikel el

de + el = del
la parada ***del*** *autobús* die Bushaltestelle (die Haltestelle des Busses)

a + el = al
vamos ***al*** *cine* wir gehen ins Kino

Übung 3

Wählen Sie: ***el, los, un, una, unos, unas, del, al.***

1. En la plaza hay... casa.
2. Va . . . dormitorio.
3. . . . conejos son roedores.
4. No van . . . cine sino . . . teatro.
5. . . . profesor es . . . hombre amable.
6. . . . bolso . . . aduanero es pesado.
7. En el avión hay . . . azafatas.
8. . . . chicos . . . instituto van a Madrid.

Übung 4

Streichen Sie die falsche Übersetzung:

1. de nada
a wegen nichts
b nichts zu danken

2. mucho gusto
a freut mich
b schmeckt gut

3. muy encantado
a viel Glück
b sehr erfreut

4. que bien
a wie schön
b Dankeschön

5 muchas gracias
a viele Grüße
b vielen Dank

6. hasta la vista
a auf Wiedersehen
b gute Nacht

Übung 5

Sie suchen ein Zimmer und lesen folgende Anzeige:

Se Alquila
Madrid, Ventas. Habitación amueblada, confortable y soleada con ducha, ascensor, teléfono, calefacción,
35 m², 30.000 ptas./mes. Tel. 425 08 24.

Richtig oder falsch? Kreuzen Sie an!

	Sí	No
1. Es una habitación con baño		
2. Tiene 35 m²		
3. No tiene calefacción		
4. Tiene ascensor		
5. No tiene muebles		
6. Tienes que pagar 30.000 ptas./mes		
7. No tiene ventanas		

Übung 6

Setzen Sie die richtige Verbform ein:

1. ¿(tomar Vds.) mucha cerveza?
2. ¿(comer vosotros) en casa?
3. ¿(beber tú) vino?
4. (vivir nosotros) en una calle tranquila.
5. (tener yo) sed.
6. El autobús (pasar) por la puerta.
7. (abrir Vd.) la ventana.
8. (Ella hablar) mucho.

Wortschatz

a veces	manchmal
a ver	mal sehen
algo	etwas
alquilar	vermieten
amueblado, -a	möbliert
aquello	das dort
ascensor *m*	Aufzug
aseo *m*	Toilette
azul	blau
baño *m*	Badezimmer
barrio *m*	Stadtviertel
bastante	ziemlich
beber	trinken
bonito, -a	hübsch, reizend
calefacción *f*	Heizung
carretera *f*	Straße
chico *m*	Junge
cine *m*	Kino
cocina *f*	Küche
comer	essen, fressen
conejo *m*	Hase
confortable	bequem
contento,-a	zufrieden
cosa *f*	Sache
día *m* **del santo**	Namenstag
dormitorio *m*	Schlafzimmer
ducha *f*	Dusche
en absoluto	überhaupt nicht
enfrente	gegenüber
entrar	herein-kommen
esquina *f*	Ecke
estación *f* **del metro**	U-Bahn-station
¡guay! (ugs.)	toll!
habitación *f*	Zimmer
(el) hambre *f*	Hunger
instituto *m*	Institut
junto, -a	neben
kilómetro *m*	Kilometer
mañana *f*	Morgen, morgen
mascota *f*	Maskottchen
mes *m*	Monat
mesa *f*	Tisch
mirar	sehen
mono, -a	reizend
mueble *m*	Möbelstück

negro, -a	schwarz
nube *f*	Wolke
oso *m*	Bär
oso *m* **de felpa**	Teddybär
pan *m*	Brot
parada *f*	Haltestelle
pasar	vorbeigehen, vorbeifahren, vergehen
periódico *m*	Zeitung
piso *m*	Wohnung
rebaja *f*	Sonderangebot
regalar	schenken
río *m*	Fluss
roedor *m*	Nagetier
sacar	herausholen
sala *f* **de estar-comedor**	Wohn- und Esszimmer
santo *m*	Heiliger, Schutzpatron
sed *f*	Durst
sol *m*	Sonne
soleado, -a	sonnig
también	auch, außerdem
teatro *m*	Theater
teléfono *m*	Telefon
tener	haben
tranquilo, -a	ruhig
venir	kommen
ventana *f*	Fenster
ver	sehen
vestíbulo *m*	Diele
vivir	leben
zanahoria *f*	Mohrrübe

Noch mehr zum Thema »Wohnen«

Wenn man in Spanien jemanden besucht, wird man an der Haustüre vergeblich ein Namensschild suchen. Was man dort findet, ist ein Schild mit allen Nummern der Wohnungen des entsprechenden Hauses. Alle Wohnungen sind nämlich exakt durchnummeriert und es ist auch üblich, diese Nummer auf der Adresse anzugeben (z.B. Calle Alonso 6, 4° dcha A, und das bedeutet, Straße Alonso 6, 4. Stock rechts, Wohnung A). Sollten Sie jedoch bei einem Besuch die genaue Wohnungsnummer nicht wissen, gibt Ihnen gern der ***portero*** (eine Art Hausmeister und Portier) Auskunft, der vor fast allen Wohnblocks in seinem Glashäuschen sitzt und aufpasst, dass kein Unbefugter das Haus betritt.

La vida familiar

Carmen: Hoy me quedo en casa. Pasamos todo el día juntas, cocinamos …

Karin: Pero si no sé …

Carmen: ¡No importa! Ya nos arreglamos. Tiene que trabajar en casa todos los días hasta las dos de la tarde. Luego puede ir a sus clases de español.

Karin: Muy bien.

Carmen: Por la mañana nos levantamos a las 7.00, solemos desayunar a las 7.30, a las 8.00 los niños van al colegio. Yo luego me voy al trabajo.

Karin: ¿Dónde trabaja Vd.?

Carmen: Trabajo en una agencia de viajes.

Karin: ¿Su marido no se va de casa?

Carmen:	Depende … Como es pintor necesita inspiraciones para poder trabajar.
Karin:	¡Ah … comprendo!
Carmen:	Para pintar va al estudio. Hay también mañanas cuando va de paseo.
Karin:	¿Qué trabajo tengo por las mañanas?
Carmen:	Vd. tiene que preparar el desayuno para toda la familia. Después hay que arreglar las camas, ir de compras y preparar el almuerzo para todos. No queda tiempo para aburrirse. En su tiempo libre puede mirar la tele, leer libros, escuchar música …
Karin:	Y ¿qué tengo que comprar?
Carmen:	No es un problema. Aquí está la lista.
Karin:	¡Es mucho!
Carmen:	Bueno, darle tiempo al tiempo.

Familienleben

Carmen:	Heute bleibe ich zu Hause. Wir verbringen den ganzen Tag gemeinsam, wir kochen …
Karin:	Aber ich kann ja nicht …
Carmen:	Spielt keine Rolle! Wir kommen schon zurecht. Sie müssen jeden Tag bis zwei Uhr nachmittags im Haushalt arbeiten. Danach können Sie in Ihren Spanischunterricht gehen.
Karin:	Sehr gut.
Carmen:	Morgens stehen wir um 7.00 auf, wir pflegen um 7.30 Uhr zu frühstücken, um 8.00 gehen die Kinder in die Schule. Ich gehe danach in die Arbeit.
Karin:	Wo arbeiten Sie?
Carmen:	Ich arbeite in einem Reisebüro.
Karin:	Ihr Mann geht nicht aus dem Haus?
Carmen:	Kommt darauf an … Da er Maler ist, braucht er Inspirationen, um arbeiten zu können.
Karin:	Ich verstehe!

Carmen:	Zum Malen geht er ins Studio. Es gibt auch Vormittage, an denen geht er spazieren.
Karin:	Welche Arbeit habe ich vormittags?
Carmen:	Sie müssen das Frühstück für die ganze Familie vorbereiten. Danach müssen die Betten gemacht werden, man muss einkaufen gehen und das Mittagessen für alle vorbereiten. Es bleibt keine Zeit für Langeweile. In Ihrer Freizeit können Sie fernsehen, Bücher lesen, Musik hören ...
Karin:	Und was muss ich einkaufen?
Carmen:	Das ist kein Problem. Hier ist die Liste.
Karin:	Das ist viel!
Carmen:	Nun gut, lassen Sie sich Zeit.

Essgewohnheiten

En España se desayuna entre las 7.00 y las 9.00 de la mañana. El desayuno es muy flojo. Se suele tomar café con leche, tostadas, magdalenas y mermelada.
El almuerzo o la comida se toma entre las 2.00 y las 3.00 de la tarde. Se suelen comer tres platos: uno de verduras o arroz, luego un plato de carne o pescado y el postre, que es de fruta o dulces. Con la comida se toma vino y después del postre café.
Entre las 5.00 y las 6.00 de la tarde los niños suelen merendar. La merienda consiste de un bocadillo o fruta.
La cena es también una comida fuerte. Los españoles suelen cenar entre las 9.00 y 10.00 de la noche. Toman huevos, queso, jamón, tortillas, etc.
Importante: Se come mucho pan blanco con todos los platos.

Übung 1

Wie viel haben Sie verstanden?
Kreuzen Sie an!

	Sí	No
1. En España el desayuno es una comida fuerte.		
2. Se suele tomar vino con el almuerzo.		
3. Se merienda a las 11.00 de la mañana.		
4. El almuerzo tiene sólo un plato.		
5. En España se cena a las 7.30 de la tarde.		
6. Los españoles desayunan huevos, jamón y tortilla.		
7. Se merienda bocadillos y fruta.		
8. La cena es floja.		
9. Como postre se come fruta y platos dulces.		
10. Carne o pescado es un plato del mediodía.		

Verben mit Stammveränderung o → ue

poder	(können)	***soler***	(pflegen, gewohnt sein zu)
***pue**do ir*	ich kann/ darf gehen	***sue**lo ir*	ich gehe gewöhnlich
***pue**des*		***sue**les*	
***pue**de*		***sue**le*	
podemos		*solemos*	
podéis		*soléis*	
***pue**den*		***sue**len*	

In den stammbetonten Formen dieser Verbengruppe wird das ***o*** der Stammsilbe zu ***ue***.

Reflexive Verben

aburrirse sich langweilen

me *aburro*	ich langweile mich
te *aburres*	du langweilst dich
se *aburre*	er/sie langweilt sich
nos *aburrimos*	wir langweilen uns
os *aburrís*	ihr langweilt euch
se *aburren*	sie langweilen sich

Bei Verben im **Infinitiv** wird das **Reflexivpronomen** angehängt:
*no tienes que aburrir**te*** du brauchst dich nicht zu langweilen
*hay que lavar**se*** man muss sich waschen

Manche Verben sind im Spanischen reflexiv im Gegensatz zum Deutschen, z.B.
quedarse (=bleiben), ***levantarse*** (=aufstehen),
llamarse (=heißen).

Aufgepasst

Achten Sie auf die Bedeutungsänderung!
ir (=gehen) und ***irse*** (=weggehen)
quedar (=übrig sein, übrig bleiben) und
quedarse (=dableiben)
llamar (=rufen) und ***llamarse*** (=heißen)
levantar (=hochheben) und ***levantarse*** (=aufstehen).

Übung 2

Ergänzen Sie die reflexive Verbform:

1. ¿Cómo... llamas? . . . llamo Vicente.
2. ¿No . . . aburre en la escuela?
3. . . . quedamos en casa.
4. . . . van de paseo.
5. ¿. . . laváis todas las mañanas?
6. . . . levantas a las ocho y media.
7. Hay que peinar . . . por las mañanas.

todo alles, alle, ganz, jeder

todo, -a +	bestimmter + Artikel	Substantiv =	ganz
todo	***el***	***día***	den ganzen Tag
toda	***la***	***familia***	die ganze Familie
todos, -as +	bestimmter + Artikel	Substantiv =	jeder, alle
todos	***los***	***días***	jeden Tag, alle Tage
todas	***las***	***mañanas***	jeden Morgen, alle Morgen

A propósito: *De noche todos los gatos son pardos* = In der Nacht sind alle Katzen grau.

Übung 3

todo el, toda la, todos los oder ***todas las?***

1. Me quedo en casa . . . día.

2. ¿Sabes cantar . . . canciones?

3. Voy al trabajo . . . mañanas.

4. Vamos de vacaciones . . . años.

5. Solemos ir de paseo . . . tardes.

6. No puedo trabajar . . . vida.

7. No . . . españoles bailan el flamenco.

8. En . . . cielo se pueden ver aviones.

Uhrzeit

¿Qué hora es?	Wie viel Uhr ist es?
¿A qué hora?	Um wie viel Uhr?

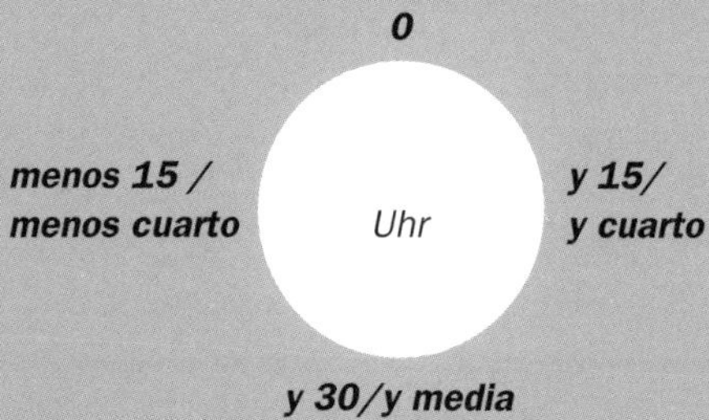

Es la una/Son las dos	Es ist ein Uhr/zwei Uhr
en punto	Punkt ein Uhr/zwei Uhr
y cinco	ein Uhr fünf/zwei Uhr fünf
y cuarto	Viertel nach eins/nach zwei
y media	halb zwei/halb drei
menos cuarto	Viertel vor eins/vor zwei
menos veinticinco	25 vor eins/vor zwei
a la una *menos cuarto*	um Viertel vor eins
a las ocho *en punto*	um Punkt acht Uhr
a mediodía	am Mittag, 12 Uhr mittags
a medianoche	um Mitternacht 12 Uhr nachts
a eso de las cinco	gegen fünf
a las cinco más o menos	ungefähr um fünf

a bezeichnet einen genauen Zeitpunkt, ***por*** eine Zeitspanne:
a las cinco *de la tarde* – aber: ***por la tarde***
Um fünf Uhr nachmittags – aber: **am** Nachmittag

Man sagt: ***»es« la una***, sonst immer ***»son« las dos, tres*** usw.

Übung 4

Ordnen Sie die Buchstaben zu und schreiben Sie die fehlenden Uhrzeiten aus:

a 1.30 **b** 17.15 **c** 4.45 **d** 7.00 **e** 1.00 **f** 11.55 **g** 10.05
h 12.35 **i** 15.20 **j** 22.00

. . . la una menos veinticinco ....

. . . las diez de la noche ....

. . . las siete en punto ....

. . . las doce menos cinco ....

. . . las cinco y cuarto de la tarde ....

Übung 5

Setzen Sie die Verben in der Ich-Form ein:

1. (poder) No . . . ir a clase.

2. (estar) . . . en el bar de la esquina.

3. (ir) Por la mañana . . . a la parada del autobús.

4. (soler) Por las tardes . . . ir de paseo.

5. (tener) . . . mucha hambre y sed.

6. (quedarse) Si . . . en casa no tengo inspiraciones.

7. (venir) . . . del colegio.

8. (ser) No . . . de Madrid sino de Múnich.

9. (comer) . . . zanahorias y pan.

10. (arreglar) Por la mañana . . . las camas.

Übung 6

Wandeln Sie die Sätze von der 2. Person in die 3. Höflichkeitsform Singular ***(Vd.)*** um:

- ¿Puedes ir a la agencia de viajes, por favor?
- Sí, ¿dónde está?
- Tienes que ir hasta la esquina, cruzas la calle y tomas el paseo a la derecha.
  Y estás allí enfrente.
- Muy bien.

Wortschatz

a eso de	gegen (Uhrzeit)
aburrirse	sich langweilen
agencia *f* **de viajes**	Reisebüro
almuerzo *m*	Mittagessen
arreglar	ordnen
arreglarse	sich einigen, zurechtkommen
arroz *m*	Reis
bocadillo *m*	belegtes Brötchen
cama *f*	Bett
carne *f*	Fleisch
cena *f*	Abendessen
cenar	zu Abend essen
clase *f*	Unterrichtsstunde
cocinar	kochen
colegio *m*	(private) Schule
comida *f*	Mittagessen
compra *f*	Einkauf
comprar	einkaufen
comprender	verstehen
consistir de	bestehen aus
cuarto *m*	Viertel
darle tiempo al tiempo	nur mit der Ruhe
depende	kommt drauf an
desayunar	frühstücken
desayuno *m*	Frühstück
después	nachher
dulce *m*	Süßspeise
escuchar	(zu)hören
estudio *m*	Studio
familiar	Familien-
flojo, -a	mager, leicht
fruta *f*	Frucht
fuerte	stark, hier: reichhaltig
gato *m*	Katze, Kater
hora *f*	Uhr
hoy	heute
huevo *m*	Ei
importar	wichtig sein
inspiración *f*	Inspiration
ir de compras	einkaufen gehen
irse	weggehen

▶

jamón *m*	Schinken
junto, -a	gemeinsam
lavarse	sich waschen
leer	lesen
levantarse	aufstehen
libre	frei
lista *f*	Liste
llamarse	heißen
magdalena *f*	in Papierhüllen gebackene Biskuittörtchen
más o menos	ungefähr
medianoche *f*	Mitternacht
medio, -a	halb
mediodía *m*	Mittag
merendar (-ie-)	vespern
merienda *f*	Vesper
mermelada *f*	Marmelade
música *f*	Musik
necesitar	brauchen
noche *f*	Abend, Nacht
pan *m*	Brot
para	damit
pardo, -a	braun, grau, trüb
pasar	verbringen
paseo *m*	Spaziergang
peinarse	sich kämmen
pescado *m*	Fischgericht
pintar	malen
pintor *m*	Maler
plato *m*	Gang, Gericht
poder (-ue-)	können
postre *m*	Nachtisch
preparar	vorbereiten
problema *m*	Problem
quedarse	bleiben
queso *m*	Käse
sé *zu:* **saber** *(siehe Lektion 7)*	ich weiß *zu:* wissen
soler (-ue-)	pflegen, gewohnt sein zu
tele(visión) *f*	Fernsehen
tiempo *m*	Zeit
tiempo *m* **libre**	Freizeit
todo el día	den ganzen Tag
todos, -as	alle
tortilla *f*	span. Omelett
tostada *f*	Toastbrot
trabajar	arbeiten
trabajo *m*	Arbeit
vacaciones *f pl*	Ferien
verduras *f pl*	Gemüse
vida *f*	Leben
ya	schon

En la cocina

Carmen:	Karin, ¿sabe cocinar?
Karin:	No sé cocinar, depende ... Puedo preparar ensaladas...
Carmen:	¡No importa! Podemos cocinar juntas.
Karin:	Sí, esto me gusta.
Carmen:	Aquí están los artefactos que necesita un ama de casa para poder cocinar. Esta es una sartén y éstas son cazuelas de diferentes tamaños ... Aquí están los platos, y las tazas y allí los vasos y los cubiertos: los tenedores, los cuchillos y las cucharas.
Karin:	¿Qué es ésto?
Carmen:	Eso es un porrón. Se echa vino y se pone sobre la mesa. Y ahora hacemos un plato típico de España, la paella.
Karin:	Muy bien. ¿Cómo se hace?

Carmen:	Necesitamos arroz, carne de pollo, judías verdes, cebollas, tomates, ajo, un poco de jerez, sal y azafrán y unas cucharadas de aceite de oliva. Hay paellas diferentes, ¿sabe? Se hacen con los ingredientes típicos de la región, pero siempre con arroz.
Karin:	¿Se come a menudo la paella en España?
Carmen:	No, la paella es un plato para ocasiones un poco excepcionales. Se suele cocinar en una paellera a fuego lento.
Karin:	Tampoco los alemanes comen todos los días chucrut y salchichas.
Carmen:	Claro … ¿Puede preparar un postre típico alemán?
Karin:	¡Esto es una buena idea!
Carmen:	¿Qué tipo de postre es?
Karin:	Es una sorpresa.
Carmen:	¡Qué bueno! Estoy muy curiosa, ¡se me hace la boca agua!

In der Küche

Carmen:	Karin, können Sie kochen?
Karin:	Ich kann nicht kochen, kommt darauf an … ich kann Salate machen …
Carmen:	Ist nicht wichtig! Wir können gemeinsam kochen.
Karin:	Ja, das gefällt mir.
Carmen:	Hier sind die Geräte, die eine Hausfrau zum Kochen braucht. Dies ist eine Pfanne und dies sind Kasserollen in verschiedener Größe … Hier sind die Teller und die Tassen und dort die Gläser und das Besteck: die Gabeln, die Messer und die Löffel.
Karin:	Was ist dies?
Carmen:	Das ist ein Porron. Man gießt Wein hinein und stellt ihn auf den Tisch. Und jetzt machen wir ein typisch spanisches Gericht, Paella.
Karin:	Sehr gut! Wie wird sie gemacht?

Carmen: Wir benötigen Reis, Hühnerfleisch, grüne Bohnen, Zwiebeln, Tomaten, Knoblauch, etwas Sherry, Salz und Safran und einige Eßlöffel Olivenöl. Es gibt verschiedene Paellas, wissen Sie? Sie werden mit den typischen Zutaten der Region zubereitet, aber immer mit Reis.

Karin: Isst man oft Paella in Spanien?

Carmen: Nein, die Paella ist ein Gericht für etwas besondere Gelegenheiten. Sie wird gewöhnlich in einer typischen Paellapfanne auf kleinem Feuer gekocht.

Karin: Auch die Deutschen essen nicht jeden Tag Sauerkraut mit Würstchen.

Carmen: Klar. Können Sie einen typisch deutschen Nachtisch zubereiten?

Karin: Das ist eine gute Idee!

Carmen: Was für ein Nachtisch ist es?

Karin: Das ist eine Überraschung.

Carmen: Sehr gut! Ich bin sehr neugierig, das Wasser läuft mir im Mund zusammen!

saber wissen, können, gelernt haben

sé *cocinar*	ich kann kochen
sabes *leer*	du kannst lesen
sabe *cantar*	er/sie kann singen
sabemos *español*	wir können Spanisch
sabéis *esto de memoria*	ihr könnt dies auswendig
saben *dónde está*	sie wissen, wo er ist

■ **»saber«** + **Infinitiv** bezeichnet im Gegensatz zu *poder* eine **angeborene** oder **erlernte Fähigkeit.**

■ Ein kleiner Akzent macht den großen Unterschied:

Aufgepasst

sé *español*	ich kann Spanisch
se *habla español*	man spricht Spanisch

Übung 1

Setzen Sie die richtige Form von ***saber*** ein:

1. El no . . . dónde están ellos.

2. (Yo) no . . . cocinar.

3. ¿... (vosotros) por qué no viene?

4. (Ellas) . . . mucho español.

5. ¿Vd. . . . como ir al centro?

6. ¿ . . . tú el camino?

7. Tienes que . . . tocar la guitarra.

8. Preguntan si (nosotros) . . . preparar postres.

hacer (machen) und ***poner*** (stellen, setzen) sind zwei weitere Verben mit ***-g-*** in der ***Ich-Form:***

hacer	***poner***
*ha**g**o*	*pon**g**o*
haces	*pones*
hace	*pone*
hacemos	*ponemos*
hacéis	*ponéis*
hacen	*ponen*

Aufgepasst

Nützliche Wendungen:

hace buen tiempo	es ist gutes Wetter
hago autostop	ich trampe
pongo la mesa	ich decke den Tisch

Die Demonstrativpronomen

dieser, diese, dieses hier (zeitlich und räumlich **nahe** beim Sprecher)

este *libro de* ***aquí*** *es de Vd.*	**dieses** Buch **hier** gehört Ihnen
estos *libros*	**diese** Bücher **hier**
esta *flor*	**diese** Blume **hier**
estas *flores*	**diese** Blumen **hier**
esto	**das hier**

der, die, das da (zeitlich und räumlich **weiter** vom Sprecher weg)

ese *libro de* ***ahí*** *es de Vd.*	**das** Buch **da** gehört Ihnen
esos *libros*	**die** Bücher **da**
esa *flor*	**die** Blume **da**
esas flores	**die** Blumen **da**
eso	**das da**

jener, jene, jenes dort (**größte zeitliche** und **räumliche** Entfernung)

aquel *libro de* ***allí*** *es de Vd.*	**jenes** Buch **dort** gehört Ihnen
aquellos *libros*	**jene** Bücher **dort**
aquella *flor*	**jene** Blume **dort**
aquellas *flores*	**jene** Blumen **dort**
aquello	**jenes dort**

Wenn ***ese, este*** usw. **allein** oder **nicht direkt neben dem Substantiv** stehen, bekommen sie **einen Akzent:** ***éste*** *es mi oso de felpa.* Dies ist mein Teddybär.

■ ***esto, eso, aquello*** haben **nie** einen Akzent:
¿Qué es esto? Was ist dies?

Aufgepasst

Übung 2

Wählen Sie das richtige Demonstrativpronomen:

1. Es mi amigo, el hombre . . .
a este **b** aquéllo **c** esa
2. Los años 50: ¡ . . . tiempos son interesantes!
a aquellos **b** ésos **c** éstos
3. No voy a . . . lugar, me quedo aquí.
a esta **b** eso **c** aquel
4. . . .año viajo a Madrid.
a este **b** esa **c** aquella
5. Entre todas las chicas . . . es la más bonita.
a éste **b** la aquélla **c** ésta

Aufgepasst

el statt la

el ama *de casa modern**a*** – die moderne Hausfrau
las amas *de casa modern**as*** – die modernen Hausfrauen

Weibliche Substantive, die mit betontem **a-/ha-** beginnen, werden **im Singular** mit dem **bestimmten Artikel *el*** gebildet.

Übung 3

Ergänzen Sie den bestimmten Artikel:

1. . . . coche **2. . . .** hambre **3. . . .** cama
4. . . . Alpes **5. . . .** tarde **6. . . .** azafata
7. . . . viaje **8. . . .** domingo **9. . . .** agua
10. . . . día

Ergänzen Sie, wie im Beispiel angegeben:

Übung 4

	poner	pongo	ponéis	pones	ponemos
1.	comer				
2.	estar				
3.	hacer				
4.	ir				
5.	ser				
6.	saber				
7.	venir				
8.	tener				
9.	preparar				
10.	abrir				

Setzen Sie die Verben in die richtige Form:

Übung 5

Yo (hacer) muchos viajes. No (ir) a ciudades sino al campo. (Alquilar) un chalet y (disfrutar) de la vida. (Ponerse) el traje más bonito y (tener) fiestas. A mis fiestas (venir) mucha gente. Todos (bailar) y (cantar). Mis fiestas (ser) las mejores fiestas del año.

Wie heißt's auf Spanisch?

Übung 6

Guten Tag, Frau García. Ich komme aus Valencia. Ich bin etwas müde.
Meine Koffer sind schwer. Ist Ihr Mann zu Hause? Vielen Dank für den Kaffee.
Was, Sie können Paella kochen?
Um wie viel Uhr essen wir zu Abend?
Um 10 Uhr abends? Ich gehe ein bisschen spazieren.

Wortschatz

a fuego lento	auf kleinem Feuer	**gustar**	gefallen
(el) agua *f*	Wasser	**hacer**	machen
a menudo	oft	**hacer autostop**	trampen
abierto	offen	**idea** *f*	Idee
aceite *m*	Öl	**ingrediente** *m*	Zutat
aceite *m* **de oliva**	Olivenöl	**judías** *f pl* **verdes**	grüne Bohnen
ajo *m*	Knoblauch	**me**	mir
(el) ama *f* **de casa**	Hausfrau	**ocasión** *f*	Gelegenheit
arroz *m*	Reis	**paella** *f*	spanisches Reisgericht
artefacto *m*	Gerät	**paellera** *f*	typische Paellapfanne
azafrán *m*	Safran	**para**	um zu, für
carne *f* **de pollo**	Hühner-fleisch	**plato** *m*	Teller
campo *m*	Land	**pollo** *m*	Hähnchen
cazuela *f*	Kasserolle	**poner**	setzen, stellen
cebolla *f*	Zwiebel	**porrón** *m*	Porron (langhalsige Flasche mit Trinkrohr)
chucrut *m*	Sauerkraut	**postre** *m*	Nachspeise
cocinar	kochen	**preparar**	vorbereiten, zubereiten
cubierto *m*	Besteck	**región** *f*	Region
cuchara *f*	Löffel	**saber**	wissen, können
cucharada *f*	Esslöffel voll	**sal** *f*	Salz
cuchillo *m*	Messer	**salchicha** *f*	Würstchen
curioso, -a	neugierig	**sartén** *f*	Stielpfanne
de memoria	auswendig	**siempre**	immer
depende	kommt darauf an	**sorpresa** *f*	Überraschung
diferente	verschieden	**tamaño** *m*	Größe
disfrutar de	genießen	**tampoco**	auch nicht
echar	gießen	**taza** *f*	Tasse
ensalada *f*	Salat	**tenedor** *m*	Gabel
excepcional	außer-gewöhnlich	**típico, -a**	typisch
fiesta *f*	Fest	**tipo** *m*	Art
flor *f*	Blume		
fuego *m*	Feuer		

tomate *m*	Tomate	**un poco**	ein bisschen, etwas
traje *m*	Anzug	**vaso** *m*	Glas

Die spanische Küche

Die spanische Küche gehört zu den variationsreichsten überhaupt. Gerichte wie die ***paella*** oder ***tortilla*** sind weit über die Grenzen hinaus bekannt. Jede Region hat ihre Spezialitäten, die Sie unbedingt probieren sollten. ***Gazpacho andaluz***, eine kalte Gemüsesuppe, ist für die Temperaturen in Andalusien gerade richtig. In Madrid müssen Sie unbedingt den typischen Eintopf ***cocido madrileño*** kosten. Kastilien ist bekannt für seine herrlichen ***asados de cordero o cabrito*** (Lamm- oder Ziegenbraten) sowie ***cochinillo*** (Spanferkel), in Katalonien isst man ***conejo al alioli***, gebratenen Hasen mit Knoblauchmajonäse, sowie geschmorte Fischgerichte, deren berühmtestes die ***zarzuela*** ist. ***Chilindrón***, eine dicke Soße aus Tomaten, Paprika und Zwiebeln, mit der Fleisch angerichtet wird, ist typisch für die Ebro-Gegend, die ***fabada asturiana***, ein Eintopf aus weißen Bohnen, Paprikawurst und Speck, kommt aus Asturien. Die frischen ***mariscos y pescados*** (Meeresfrüchte und Fischgerichte) in Galicien sollte man sich ebenso wenig entgehen lassen wie die ***ensaimada***, ein Hefeteiggebäck, auf Mallorca. Berühmt sind auch die ***churros***, in heißem Öl ausgebackene Teigkringel, die man in heiße Schokolade getaucht genießt.

Test 1

Die Buchstaben in den richtigen Lösungskästchen ergeben hintereinander gelesen einen Spruch. Finden Sie ihn! Lösung s. S. 273.

1
Entscheiden Sie sich für eine der beiden Lösungen. Springen Sie dann zu dem durch die Nummer bezeichneten Feld.

2
Juan es un chico ... .

español**o** ➪ 8
españo**l** ➪ 21

6
¡Falso!

Volver al nr. 9

7
¡Bien! C
¿Dónde...la estación?

hay ➪ 5
está ➪ 13

11
¡Falso!

Volver al nr. 13

12
¡Muy bien! H
El coche...en el garage.

hay ➪ 22
está ➪ 27

16
¡Falso!

Volver al nr. 3

17
¡Fantástico! I
.... problema es grande.

El ➪ 3
La ➪ 25

21
¡Muy bien! ¡
¿...te llamas?

Qué ➪ 10
Cómo ➪ 30

22
¡Falso!

Volver al nr. 12

26
¡Qué bien! O
Este año yo.... a Perú.

voy ➪ 24
vas ➪ 29

27
¡Muy bien! E
Yo no....... cocinar.

sabo ➪ 18
sé ➪ 7

3 ¡Muy bien! E
David......en el coche.
es ➪ 16
está ➪ 14

4 ¡Muy bien! Y
Ella va....coche.
con ➪ 19
en ➪ 9

5 ¡Falso!
Volver al nr. 7

8 ¡Falso!
Volver al nr. 2

9 ¡Muy bien! B
¿Vamos....cine?
a el ➪ 6
al ➪ 17

10 ¡Falso!
Volver al nr. 21

13 ¡Correcto! H
Se.......italiano y alemán.
habla ➪ 11
hablan ➪ 26

14 ¡Fantástico! N
Los niños....en la cocina.
están ➪ 12
son ➪ 28

15 ¡Falso!
Volver al nr. 30

18 ¡Falso!
Volver al nr. 27

19 ¡Falso!
Volver al nr. 4

20 ¡Falso!
Volver al nr. 23

23 ¡Fantástico! U
Antonio....alto.
es ➪ 4
está ➪ 20

24 ¡Muy bien! !
Aquí termina el test.
¿Qué frase tienes?

25 ¡Falso!
Volver al nr. 17

28 ¡Falso!
Volver al nr. 14

29 ¡Falso!
Volver al nr. 26

30 ¡Correcto! M
¿Están ellos ..... Madrid?
a ➪ 15
en ➪ 23

De compras

Karin en el supermercado:
Dependiente: Buenos días, ¿qué le pongo?
Karin: ¡Hola!, buenos días, un kilo de ese bistec, por favor.
Dependiente: Sí, muy bien, ¿algo más?
Karin: ¿A cómo está este jamón?
Dependiente: ¿El serrano?, a tres mil novecientas el kilo.
Karin: Entonces me pone 200 gramos de jamón y 300 gramos de queso manchego, por favor.
Dependiente: ¿300 gramos del manchego joven?
Karin: No lo sé, ¿puedo probar un poquito?
Dependiente: Sí, claro, aquí tiene un trozo.
Karin: ¡Huy, está rico! Lo tomo.
Dependiente: Aquí tiene, ¿quiere algo más?
Karin: Un cuarto de kilo de chorizo.
Dependiente: Lo siento, pero no me queda. ¿Desea alguna cosa más?
Karin: No, nada más, gracias.

Karin mira la lista de compras y habla sola:

	¿Qué más necesito?... Dos litros de leche, un paquete de harina, una lata de sardinas, una botella de aceite y aceitunas verdes. Además tomates, huevos... y zanahorias para Nicolás.
Karin:	¡Hola!, ¿cuánto cuesta el kilo de tomates?
Empleada:	200 pesetas, estos tomates son buenísimos.
Karin:	Están duros, ¿verdad? Un kilo, por favor.
Empleada:	¿Puede ser un poquito más?
Karin:	Sí, pero no mucho.
Empleada:	Las patatas y zanahorias están en oferta esta semana.
Karin:	Oh ..., medio kilo de zanahorias. Por favor, ¿dónde están los huevos?
Empleada:	Allí a la derecha, son de gallinas de corral. ¿Es todo?
Karin:	Sí, eso es todo, gracias.

Beim Einkaufen

Karin im Supermarkt:

Verkäufer:	Guten Tag. Was darf's denn sein?
Karin:	Hallo, guten Tag. Ein Kilo von diesem Beefsteak, bitte.
Verkäufer:	Ja, sehr gut, noch was?
Karin:	Was kostet dieser Schinken?
Verkäufer:	Der Landschinken? Dreitausendneunhundert das Kilo.
Karin:	Dann geben Sie mir bitte 200 Gramm Schinken und 300 Gramm Manchego-Käse.
Verkäufer:	300 Gramm vom jungen Manchego?
Karin:	Ich weiß es nicht, kann ich ein bisschen probieren?
Verkäufer:	Ja klar, hier haben Sie ein Stück.
Karin:	Mhmm, der schmeckt gut. Ich nehme ihn.
Verkäufer:	Hier. Möchten Sie noch etwas?
Karin:	Ein Viertel Kilo Paprikawurst.
Verkäufer:	Bedauere, ich habe keine mehr. Wünschen Sie noch etwas?
Karin:	Nein, nichts mehr, danke.

Karin betrachtet die Einkaufsliste und redet vor sich hin:
Was brauche ich noch?. . . Zwei Liter Milch, eine Tüte Mehl, eine Dose Sardinen, eine Flasche Öl und grüne Oliven. Außerdem Tomaten, Eier . . . und Möhren für Nicolás.
Karin: Hallo, was kostet das Kilo Tomaten?
Verkäuferin: 200 Peseten, diese Tomaten sind außerordentlich gut.
Karin: Sie sind fest, nicht wahr? Ein Kilo bitte.
Verkäuferin: Kann es ein bisschen mehr sein?
Karin: Ja, aber nicht viel.
Verkäuferin: Die Kartoffeln und Möhren sind diese Woche im Angebot.
Karin: Ein halbes Kilo Möhren. Wo sind bitte die Eier?
Verkäuferin: Dort rechts, sie sind von freilaufenden Hühnern. Ist das alles?
Karin: Ja, das ist alles, danke.

Verben mit Stammveränderung e → ie

querer (mögen, wollen, lieben)	***empezar*** (anfangen)
*qu**ie**ro* (ich möchte)	*emp**ie**zo* (ich fange an)
*qu**ie**res*	*emp**ie**zas*
*qu**ie**re*	*emp**ie**za*
queremos	*empezamos*
queréis	*empezáis*
*qu**ie**ren*	*emp**ie**zan*

In den stammbetonten Formen dieser Verbengruppe wird das **e** der Stammsilbe zu **ie**.

Übung 1

Ergänzen Sie die Verbform:

	nosotros	usted	tú	ellas
1. querer				
2. almorzar				
3. sentir				
4. comprar				
5. empezar				
6. soler				

Unbetontes Objektpronomen

Dativ (wem? was?)	**Akkusativ (wen? was?)**
me *gusta* es gefällt mir	***me*** *saluda* er grüßt mich
te dir	***te*** dich
le ihm/ihr/Ihnen	***lo***, ***la*** ihn/es/sie/Sie
nos uns	***nos*** uns
os euch	***os*** euch
les ihnen/Ihnen	***los***, ***las*** sie, Sie

Glück gehabt: Dativ und Akkusativ der 1. und 2. Person Singular und Plural sind gleich!
Die Pronomen der dritten Person Singular und Plural gelten für **Personen und Sachen:**
*no **lo** sé* = ich weiß **es** nicht
***lo** saludo* = ich grüße **ihn**
In Spanien wird für ***lo*** oft ***le*** verwendet:
le/lo veo = ich sehe **ihn**

■ Übrigens: Bei gebeugten Verben stehen ***me***, ***te*** usw. **vor** dem Verb:

***te** compro zanahorias* = ich kaufe dir Möhren
Bei Verben im Infinitiv werden ***me***, ***te*** usw. **angehängt:**
*dar**le** tiempo al tiempo*

■ Nach ***preguntar*** steht die Person im **Dativ** (im Spanischen fragt man »jemandem« und nicht »jemanden«): *puedes preguntar**les*** = du kannst sie fragen

Aufgepasst

Übung 2

Kreuzen Sie Person und Zahl der nachfolgenden Pronomen an:

	1. Pers.	2. Pers.	3. Pers.	Sg.	Pl.
1. *Te* duchas todos los días.					
2. No puedo mirar*las*.					
3. *Se* lava con agua caliente.					
4. *Me* levanto a las siete.					
5. ¿Quién *nos* quiere?					
6. *Lo* compro para mi madre.					
7. No sé qué preguntar*os*.					
8. ¿Sabes *tú* dónde están?					
9. ¿Qué *le* pongo?					
10. *Les* cantan una canción.					

Übung 3

Antworten Sie nach dem folgenden Muster:

¿Quién compra las zanahorias?
Yo ***las*** *compro.*

1. ¿Quién abre la ventana? ....

2. ¿Quién hace el trabajo? ....

3. ¿Quién come patatas? ....

4. ¿Quién escribe los libros? ....

5. ¿Quién nos quiere? ....

6. ¿Quién compra la cerveza? ....

7. ¿Quién pone la mesa? ....

8. ¿Quién toma los cigarrillos? ....

Übung 4

Ersetzen Sie die Wörter in Klammern durch das entsprechende Pronomen:

1. (El periódico) . . . compro.
2. (La lengua) no . . . habla Vd. bien.
3. (La bicicleta) . . . falta una rueda.
4. Tenéis que saludar . . . (la azafata).
5. Podéis preguntar . . . (las chicas) qué hora es.
6. (El flamenco) no . . . baila.
7. No . . . alquiláis (las habitaciones).
8. (El pollo) puedes poner . . . un poco de sal.
9. (Las enfermeras) . . . llaman.
10. (Julia) . . . cantamos algunas canciones.

medio – otro

medio *kilo de queso*	ein halbes Kilo Käse
media *docena de huevos*	ein halbes Dutzend Eier
otro *pan*	noch ein Brot
otra *botella de leche*	eine andere/ noch eine Flasche Milch

Aber: ***un*** *cuarto de kilo de chorizo* ein Viertel Kilo Paprikawurst

Vor ***medio*** und ***otro*** steht **kein** unbestimmter Artikel!

Aufgepasst

Die Grundzahlen von 31 bis 1000

31 treinta y uno, -a	***200 doscientos, -as***
32 treinta y dos	***300 trescientos, -as***
40 cuarenta	***400 cuatrocientos, -as***
50 cincuenta	***500 quinientos, -as***
60 sesenta	***600 seiscientos, -as***
70 setenta	***700 setecientos, -as***
80 ochenta	***800 ochocientos, -as***
90 noventa	***900 novecientos, -as***
100 cien, ciento	***1.000 mil***
102 ciento dos	***2.000 dos mil***

Aufgepasst

y steht **nur zwischen Zehnern und Einern:**
*treinta **y** cinco,* aber: *ciento dos*

Vor Substantiven wird ***ciento*** zu ***cien***:
cien *libros* aber: ***ciento*** *un libro*

Das Vielfache von ***ciento*** richtet sich nach dem Geschlecht des Substantivs:
*seiscient**as** peset**as**, trescient**os** libr**os***

Übung 5

Wählen Sie die richtige Antwort:

1. 250 schreibt man:
a dos cien cincuenta
b doscientos cincuenta
c doscientos y cincuenta

2. 701 schreibt man:
a siete cientos uno
b setecientos y uno
c setecientos uno

3. 50 schreibt man:
a cincuenta
b quinientos
c quince

4. 522 schreibt man:
a quinientos veinte y dos
b quinientos veintidós
c cincuentaveintidós

Übersetzen Sie: Ein halbes Kilo Tomaten, bitte, 2 Liter Milch, eine Stange Weißbrot, ein Viertel Kilo Möhren, ein halbes Dutzend Eier, noch eine Flasche Milch und zwei Gläser Marmelade.

¿a cómo está?	was kostet es?
¿algo más?	noch etwas?
aceitunas *f pl*	Oliven
además	außerdem
alguno, -a	(irgend)ein
alquilar	vermieten
bistec *m*	Beefsteak
chorizo *m*	Paprikawurst
corral *m*	Hühnerhof
costar (ue)	kosten
dependiente *m/f*	Verkäufer, -in
desear	wünschen
duro, -a	fest, hart
empezar (-ie-)	anfangen
entonces	dann
gallina *f*	Huhn
gallinas *f pl* **de corral**	freilaufende Hühner
gramo *m*	Gramm
harina *f*	Mehl
jamón *m* **serrano**	Landschinken
joven	jung
kilo *m*	Kilo
lata *f*	Dose
lo siento	tut mir Leid
manchego, -a	aus der Mancha
oferta *f*	Angebot
paquete *m*	Paket, Tüte
patata *f*	Kartoffel
probar (-ue-)	probieren
querer (-ie-)	wollen, mögen, lieben
rico, -a	reich, hier: wohlschmeckend
sardina *f*	Sardine
sentir (-ie-)	bedauern
solo, -a	allein
supermercado *m*	Supermarkt
trozo *m*	Stück
un poquito	ein bisschen

Zusatzwortschatz

una barra de pan	eine Stange Brot	**un tarro de mermelada**	ein Glas Marmelade
una rebanada de pan	eine Scheibe Brot	**un tubo de mayonesa**	eine Tube Majonäse
un paquete de cigarrillos	ein Päckchen Zigaretten	**una caja de cerillas**	eine Schachtel Streichhölzer
un ramo de flores	ein Strauß Blumen	**una docena de huevos**	ein Dutzend Eier
una tableta de chocolate	eine Tafel Schokolade	**una loncha de jamón**	eine Scheibe Schinken

Öffnungszeiten

Die meisten Geschäfte und Supermärkte sind in Spanien täglich geöffnet außer sonntags. Die normalen Öffnungszeiten sind von 10.00 bis 14.00 und von 17.00 bis 20.00 Uhr. Manche großen Kaufhäuser haben auch durchgehend von 10.00 bis 21.00 Uhr geöffnet und sogar an manchen Sonntagen.

En la estación central

Karin: Mañana voy a ir en tren a Toledo.
Pedro: ¿Cuánto tiempo va a quedarse?
Karin: Sólo un día, voy ida y vuelta.
Voy a sacar el billete en la ventanilla de venta de billetes de la RENFE.

En la estación:
Pasajero: Puede pasar Vd. primero, señorita.
Yo tardo un rato.
Karin: Muy amable, gracias.
Empleado: Buenas tardes, ¿adónde va Vd. señorita?
Karin: Buenas tardes, deseo sacar un billete para Toledo, por favor.
Empleado: ¿Ida y vuelta?
Karin: Sí, segunda clase, no fumadores.

Empleado: ¿Para cuándo lo desea?
Karin: Para mañana.
Empleado: ¿Para qué hora?
Karin: Perdón, Vd. me hace muchas preguntas, ¿hay que saber el día y la hora?
Empleado: Sí, en España los billetes de tren hay que comprarlos para un día concreto y una hora exacta.
Karin: Ah, entonces ... para el tren de las 8.00 de la mañana. ¿Puedo reservar un asiento junto a la ventanilla?
Empleado: Sí, todavía quedan asientos libres.
Karin: ¿Hay que hacer transbordo?
Empleado: El rápido de las 8.00 es un tren directo.
Karin: ¿De qué andén sale el tren?, por favor.
Empleado: El tren para Toledo parte del andén no. 8, es el último andén a la derecha.

El próximo día en el tren:
Karin: Perdón, señor, tengo una reserva para este asiento.
Señor: Oh ... lo siento mucho. Mi asiento es el no. 6.
Karin: El tren lleva retraso, ¿verdad?
Señor: Sí, lleva 15 minutos de retraso.
Karin: ¿Le molesta si abro la ventanilla? Hace mucho calor en este departamento, y hasta Toledo vamos a tardar un rato.

Am Hauptbahnhof

Karin: Morgen werde ich mit dem Zug nach Toledo fahren.
Pedro: Wie lange werden Sie bleiben?
Karin: Nur einen Tag, ich fahre hin und zurück. Ich werde die Fahrkarte am Fahrkartenschalter der RENFE kaufen.

Am Bahnhof:
Reisender: Sie können zuerst durchgehen, Fräulein. Ich brauche etwas länger.

Karin:	Sehr freundlich, danke.
Angestellter:	Guten Tag. Wohin fahren Sie, Fräulein?
Karin:	Guten Tag, ich möchte eine Fahrkarte nach Toledo lösen, bitte.
Angestellter:	Hin- und Rückfahrt?
Karin:	Ja, zweiter Klasse, Nichtraucher.
Angestellter:	Für wann möchten Sie sie?
Karin:	Für morgen.
Angestellter:	Für welche Uhrzeit?
Karin:	Entschuldigung, Sie stellen mir viele Fragen. Muss man den Tag und die Uhrzeit wissen?
Angestellter:	Ja, in Spanien muss man die Zugfahrkarten für einen bestimmten Tag und eine genaue Uhrzeit kaufen.
Karin:	Ja, dann ... für den Zug um 8 Uhr morgens. Kann ich einen Platz am Fenster reservieren?
Angestellter:	Ja, es gibt noch freie Sitzplätze.
Karin:	Muss man umsteigen?
Angestellter:	Der Eilzug um 8 Uhr ist ein direkter Zug.
Karin:	Von welchem Bahnsteig fährt der Zug ab, bitte?
Angestellter:	Der Zug nach Toledo fährt von Bahnsteig 8, das ist der letzte Bahnsteig rechts.

Am nächsten Tag im Zug:

Karin:	Entschuldigung, ich habe eine Reservierung für diesen Sitzplatz.
Mann:	Oh, ... tut mir sehr Leid. Mein Platz ist die Nr. 6.
Karin:	Der Zug hat Verspätung, nicht wahr?
Mann:	Ja, er hat 15 Minuten Verspätung.
Karin:	Stört es Sie, wenn ich das Fenster öffne? Es ist sehr warm in diesem Abteil und bis Toledo werden wir eine Weile brauchen.

Nahe Zukunft

ir + a + **Infinitiv** = bald etwas tun werden/wollen
(wird im Deutschen auch oft mit Präsens wiedergegeben)

voy a *sacar el billete*	***vamos a*** *levantarnos*
vas a *ir al cine*	***vais a*** *lavaros*
va a *hacer una paella*	***van a*** *irse*

Übung 1

Setzen Sie die Sätze nach dem folgenden Muster in die nahe Zukunft:

No lo hacemos: No vamos a hacerlo.
Compro pan: Voy a comprar pan.

1. No lo hago ahora:..............

2. Tocas la guitarra:..............

3. Van en coche a Madrid:..............

4. No lo escribimos:..............

5. Vas a la calle:..............

6. Tienes que llamarle:..............

7. Pilar no estudia español:..............

8. No encuentro el libro:..............

9. Empezáis temprano:..............

hay que + Infinitiv = man muss

tener que wird selten in der unpersönlichen Form gebraucht;
statt ***se tiene que*** nimmt man meist das unpersönliche ***hay que***: *hay que tener suerte* man muss Glück haben

para

Angabe von Ziel, Bestimmung, Zweck
el tren ***para*** *Toledo* = der Zug **nach** Toledo
una reserva ***para*** *este asiento* = eine Reservierung **für** diesen Sitzplatz
para *viajar* = **um zu** reisen
Angabe eines **Termins**
el billete ***para*** *mañana* = die Fahrkarte **für** morgen

Welche Sätze passen zusammen?

1. ¿Para qué compras el billete?	Para poder hablar español.
2. ¿Para qué te vas a la estación?	Para ir de paseo.
3. ¿Para qué tomas un taxi?	Para comprar un billete.
4. ¿Para cuándo tienes el tren?	Para ir a Toledo.
5. ¿Para quién compras zanahorias?	Para ir al centro.
6. ¿Para qué estudias español?	Para mañana.
7. ¿Para qué sales?	Para Nicolás.

Die Ordnungszahlen

1. primero, -a	***5. quinto, -a***	***9. noveno, -a***
2. segundo, -a	***6. sexto, -a***	***10. décimo, -a***
3. tercero, -a	***7. séptimo, -a***	
4. cuarto, -a	***8. octavo, -a***	

Die Ordnungszahlen **über 10** sind **ungebräuchlich.** Stattdessen werden die Grundzahlen nachgestellt:
el piso ***once*** = der **elfte** Stock
el día ***quince*** = der **fünfzehnte** Tag

Bei Datumsangaben kann nur für den Monatsersten die Ordnungszahl stehen:
el primero de agosto (oder auch: *el uno de agosto*)
aber: *el dos de agosto*

Primero und ***tercero*** verlieren vor männlichen Substantiven das ***o***:
el ***primer*** *piso* = der erste Stock
el ***tercer*** *hijo* = der dritte Sohn

Die Ordnungszahlen werden auch als Bruchzahlen verwendet:
un ***cuarto*** = ein Viertel
un ***quinto*** = ein Fünftel
la ***tercera*** *parte* = ein Drittel

Übung 3

Setzen Sie *y* ein, wo nötig:

1. Dos ... mil ... tres ... cientos ... cincuenta ... tres. (2.353)

2. Diez ... mil ... dos ... cientos ... siete. (10.207)

3. Ocho ... cientos ... ocho. (808)

4. Mil ... quince. (1.015)

5. Treinta ... mil ... quinientos ... setenta ... cinco. (30.575)

Übung 4

Schreiben Sie die Zahlen aus:

Vivimos en el 4° piso:
Vivimos en el cuarto piso.

1. Alfonso XIII, rey de España:..........

2. Siempre llego 1°:..........

3. Hoy es el 3° día de la semana:..........

4. Quiero 1/2 litro de leche:..........

5. Juan Carlos I de Borbón:..........

6. Subimos a la 10° planta:..........

7. Compro 1/4 kilo de tomates:..........

8. Estamos en el 7° mes del año:..........

Übung 5

Setzen Sie *a, para, en* oder *de* ein:

1. El profesor es ... Madrid.

2. Esos libros son ... Pilar.

3. La casa está ... el centro.

4. Necesito leche ... el café.

5. Tengo que ir ... casa.

6. Mañana vamos ... teatro.

7. El tren sale ... las ocho.

8. El bolso es ... cuero.

9. La familia García vive ... Barcelona.

10. El ramo de flores está ... la mesa.

andén *m*	Bahnsteig
asiento *m*	Sitzplatz
billete *m*	Fahrkarte
billete *m* **de tren**	Zugfahrkarte
calor *m*	Wärme, Hitze
clase *f*	Klasse
concreto,-a	bestimmt
cuero *m*	Leder
departa-mento *m*	Zugabteil
desear	mögen, wünschen
directo, -a	direkt
encon-trar (-ue-)	finden
estación *f* **central**	Haupt-bahnhof
exacto, -a	genau
fumador *m*	Raucher
hace mucho calor	es ist sehr warm
hacer transbordo	umsteigen
hasta	bis
ida *f*	Hinfahrt
ida y vuelta	Hin- und Rückfahrt
llevar retraso	Verspätung haben
molestar	stören
no fuma-dores *m pl*	Nichtraucher
¿para cuándo?	für wann?
¿para qué hora?	für welche Uhrzeit?
¿para qué?	wofür?
¿para quién?	für wen?
partir	wegfahren, abreisen
pasar	durchgehen
planta *f*	Stockwerk
pregunta *f*	Frage
primero, -a	zuerst, als erste(r)
próximo, -a	nächste(r)
rato *m*	Augenblick, Weile
RENFE *f* **(Red Nacional de Ferrocarriles Españoles)**	staatliche spanische Eisenbahn-gesellschaft
reserva *f*	Reservierung
reservar	reservieren
rey *m*	König
sacar	herausnehmen hier: lösen
salir	abfahren
segundo, -a	zweite(r)
subir	einsteigen
tardar	dauern
tardar un rato	etwas länger brauchen
temprano, -a	früh(zeitig)
todavía	noch
transbordo *m*	Umsteigen
(tren) rápido *m*	Schnellzug
venta *f*	Verkauf
ventanilla *f* **de venta de billetes**	Fahrkarten-schalter
ventanilla *f*	Schalter-fenster, Zugfenster
vuelta *f*	Rückfahrt

Fahren mit dem Zug

Von der spanisch-französischen Grenze kommt man über zwei Hauptverbindungen nach Madrid: über die ***Línea del Nordeste***, über Barcelona, und die ***Línea del Norte***, über Irún und Burgos.

In großen Städten gibt es mehrere Bahnhöfe, in Madrid etwa ***Atocha*** für Züge nach Süden und Osten und ***Chamartín*** für Zugverbindungen in den Norden und Westen des Landes.

Renfe, die staatliche spanische Eisenbahngesellschaft, hat nicht nur am Bahnhof, sondern auch in der Stadt Büros. Es empfiehlt sich, Fahrkarten mindestens einen Tag vorher zu kaufen und eine Platzreservierung vorzunehmen, da die Züge häufig voll sind. Für Fahrten mit den Luxuszügen ***TER*** und ***Talgo***, die IC-Standard haben, ist ein Zuschlag erforderlich. So auch für den ***AVE***, den Hochgeschwindigkeitszug zwischen Madrid und Sevilla, der mit den ICEs vergleichbar ist und der der einzige Zug mit europäischer Spurenbreite ist. Bahnfahrten innerhalb Spaniens sind relativ billig. An weniger belasteten Tagen, den so genannten ***»días azules«***, »den blauen Tagen«, gibt es zusätzlich Ermäßigungen. Erkundigen Sie sich danach!

En la información turística

Karin: Buenos días, quisiera visitar Toledo y necesito un plano de la ciudad, por favor.

Empleada: ¿Es la primera vez que está en Toledo?

Karin: Sí, no conozco la ciudad. ¿Qué lugares turísticos puedo visitar?

Empleada: Bueno, la Catedral de Toledo, la casa de El Greco, el Alcázar, puede dar un paseo por la parte antigua de la ciudad, por la calle de Cervantes, por el paseo del Carmen, y a mediodía puede ir al restaurante Aurelia para probar uno de nuestros platos típicos, por ejemplo perdices a la toledana …

Karin: Es sólo una excursión de un día. ¿Tiene una visita con guía?

Empleada: Sí, tenemos visitas con guía cada dos horas.

Karin: Pues, eso a mí me interesa mucho.

Carlos: Perdón, señorita, a mí también me interesa una visita con guía. ¿Me puede ofrecer algo? ▶

Empleada:	Bueno, en esta época del año esto no es un problema. A menudo también organizan excursiones los hoteles ...
Carlos:	Sí, es verdad, pero a mí me gusta ir por mi cuenta. Eso de ir en grupo es un rollo.
Karin:	Pero, ... de vez en cuando es divertido, ¿no le parece?
Carlos:	Bueno, yo tomo rara vez algo en grupo ... bueno, casi nunca. Señorita, ¿a qué hora comienza la visita con guía?
Empleada:	Nuestro autobús sale siempre a las 9.30 de la mañana.
Karin:	El guía, ¿habla también alemán?
Empleada:	No, lo siento mucho, es un grupo español.
Carlos:	Para mí ... Vd. habla muy bien el castellano, bueno ... de vez en cuando parece tener un acento ... un poco diferente.
Empleada:	Señores, el autobús de las 9.30 está para partir.

In der Touristeninformation

Karin:	Guten Morgen, ich möchte gern Toledo besichtigen und benötige einen Stadtplan, bitte.
Angestellte:	Ist es das erste Mal, dass Sie in Toledo sind?
Karin:	Ja, ... ich kenne die Stadt nicht. Welche touristischen Sehenswürdigkeiten kann ich besuchen?
Angestellte:	Nun, die Kathedrale von Toledo, das Haus von El Greco, den Alcázar, Sie können einen Spaziergang durch die Altstadt machen, durch die Calle de Cervantes, durch den Paseo del Carmen, und am Mittag können Sie ins Restaurant Aurelia gehen, um eines unserer typischen Gerichte zu probieren, zum Beispiel Wachteln nach Toledo-Art ...

Karin:	Es ist nur ein Tagesausflug. Haben Sie eine Besichtigung mit Führung?
Angestellte:	Ja, wir haben Besichtigungen mit Führung alle zwei Stunden.
Karin:	Also, das interessiert mich sehr.
Carlos:	Entschuldigen Sie, Fräulein, auch mich interessiert eine Besichtigung mit Führung. Können Sie mir etwas anbieten?
Angestellte:	Zu dieser Zeit des Jahres ist das kein Problem. Oft organisieren auch die Hotels Ausflüge ...
Carlos:	Ja, das ist wahr. Aber mir gefällt es, auf eigene Faust zu gehen. Das mit den Gruppen ist langweilig.
Karin:	Aber ab und zu ist es lustig, meinen Sie nicht auch?
Carlos:	Nun, ich nehme selten etwas in der Gruppe ... eigentlich fast nie. Fräulein, um wie viel Uhr beginnt die Rundfahrt mit Führung?
Angestellte:	Unser Bus fährt immer um 9.30 Uhr morgens ab.
Karin:	Der Reiseführer, spricht er auch Deutsch?
Angestellte:	Nein, tut mir sehr Leid, es ist eine spanische Gruppe.
Carlos:	Für mich sprechen Sie sehr gut Spanisch ... gut, ab und zu scheinen Sie einen Akzent zu haben ... ein bisschen anders.
Angestellte:	Meine Damen und Herren, der Bus um 9.30 ist abfahrbereit.

Verben mit Stammveränderung *c → zc*

conocer (kennen, kennen lernen)	***parecer*** (scheinen)
*cono**zc**o*	*pare**zc**o*
conoces	*pareces*
conoce	*parece*
conocemos	*parecemos*
conocéis	*parecéis*
conocen	*parecen*

In der Ich-Form erhalten diese Verben ein ***z*** vor dem ***c***.

Übung 1

Setzen Sie die Verben in die richtige Form:

1. Los niños (parecer) tener hambre.
2. Vd. (poder) dormir.
3. Yo no lo (conocer).
4. Me (parecer) muy caro.
5. ¿No (querer, tú) ir con nosotros?
6. Hay que (trabajar) todos los días.
7. ¿(Tú) (conocer) el camino?

Objektpronomen nach Präpositionen

Nach Präpositionen wie ***a, de, para, por*** stehen folgende **Objektpronomen:**

mí	mich, mir
ti	dich, dir
él, ella, ello, Vd.	ihm, ihr, ihm, Ihnen bzw. Sie
nosotros	uns
vosotros	euch
ellos, ellas, Vds.	ihnen, Ihnen bzw. Sie

*las flores son **para ti*** = die Blumen sind für dich
*esto es **por ti*** = das ist wegen dir

Aufgepasst

Im Spanischen wird »**doppelt gemoppelt**«:
a mí, a ti usw. dienen der starken **Betonung** und werden immer durch ***me, te*** usw. **ergänzt.**
***a mí me** interesa* mich interessiert es
***a ellos les** ofrecen vino* ihnen bieten sie Wein an

Übung 2

Betonen Sie das Objekt in den folgenden Aussagen:

1. ... me saluda todas las mañanas
2. ... nos visita todos los días.
3. ... les preguntan muchas cosas.
4. ... os compran libros interesantes.

5. . . . las invitan a un bar.

6. . . . les gusta bailar.

7. . . . te invitan a la fiesta.

Übung 3

Setzen Sie das passende Pronomen ein:

Es de Javier: Es para él.

1. Es para (usted) . . .

2. Es para (yo) . . .

3. Es para (nosotros) . . .

4. Es para (ellas) . . .

5. Es para (tú) . . .

6. Es para (ustedes) . . .

quisiera + Infinitiv = ich möchte gern

quisiera visitar *la ciudad*	ich möchte gern die Stadt besichtigen

Übung 4

Wie heißt's auf Spanisch?

Ich hätte gern ein Stück Käse, bitte.
Ich möchte gern die Altstadt besichtigen.
Ich möchte es gern probieren.
Kann ich gehen?
Ich möchte gern Spanisch lernen.
Ich kann Spanisch sprechen.

estar + para + Infinitiv = gleich etwas tun werden

el autobús ***está para partir*** = der Bus ist abfahrbereit

por

Grund oder Ursache
gracias ***por*** *tu ayuda* = danke **für** deine Hilfe

ungefähre Zeitangabe
por *la mañana* = **am** Vormittag

Kaufpreis
por *2000 Ptas.* = **für** 2000 Ptas.

ungefähre Ortsangabe + Bewegung
por *la ciudad* = **durch** die Stadt

Kommunikationsmittel
por *teléfono* = **übers** Telefon

Aufgepasst

- Achten Sie auf folgende Wendungen:
por fin = endlich; ***¡por Dios!*** = um Gottes willen

Übung 5

Por oder ***para***?

1. El supermercado está cerrado . . . la tarde.
2. Vamos a Madrid . . . visitar la ciudad.
3. No trabajan . . . las mañanas.
4. Compro un billete . . . Toledo.
5. Necesitamos pescado . . . la cena.
6. Vamos a la playa . . . tomar el sol.
7. Me llama . . . teléfono . . . invitarme a su fiesta.

Übung 6

Ergänzen Sie die Verbform:

Inma (ser) enfermera y Paco (estudiar) informática. Los dos (ser) buenos amigos. (Conocerse) bien. (encontrarse) a menudo para ir al cine o al teatro. Inma (trabajar) cerca de la calle donde (vivir) Paco. Por las tardes (soler) ir de paseo. (Estudiar) alemán porque (querer) ir a Alemania.

a menudo	oft
acento *m*	Akzent
algo es un rollo	etwas ist langweilig
antiguo, -a	alt
ayuda *f*	Hilfe
cada	jede(r)
cada dos horas	alle zwei Stunden
caro, -a	teuer
casi nunca	fast nie
castellano *m*	Schrift-spanisch, kastilisch
catedral *f*	Kathedrale
comenzar (-ie-)	anfangen
conocer (-zc-)	kennen, kennen lernen
cuenta *f*	Konto
de vez en cuando	ab und zu
diferente	anders
divertido, -a	lustig, kurzweilig
dormir (-ue-)	schlafen
encon-trarse (-ue-)	sich treffen
época *f* **del año**	Jahreszeit
eso de ...	das mit ...
estudiar	studieren, lernen
excursión *f*	Ausflug
grupo *m*	Gruppe
guía *m*	Reiseführer
hotel *m*	Hotel
información *f*	Information
informática *f*	Informatik
la primera vez	zum ersten Mal
lo hago por mi cuenta	ich mache es auf eigene Faust
lugar *m*	Ort
¿no le parece?	meinen Sie nicht auch?
ofrecer (-zc-)	anbieten
organizar	organisieren
parecer (-zc-)	scheinen
parte *f*	Teil
perdiz *f*	Wachtel
plano *m* **de la ciudad**	Stadtplan
por Dios	um Gottes willen
por fin	endlich
porque	weil
problema *m*	Problem
quisiera	ich möchte gern
rara vez	selten
turístico, -a	Touristen-, touristisch
verdad *f*	Wahrheit
vía *f* **aérea**	Luftweg
visita *f*	Besuch
visitar	besuchen

Zusatz-wortschatz

Von »immer« bis »nie«

++++	**siempre**	immer
+++	**casi siempre**	fast immer
++	**a menudo**	oft
+	**a veces**	manchmal
+-	**de vez en cuando**	ab und zu
--	**rara vez**	selten
---	**casi nunca**	fast nie
----	**nunca**	nie

Alcázar

Alcázar ist die Bezeichnung für spanische Schlösser, Burgen oder Festungen, die nach dem Eindringen der Mauren nach Spanien (711 n.Chr.) unter dem Einfluss des maurischen Baustils errichtet wurden. Sie bestehen meistens aus Backstein und haben mehrere Innenhöfe. Bekannt sind die ***Alcázares*** von Toledo, Sevilla und Segovia.

La primera cita de Karin

Lucía: Karin, ¿quién es ese chico de Toledo?
Karin: Se llama Carlos Martini, es argentino, da clases de tenis. Quiere salir conmigo.
Lucía: ¿Contigo? ... huy. ¿Es guapo?
Karin: Sí, es interesante y guapo.
Suena el teléfono.
Pedro: ¡Dígame!
Carlos: Oiga, por favor, ¿está Karin en casa?
Pedro: ¿De parte de quién?
Carlos: De Carlos Martini.
Pedro: Sí, un momento ... Karin, es para Vd.
Karin: Hola, ¿quién habla?
Carlos: Soy yo, Carlos.
Karin: Ah ... hola Carlos, ¿cómo estás?
Carlos: Bien, gracias. ¿Y tú?
Karin: Gracias, muy bien.
Carlos: ¿Qué vas a hacer esta tarde?
¿Tienes ganas de salir conmigo?

Karin:	Esta tarde voy a ir a la escuela.
Carlos:	Después de tus clases podemos encontrarnos, ¿no?
Karin:	Sí, vale. ¿Qué vamos a hacer?
Carlos:	¿Conoces el café Triana que está cerca de la universidad?
Karin:	Sí, lo conozco.
Carlos:	¿Por qué no nos encontramos allí?
Karin:	¿A qué hora?
Carlos:	¿Te parece bien a las 7.00 de la tarde?
Karin:	Está bien, a las 7.00. Voy a estar delante de la puerta.

Karin llega a las 7.15 al café Triana. Carlos la espera.

Karin:	Perdón, Carlos ... llego tarde. No es mi culpa, es culpa del autobús. A esta hora hay un tráfico increíble. Lo siento mucho.
Carlos:	Bueno, los hombres estamos acostumbrados a esperar a las mujeres ...

Karins erstes Rendezvous

Lucía:	Karin, wer ist der Junge aus Toledo?
Karin:	Er heißt Carlos Martini, ist Argentinier und gibt Tennisunterricht. Er möchte mit mir ausgehen.
Lucía:	Mit dir? Sieht er gut aus?
Karin:	Ja, er ist interessant und gut aussehend.

Das Telefon läutet.

Pedro:	Hallo!
Carlos:	Hören Sie bitte, ist Karin zu Hause?
Pedro:	Wer ist da?
Carlos:	Carlos Martini.
Pedro:	Ja, einen Moment ... Karin, es ist für Sie.
Karin:	Hallo, wer spricht?
Carlos:	Ich bin's, Carlos.
Karin:	Ah ... hallo, Carlos, wie geht's?
Carlos:	Gut, danke, und dir?
Karin:	Danke, sehr gut.

Carlos:	Was hast du heute Nachmittag vor? Hast du Lust, mit mir auszugehen?
Karin:	Heute Nachmittag werde ich in die Schule gehen.
Carlos:	Nach deinen Unterrichtsstunden können wir uns treffen, oder?
Karin:	Ja, in Ordnung. Was unternehmen wir?
Carlos:	Kennst du das Café Triana, das in der Nähe der Universität ist?
Karin:	Ja, das kenne ich.
Carlos:	Warum treffen wir uns nicht dort?
Karin:	Um wie viel Uhr?
Carlos:	Bist du einverstanden mit 7.00 Uhr abends?
Karin:	Gut, um 7.00 Uhr. Ich werde vor der Tür sein.

Karin kommt um 7.15 im Café Triana an. Carlos wartet auf sie.

Karin:	Entschuldigung, Carlos ... ich bin spät dran. Es ist nicht meine Schuld, der Bus ist schuld. Um diese Zeit ist ein unglaublicher Verkehr. Es tut mir sehr Leid.
Carlos:	Schon gut, wir Männer sind es gewohnt, auf die Frauen zu warten ...

dar geben

doy	ich gebe	**damos**	wir geben
das	du gibst	**dais**	ihr gebt
da	er, sie gibt/Sie geben	**dan**	sie / Sie geben

Ist es Ihnen aufgefallen? Das unregelmäßige ***dar*** wird wie ***ir*** (aus Lektion 4) konjugiert.

salir hinausgehen, ausgehen

salgo ich gehe hinaus	**salimos** *al teatro*
sales *a la calle*	**salís** *de casa*
sale *a bailar*	**salen** *todas las noches*

■ ***Salir*** ist ein weiteres Verb mit **-g-** in der **Ich-Form**!

Aufgepasst

con + ***mi*** = ***conmigo*** mit mir
con + ***ti*** = ***contigo*** mit dir
con + ***sí*** = ***consigo*** mit sich

Mit ***mi***, ***ti*** und ***sí*** bildet ***con*** (mit) Sonderformen. Vor allen anderen Personalpronomen bleibt ***con*** **unverändert:**
con él, con ella, con Vds.

Übung 1

Wählen Sie die richtige Ergänzung:

1. ¿Viene solo o . . . ?
a con ti
b con tú
c contigo

2. Tenemos clases . . .
a con ella
b conella
c con sí

3. Habla . . .
a con sí
b consigo
c con lo

4. Ana pregunta . . .
a portigo
b por ti
c por tú

5. Hago un postre . . .
a para ella
b para la
c parasí

6. ¿Quieres salir esta tarde . . . ?
a con mi
b conmigo
c con me

Akkusativ von Personen (wen?)

Im **Akkusativ** steht bei **Personen** immer ***»a«***:
esperamos ***a las mujeres*** wir warten auf die Frauen
conozco ***al señor García*** ich kenne Herrn García
aber: *compra el periódico* er kauft die Zeitung

■ ***tener*** steht in der Regel **ohne *a: tienes una madre simpática*** du hast eine nette Mutter

Aufgepasst

Übung 2

Setzen Sie »*a*« ein, wenn nötig:

1. ¿Conoces ... mi padre?
2. Tengo ... un hermano y ... dos hermanas.
3. ¿Conoces ... esta calle?
4. La madre quiere mucho ... su hija.
5. No conozco ... este señor.
6. Visitamos ... la ciudad de Toledo.
7. Compran ... un plano de la ciudad.
8. Carlos espera ... Karin.
9. Eso ... mí me interesa mucho.

wir Spanier ...

Bezieht der Sprecher sich selbst in das Subjekt im Plural mit ein, so steht das Verb nicht in der 3. Person Plural, sondern in der 1.:
*los hombres est**amos** acostumbrados ...*
wir Männer sind es gewohnt ...
aber: *los hombres est**án** acostumbrados ...*
die Männer sind es gewohnt ...

Übung 3

Wie heißt's auf Spanisch?

Wir Spanier lieben das Leben.
Uns gefallen die Feste und uns schmeckt der Sherry.
Wir Spanier sind so.
Kennen Sie die Spanier?

Übung 4

Ergänzen Sie die Sätze durch das dazugehörige Verb in der Präsensform: ***hacer, estar, parecer, ir, salir, dar, tener, poner, conocer, saber***

1. Yo le . . . muy bien.

2. ¿Qué . . . (vosotros) todos los días por la mañana?

3. ¿(Nosotros) . . . a tomar un café?

4. ¿Cuántos gramos de queso le . . . (yo)?

5. Me . . . muy bien.

6. (Yo) . . . a las cinco y media de la oficina.

7. Los españoles . . . acostumbrados al sol.

8. (Ellos) . . . ganas de ir a España.

9. (Yo) . . . clases de español.

10. No lo . . . de verdad.

Übung 5

Was gehört zusammen?

1. ¿Puede esperar un poco?	Soy yo.
2. ¿De parte de quién?	Sí, con gusto.
3. ¿Quién habla?	De Carlos Martini.
4. Hola, ¿cómo estás?	Sí, está bien.
5. ¿A qué hora?	Muy bien, gracias.
6. ¿Te parece bien?	A las 7.00 en punto.
7. ¿Quieres salir conmigo?	Sí, lo conozco.
8. ¿Conoces el Café Triana?	Sí, un momento.

Übung 6

Ergänzen Sie die Verbform:

	tú	nosotros	ustedes
dar			
salir			
ir			
parecer			
conocer			
dormir			
querer			
ser			

Wortschatz

acostumbrado, -a	gewohnt
café *m*	Café
chico *m*	Junge
cita *f*	Verabredung, Rendezvous
clases *f pl* **de tenis**	Tennisstunden
culpa *f*	Schuld
dar	geben
delante de	vor
¿de parte de quién?	wörtlich: »von wem?« hier: wer ist da?
¡Dígame!	wörtlich: »Sagen Sie mir« (wird vom Angerufenen gesagt)
escuela *f*	Schule
esperar	warten
estar acostumbrado a alguna cosa	gewohnt sein an etw.
gana *f*	Lust
guapo, -a	hübsch, gut aussehend
hombre *m*	Mann, Mensch
increíble	unglaublich
llegar	ankommen
llego tarde	ich bin spät dran
momento *m*	Augenblick
mujer *f*	Frau
¡Oiga!	wörtlich: »Hören Sie« (wird vom Anrufer verwendet)
¿por qué no?	warum nicht?
salir (-g-)	ausgehen, hinausgehen
sonar (-ue-)	läuten

tener ganas de	Lust haben zu	**universidad** *f*	Universität
¿te parece bien?	bist du einverstanden mit …?	**¡vale!**	in Ordnung

Zusatz-wortschatz

Sie möchten sich entschuldigen, bedauern etwas?

¡perdón!	Entschuldigung	**lo siento, pero no es posible**	das ist leider nicht möglich
lo siento mucho	tut mir sehr Leid	**¡qué lástima!**	wie schade!

Verabredung

Man verabredet sich in Spanien eher im Café oder Restaurant als zu Hause. Gut, dass es dafür in Spanien Telefonzellen an beinahe jeder Straßenecke gibt. Und das Praktische bei den spanischen Telefonzellen ist, dass sie sowohl mit Münzen als auch mit Telefonkarten benutzt werden können. ***¡Oiga!*** (hören Sie) und ***¡Diga!*** bzw. ***¡Dígame!*** (sagen Sie mir) am Telefon stammen aus einer Zeit, als die Telefonverbindungen noch handvermittelt wurden und auch die Hörqualität wohl noch zu wünschen übrig ließ. ***»Vale«*** ist in der spanischen Umgangssprache als Ausdruck der Zustimmung vielfältig verwendbar. Es heißt in etwa »okay, in Ordnung, gebongt« o.ä. Probieren Sie es einfach aus! ***¿Vale?***

Visita a la ciudad

Pedro:	Karin, vamos a hacer una visita a la ciudad. Todavía no ha visitado las partes históricas y famosas de Madrid.
Karin:	Con mucho gusto. ¿Qué cosas dignas de ver hay aquí?
Pedro:	Vamos hasta la calle Toledo para visitar la iglesia de San Isidro, para los madrileños es la catedral.
Karin:	¿De qué época es?
Pedro:	Es del siglo XVII. San Isidro es el patrón de Madrid.
En la iglesia:	
Karin:	¡Qué preciosa! No he visitado una igual. ¿Adónde vamos?
Pedro:	Ahora vamos a la plaza de la Cibeles.
Karin:	¿En qué dirección está?
Pedro:	En principio, todo recto.
Karin:	¿Pasamos también por la calle Alcalá?

Pedro:	Claro. Empieza en la Plaza de la Cibeles. En esta calle están los bancos, las tiendas elegantes y los comercios caros. ¡Atención vamos a cruzar!
Karin:	¡Qué interesante! Quisiera visitar también el famoso Museo del Prado.
Pedro:	Estamos cerca de la Plaza Cánovas del Castillo, y luego pasamos al Prado.
En el museo:	
Pedro:	Estos cuadros reflejan la grandeza e importancia histórica de España. Me encantan. Las obras de Goya son geniales.
Karin:	¡Qué impresionante! ¿Se pueden tomar fotografías aquí?
Pedro:	No, está prohibido, lo siento.
Karin:	¡Qué lástima! ¿Quién ha pintado este cuadro?
Pedro:	Es de Velázquez, ¿le gusta?
Karin:	Sí, me impresiona mucho. Estoy un poco cansada, hemos caminado todo el día.
Pedro:	¿Ha probado ya las tapas madrileñas? Hay un bar cerca de aquí. He comido allí unas tapas excelentes. Podemos ir a probarlas.
Karin:	¡Vale! Buena idea.

Stadtbesichtigung

Pedro:	Karin, wir werden heute eine Stadtbesichtigung machen. Sie haben noch nicht die historischen und berühmten Teile von Madrid besichtigt.
Karin:	Sehr gern. Welche Sehenswürdigkeiten gibt es hier?
Pedro:	Wir gehen bis zur Calle Toledo, um die Kirche von San Isidro zu besichtigen, für die Madrider ist sie die Kathedrale.
Karin:	Aus welcher Epoche ist sie?
Pedro:	Aus dem 17. Jahrhundert. San Isidro ist der Schutzpatron von Madrid.

In der Kirche:

Karin: Wie herrlich! Solch eine (Kirche) habe ich noch nie besichtigt. Wohin gehen wir?

Pedro: Wir gehen jetzt zur Plaza de la Cibeles.

Karin: In welcher Richtung liegt sie?

Pedro: Eigentlich immer geradeaus.

Karin: Kommen wir auch an der Calle Alcalá vorbei?

Pedro: Klar. Sie fängt an der Plaza de la Cibeles an. In dieser Straße liegen die Banken, die eleganten Läden und die teuren Geschäfte. Achtung, wir überqueren (die Straße)!

Karin: Wie interessant! Ich möchte auch gern das berühmte Prado-Museum besuchen.

Pedro: Wir sind in der Nähe der Plaza Cánovas del Castillo und gehen nachher zum Prado.

Im Museum:

Pedro: Diese Bilder spiegeln die Größe und historische Bedeutung Spaniens wider. Sie begeistern mich. Die Werke von Goya sind genial.

Karin: Wie beeindruckend! Darf man hier fotografieren?

Pedro: Nein, das ist verboten, tut mir Leid.

Karin: Wie schade! Wer hat dieses Bild gemalt?

Pedro: Es ist von Velázquez. Gefällt es Ihnen?

Karin: Ja, es beeindruckt mich sehr. Ich bin etwas müde, wir sind den ganzen Tag herumgegangen.

Pedro: Haben Sie schon die Madrider Tapas probiert? Es gibt eine Bar hier in der Nähe. Ich habe dort ein paar ausgezeichnete Tapas gegessen. Wir können hingehen, um sie zu probieren.

Karin: In Ordnung! Eine gute Idee.

Das Partizip

hablar	***comer***	***vivir***
*habl**ado*** gesprochen	*com**ido*** gegessen	*viv**ido*** gelebt

-ar → ***-ado***
-er → ***-ido***
-ir → ***-ido***

Das Partizip der Verben auf ***-ar*** lautet auf ***-ado***, das der Verben auf ***-er*** und ***-ir*** auf ***-ido***.

Das Partizip richtet sich in **Geschlecht** und **Zahl** nach dem **Substantiv:** ***las*** *lengu**as*** *hablad**as*** die gesprochenen Sprachen

Übung 1

Wie lautet das Partizip der folgenden Verben?

comer, querer, hablar, caminar, venir, trabajar, dormir, levantar, conocer, visitar

....

....

....

Übung 2

Setzen Sie die kursiven Verben ins Partizip:

1. Parece interesante, pero es muy *aburrir*.

2. *Afeitar* parece más joven.

3. Las camas están *arreglar*.

4. ¡Está *prohibir* fumar!

5. (Ella) Se queda *impresionar*.

6. Las canciones *cantar* son preciosas.

Das Perfekt

Präsens von ***haber*** haben, sein + **Partizip**

he *tomado* ich habe genommen	***hemos*** *tomado* wir haben genommen
has *tomado*	***habéis*** *tomado*
ha *tomado*	***han*** *tomado*

Übrigens: Das Verb ***haber*** kennen Sie bereits aus Lektion 3 und 5 als unpersönliches ***»hay«***.

haber + **Partizip** bleiben **immer zusammen:**
no me ***he lavado*** *hoy* ich habe mich heute nicht gewaschen

Das Perfekt steht für eine **abgeschlossene Handlung**, die **eng mit der Gegenwart verknüpft** ist:
hemos llegado (wir sind angekommen) = *estamos* ***aquí*** (wir sind da)

Es steht in Verbindung mit Zeitangaben wie:
hoy (heute), ***esta mañana*** (diesen Morgen), ***esta semana*** (diese Woche), ***este año*** (dieses Jahr), ***todavía*** (noch), ***ya*** (schon), ***hace poco*** (vor kurzem).

■ Im **Perfekt** bleibt das **Partizip unverändert!**
he lavado *la ropa* ich habe die Wäsche gewaschen

Aufgepasst

Übung 3

Setzen Sie die Verben ins Perfekt:

Comes mucho. Has comido mucho.

1. Hablas mucho ....

2. No tengo tiempo ....

3. ¿Estás en casa? ....

4. ¿Compras el periódico hoy? ....

5. ¿Arregláis las camas por la mañana? ....

6. Desayunamos muy poco. ....

ver sehen

veo ich sehe	***vemos*** wir sehen
ves du siehst	***veis*** ihr seht
ve er, sie sieht/Sie sehen	***ven*** sie/Sie sehen

y → e

Vor ***i-/hi-*** wird ***y*** (und) zu ***e***:
la importancia ***y*** *grandeza* aber: *la grandeza* ***e*** *importancia*
es interesante ***y*** *guapo* aber: *es guapo* ***e*** *interesante*

Übung 4

Y **oder** ***e*?**

En abril voy a estudiar español ... inglés. Para ello voy a ir primero a España ... luego a Inglaterra. He estudiado ya una vez estas lenguas ... también el francés pero quiero mejorarlas. España ... Inglaterra son países interesantes ... importantes.

Ausrufesätze

¡Qué + Adjektiv (+ Verb)!
¡Qué + Substantiv (+ Verb)!

*¡**Qué** preciosa es!*	*¡**Qué** preciosa!*
*¡**Qué** interesante es!*	*¡**Qué** interesante!*
*¡**Qué** hambre tengo!*	*¡**Qué** hambre!*

Übung 5

Wandeln Sie die Sätze nach folgendem Muster um:

La Sra. Goméz es muy buena. ¡Qué buena es la Sra. Goméz!

1. Tengo mucha sed. ....

2. Es muy rico. ....

3. Esta chica es muy guapa. ....

4. Esta mujer está muy enferma. ....

5. La iglesia es muy impresionante. ....

6. La película es muy interesante. ....

7.El jamón está muy caro hoy. ....

8. Tengo mucha hambre. ....

Übung 6

Zweimal »haben«: ***haber*** oder ***tener***? Entscheiden Sie sich:

1. Miguel ... veinte años.

2. En la calle ... mucha gente.

3. ¿... (tú) comido ya?

4. ¿... (vosotros) comprado tomates?

5. Vd. ... una mujer muy simpática.

6. ¿Por qué no ... (Vds.) venido al café hoy?

7. En la mesa ... un periódico.

8. ¡Qué hambre ... (yo)!

Wortschatz

abril *m* April
afeitar(se) (sich) rasieren
atención *f* Vorsicht
banco *m* Bank
caminar gehen
comercio *m* Geschäft
con mucho gusto sehr gern
cosas *f pl* **dignas de ver** Sehenswürdigkeiten (sehenswürdige Sachen)
cruzar kreuzen, überqueren
cuadro *m* Bild
digno, -a würdig, wert
dirección *f* Richtung
elegante elegant
en principio im Prinzip, eigentlich
encantar begeistern, verzaubern
época *f* Epoche
fotografía *f* Foto
genial genial
grandeza *f* Größe
haber haben, sein

histórico, -a	historisch
igual	gleich
importancia *f*	Bedeutung
impresionante	beein-druckend
impresionar	beeindrucken
lástima *f*	Bedauern
mejorar	verbessern
museo *m*	Museum
obra *f*	Werk
pasar	vorbei-kommen, vorbeigehen
patrón *m*	Schutzpatron
precioso, -a	wertvoll hier: herrlich
prohibido, -a	verboten
¡qué lástima!	wie schade!
reflejar	wider-spiegeln
siglo *m*	Jahrhundert
tapa *f*	Häppchen
tienda *f*	Laden
todavía no	noch nicht
todo recto	immer geradeaus
tomar fotografías	fotografieren, Fotos machen
una igual	eine solche
visitar	besuchen

Tapas

Kennen Sie die ***tapas***, die Pedro Karin unbedingt vorführen will? Das sind kleine pikante Häppchen, die man zu einem Glas Bier ***(caña)*** oder Wein ***(chato)*** bestellen kann. Meist werden in den Bars kleine Fischchen ***(boquerones***), Oliven ***(aceitunas)*** oder Schinken ***(jamón)*** angeboten, es gibt aber auch Fleischbällchen ***(albóndigas)*** oder gebratene Kartoffeln mit einer scharfen Soße ***(patatas bravas)***, und auch die allgegenwärtige ***tortilla*** fehlt nie. Fast jede Bar hat ihre eigenen Spezialitäten.

En el restaurante

Carlos:	Hemos reservado una mesa para dos personas.
Camarero:	¿A nombre de quién?
Carlos:	A nombre de Martini.
Camarero:	Sí, dos personas ... por aquí, por favor.
Karin:	¡Qué hambre tengo! No he comido nada esta tarde.
Carlos:	Yo no he comido tampoco.
Camarero:	Señores, la carta.

Después de unos minutos vuelve el camarero.

Camarero:	¿Han decidido ya? ... ¿Qué van a tomar?
Karin:	Los calamares me encantan ... Sí, calamares a la romana, y de primero gambas al ajillo, por favor.
Carlos:	Yo tomo de primero ... una crema de espárragos y de segundo una parrillada de pescado.

Camarero: ¿Y para beber?
Karin: Bueno, yo quisiera una sangría.
Carlos: Para mí una cerveza de barril, por favor.
El camarero sirve la comida y las bebidas.
Karin: Mmmm, … me encanta el ajo.
Carlos: ¡Qué buen aspecto tiene!
Camarero: ¿Desean Vds. algún postre? ¿Un café … ?
Karin: Sí, para mí un flan con nata, por favor.
Carlos: Un coñac, por favor.
Camarero: ¿Algún coñac especial?
Carlos: No me apetece ninguno especial, la marca de la casa. Karin, ¿qué tal has comido?
Karin: Nunca he comido tan bien. La comida es buena aquí … ¡Oh, qué tarde es! ¿Pedimos la cuenta?
Carlos: Sí. Camarero, la cuenta, por favor.
El camarero deja la cuenta y se va.
Karin: Carlos, yo pago mi parte, por favor.
Carlos: No, te invito yo.
Karin: Pues, muchas gracias … ¿Cuánto se da de propina en España?
Carlos: Entre el 5 y 10 por ciento, dejamos 400 pesetas, ¿vale?
Karin: Está bien.

Im Restaurant

Carlos: Wir haben einen Tisch für zwei Personen reserviert.
Kellner: Auf wessen Namen?
Carlos: Auf den Namen Martini.
Kellner: Ja, zwei Personen … hier entlang, bitte.
Karin: Was für einen Hunger ich habe! Ich habe nichts gegessen heute Nachmittag.
Carlos: Ich habe auch nichts gegessen.
Kellner: Bitte sehr, die Speisekarte.
Nach ein paar Minuten kommt der Kellner zurück.
Kellner: Haben Sie sich schon entschieden? Was nehmen Sie?

Karin:	Tintenfische mag ich gern ... ja, Tintenfische nach römischer Art und als Vorspeise Knoblauchgarnelen.
Carlos:	Ich nehme als Vorspeise ... eine Spargelcremesuppe und als zweiten Gang Fisch vom Grill.
Kellner:	Und zu trinken?
Karin:	Nun, ich hätte gern eine Sangria.
Carlos:	Für mich ein Bier vom Fass, bitte.
Der Kellner serviert das Essen und die Getränke.	
Karin:	Mhmm, ... Knoblauch mag ich gern.
Carlos:	Das sieht aber gut aus!
Kellner:	Möchten Sie einen Nachtisch? Einen Kaffee ... ?
Karin:	Ja, für mich einen Karamellpudding mit Sahne, bitte.
Carlos:	Für mich einen Kognak, bitte.
Kellner:	Irgendein besonderer Kognak?
Carlos:	Nein, ich habe keine Lust auf einen bestimmten ... die Marke des Hauses. Karin, wie hast du gegessen?
Karin:	Noch nie habe ich so gut gegessen. Das Essen ist gut hier ... Oh, wie spät es ist! Verlangen wir die Rechnung?
Carlos:	Ja. Kellner, die Rechnung bitte.
Der Kellner bringt die Rechnung und geht.	
Karin:	Carlos, ich zahle meinen Teil, bitte.
Carlos:	Nein, ich lade dich ein.
Karin:	Ja dann, vielen Dank. Wie viel Trinkgeld gibt man in Spanien?
Carlos:	Zwischen 5 und 10 Prozent. Wir lassen 400 Pesetas da, in Ordnung?
Karin:	Das ist gut.

¿Dónde comer en España?

La ***cafetería*** ofrece pasteles, helados, bocadillos, batidos.

El ***bar*** español ofrece una gran variedad de tapas y bebidas. Aquí se puede tomar una pequeña comida, sin pretensiones grandes.

El ***mesón*** está especializado en la cocina local. Es un restaurante de decorado rústico.

La ***hostería*** es un restaurante típico que ofrece excelentes platos regionales.

Las ***tascas*** son típicas madrileñas para tomar tapas.

En la ***taberna*** se puede tomar una copa, se charla. A veces ofrecen algo para comer.

El ***restaurante*** tiene una carta variada así como un menú turístico a precio fijo.

En la ***casa de comidas*** sirven una comida sencilla y familiar, están cerca de las estaciones de tren.

Las ***ventas*** son restaurantes especializados en productos de caza, están alrededor de las grandes ciudades.

Übung 1

Richtig oder falsch? Kreuzen Sie an:

	Sí	No
1. Las tascas están alrededor de las grandes ciudades.		
2. Si queremos algunas tapas vamos a la cafetería.		
3. La hostería ofrece platos de la región.		
4. Las ventas ofrecen un menú turístico.		
5. El bar ofrece una variedad de tapas y bebidas.		
6. El mesón ofrece una carta variada a precio fijo.		
7. En la taberna siempre hay algo para comer.		
8. En una cafetería se pueden comer bocadillos.		

Verben mit Stammveränderung e → i

servir (bedienen)	***pedir*** (verlangen, bitten)
*s**i**rvo*	*p**i**do*
*s**i**rves*	*p**i**des*
*s**i**rve*	*p**i**de*
servimos	*pedimos*
servís	*pedís*
*s**i**rven*	*p**i**den*

In den **stammbetonten Formen** dieser Verbgruppe wird das ***e*** der **Stammsilbe** zu ***i***.

Ergänzen Sie nach folgendem Muster:

comer	como	coméis	comes	comemos
1. ver				
2. pedir				
3. salir				
4. servir				

Übung 2

Die Indefinitpronomen

algo, alguno, alguna, algunos, algunas, alguien
(etwas, einer/irgendeiner, eine/irgendeine, einige, jemand)

nada, ninguno, ninguna, (ningunos), (ningunas), nadie
(nichts, keiner, keine, niemand)

*¿Quiere **algo** más?*	*No, **nada** más.*
*¿Desean **alguna** cosa más?*	*No, **ninguna** más.*
*¿Quiere **algún** coñac especial?*	*No, **ninguno** especial.*
*¿Has encontrado a **alguien**?*	*No, no he encontrado a **nadie**.*
*¿Has comprado **algunos** libros?*	*No, no he comprado **ninguno**.*

Die Pluralformen ***ningunos/-as*** werden kaum verwendet. Stattdessen stehen die Singularformen.

Aufgepasst

■ Vor männlichen Substantiven wird ***alguno*** zu ***algún*** und ***ninguno*** zu ***ningún***:
*¿**Algún** coñac?* ***Ningún** amigo me ayuda.*

Übung 3

Setzen Sie ***algo, nada, alguien, alguno, -a, ninguno, -a, algunos, -as*** ein:

1. ¿Hay . . . en la mesa?
2. No conozco a . . . hombre como él.
3. No sabe . . .
4. . . . trenes salen toda la noche.
5. ¿Hay . . . parque por aquí?
6. . . . de estas casas me gusta.
7. ¿Esperas a . . .?

Die doppelte Verneinung

no + Verb + ***nada*** (nichts)
nadie (niemand)
nunca (niemals)
tampoco (auch nicht)
ninguno, -a (keiner, keine)

***No** quiero **nada más**.* Ich möchte nichts mehr.
***No** habla con **nadie**.* Sie spricht mit niemandem.
***No** voy **nunca** a la playa.* Ich gehe niemals an den Strand.
*Yo **no** he comido **tampoco**.* Ich habe auch nicht gegessen.
***No** me visita **ningún** amigo.* Es besucht mich kein Freund.

Aufgepasst

■ ***no . . . nada, nadie, nunca, tampoco, ninguno, ninguna*** umschließen das Verb. Stehen ***nada, nadie*** etc. **vor** dem Verb, fällt ***no*** weg: ***Nunca** he comido tan bien.* = Noch nie habe ich so gut gegessen.

Übung 4

Ergänzen Sie die folgenden Sätze mit *NO*, wenn nötig:

1. . . . lo sabe nadie.
2. ¡Tampoco tú . . . estás en la escuela!
3. Nada . . . es tan importante como tener amigos.
4. . . . se acuerda nunca de su familia.
5. . . . sabe nadie cocinar.
6. . . . pasa nada si no vienes.

bien, mal – bueno, malo

estar + bien / mal ***ser + bueno / malo***

bien und ***mal*** sind **Adverbien** und werden **mit Verben** und mit ***estar*** verwendet, ***bueno*** und ***malo*** hingegen sind **Adjektive** und werden **mit Substantiven** und in der Regel mit ***ser*** gebraucht.

*La comida **es buena**.*	*Se **come bien** aquí.*
*El **perro es malo**.*	*El traje te **está mal**.*

Übung 5

bien, bueno,-a, mal oder ***malo,-a?***

1. El postre es (bien/bueno) . . .
2. No estoy (bien/bueno) . . . hoy.
3. La película es bastante (mal/mala) . . .
4. El traje le está (mal/malo) . . .

Wortschatz

a nombre de	auf den Namen von
acordarse	sich erinnern
al ajillo	mit Knoblauch gebraten
alguien	jemand
alrededor de	um . . . herum
apetecer (-zc-)	Lust haben
aprender	lernen
así como	als auch
aspecto *m*	Aussehen
barril *m*	Fass
batido *m*	Milchmixgetränk

bebida *f*	Getränk
bien	gut
cafetería *f*	Cafeteria
calamares *m pl* **a la romana**	Tintenfische gebacken
camarero *m*	Kellner
carta *f*	Speisekarte
casa *f* **de comidas**	Speiselokal
caza *f*	Jagd
cerveza *f* **de barril**	Bier vom Fass
charlar	plaudern
coñac *m*	Kognak
copa *f*	(Stiel)glas
crema *f*	Cremesuppe
cuenta *f*	Rechnung
decorado *m*	Dekoration
dejar	dalassen
¿de quién?	wessen?
después de	nach
encantar	erfreuen, schmecken
entre	zwischen
espárrago *m*	Spargel
especial	speziell
especializarse en	sich speziali-sieren auf
flan *m*	Karamell-pudding
gamba *f*	Garnele
helado *m*	Eis
hostería *f*	einfaches Lokal mit typischen Gerichten
importante	wichtig
local	örtlich
marca *f*	Marke
menú *m* **turístico**	Touristen-menü
mesón *m*	rustikales Gasthaus
nadie	niemand
nata *f*	Schlagsahne
ninguno, -a	keine(r)
nunca	nie
pagar	zahlen
parrillada *f*	Gegrilltes
pastel *m*	Kuchen
pedir (-i-)	verlangen
pescado *m*	Fischgericht
por ciento *m*	Prozent
precio *m* **fijo**	Festpreis
pretensión *f*	Anspruch
propina *f*	Trinkgeld
¿qué tal?	wie?
rústico, -a	rustikal
sangría *f*	Sangria
sencillo, -a	einfach
servir (-i-)	servieren
taberna *f*	(Wein)lokal
tasca *f*	Kneipe
variado, -a	vielfältig
variedad *f*	Vielfalt
ventas *f pl*	auf Wild spezialisiertes Lokal
volver (-ue-)	zurück-kommen

Una situación desagradable

Karin en el parque.

Karin: ¡Fuera de aquí! ¡Eso no se hace!

El ama: ¡Fito ... aquí! ¡Por Dios! Señorita, lo siento mucho.

Karin: ¡Oh, mis pantalones blancos! Son nuevos.

El ama: ¡No sé cómo ha podido pasar esto! Fito normalmente es un perrito pacífico. Lo siento de verdad.

Karin: Tranquila, no tiene que preocuparse.

El ama: Desvergonzado, ¿qué has hecho? Con tanta gente se pone naturalmente un poco nervioso. ¿Desea anotar mi número de teléfono? Puede llamarme si tiene problemas con el lavado.

Karin: No, creo que no hace falta.

El ama: ¡Tengo que pedirle excusas!

En casa.	
Carmen:	Lucía, ¿dónde está Karin?
Lucía:	Ha salido para dar un paseo por el parque.
Carmen:	Pero no me ha dicho absolutamente nada.
Lucía:	Ha escrito una nota, y la ha puesto sobre la mesa.
Carmen:	Pues, no la he visto ...
Lucía:	¡Mamá ... aquí está Karin, ya ha vuelto!
Carmen:	Karin, pero ... ¿qué ha hecho con esos pantalones blancos? ¿Qué ha pasado?
Karin:	Un perrito me ha ladrado y saltado en el parque con las patas húmedas.
Carmen:	¿No ha sido de nadie?
Karin:	Sí, la señora se ha excusado mil veces.
Lucía:	Has tenido suerte porque no te ha mordido. Pero, perro que ladra no muerde.
Karin:	Generalmente, yo no tengo miedo a los perros, pero Fito me ha saltado tan rápidamente ...
Lucía:	¿Fito? Es el perrito de Doña Inés. Es pequeñito e inofensivo, siempre saluda alegremente a la gente.

Eine peinliche Situation

Karin im Park.	
Karin:	Weg hier! Das macht man nicht!
Frauchen:	Fito ... hierher! Um Gottes willen! Fräulein, das tut mir sehr Leid.
Karin:	Meine weiße Hose! Sie ist neu.
Frauchen:	Ich weiß nicht, wie das passieren konnte! Fito ist normalerweise ein friedliches Hündchen. Das tut mir wirklich Leid.
Karin:	Beruhigen Sie sich, Sie brauchen sich keine Sorgen zu machen.
Frauchen:	Du Böser! Was hast du nur gemacht? Bei so vielen Leuten wird er natürlich etwas nervös. Möchten Sie sich meine Telefonnummer aufschreiben? Sie können

	mich anrufen, wenn Sie Probleme mit dem Waschen haben.
Karin:	Nein, ich glaube, das ist nicht nötig.
Frauchen:	Ich muss Sie um Entschuldigung bitten!
Zu Hause.	
Carmen:	Lucía, wo ist Karin?
Lucía:	Sie ist nach draußen gegangen, um einen Spaziergang im Park zu machen.
Carmen:	Aber sie hat mir überhaupt nichts gesagt.
Lucía:	Sie hat eine Nachricht geschrieben und auf den Tisch gelegt.
Carmen:	Nun, ich habe sie nicht gesehen ...
Lucía:	Mama, hier ist Karin, sie ist schon zurückgekommen!
Carmen:	Karin, was haben Sie denn mit der weißen Hose gemacht? Was ist passiert?
Karin:	Ein Hündchen hat mich im Park angebellt und mit nassen Pfoten angesprungen ...
Carmen:	Hat es niemandem gehört?
Karin:	Doch, die Dame hat sich auch tausendmal entschuldigt.
Lucía:	Du hast Glück gehabt, dass er dich nicht gebissen hat. Aber Hunde, die bellen, beißen nicht.
Karin:	Im Allgemeinen habe ich keine Angst vor Hunden. Aber Fito hat mich so plötzlich angesprungen ...
Lucía:	Fito? Das ist das Hündchen von Doña Inés. Er ist klein und ungefährlich, er begrüßt die Leute immer freudig.

Unregelmäßige Partizipien

Manche Verben haben unregelmäßige Partizipformen:

hacer ***hecho***	*poner* ***puesto***
decir ***dicho***	*volver* ***vuelto***
ver ***visto***	*escribir* ***escrito***
abrir ***abierto***	*romper* ***roto***

Übung 1

Wie lautet das Partizip?

ser	ver ....
poner	volver ....
ir	dar ....
hacer	escribir ....

Die Adverbien

Adverbien geben den **Umstand einer Handlung** an, z.B.:

wo?	***aquí*** (hier), ***allí*** (dort), ***enfrente*** (gegenüber), ***arriba*** (oben)
wann?	***hoy*** (heute), ***ahora*** (jetzt), ***antes*** (vorher), ***pronto*** (gleich), ***temprano*** (früh), ***tarde*** (spät), ***mañana*** (morgen)
wie?	***bien*** (gut), ***mal*** (schlecht), ***así*** (so), ***alto*** (hoch)
wie viel?	***mucho*** (viel), ***tanto*** (soviel), ***bastante*** (genug)

Manche Adverbien lassen sich von Adjektiven ableiten: feminines Adjektiv + *-mente* = Adverb
rápidamente, absolutamente, normalmente, generalmente

Diesmal ist's einfach: Die **Adverbien** sind **unveränderlich** und stehen **nach dem Verb** oder **vor einem Adjektiv** oder **anderem Adverb!**
z.B. *El perro se pone **naturalmente** un poco nervioso.*

Übung 2

Bilden Sie Adverbien auf *-mente:*

1. Tienes que empezar a trabajar (inmediato).
2. La casa se encuentra (difícil) de noche.
3. (General) se levantan a las 8.00 de la mañana.
4. Lo hacemos todo (rápido).
5. Fito (normal) es un perro pacífico.
6. No saben (absoluto) nada.

Was gehört zusammen? Bilden Sie Sätze:

Übung 3

1. ¿Llegas a las once en punto?	generalmente.
2. Voy a llamarla	difícilmente.
3. Esto se puede hacer sólo	cómodamente.
4. Los niños saludan	directamente.
5. Se ha acostado	Sí, exactamente.
6. No tengo miedo	automáticamente.
7. La puerta se abre	amablemente.
8. En el tren se viaja	tranquilamente.

Verkleinerungsformen

*perr**ito**, **-ita*** Hündchen (Rüde und Weibchen)
*pequeñ**ito**, **-ita*** klein, schmächtig

Die Verkleinerungsformen gelten für **Substantive und Adjektive** und werden an den Wortstamm angehängt. Sie richten sich in Geschlecht und Zahl nach dem dazugehörigen Substantiv. Wirkung: verkleinernd, manchmal auch zärtlich oder verniedlichend.

Wie heißt's auf Spanisch?

Übung 4

Fito ist ein Hündchen. Er ist normalerweise ein friedliches Tierchen. Er hat nasse Pfötchen. Karin hat im Allgemeinen keine Angst vor Hunden. Fito begrüßt die Leute freudig.

Übung 5

Infinitiv oder Partizip?

1. Tengo que (trabajar) mucho esta semana.
2. Se ha (levantar) a las nueve.
3. Hay que (practicar) una lengua.
4. Voy a (comprar) billetes para el tren.
5. Karin ha (volver) ya.

Übung 6

Wie lautet das Gegenteil der kursiven Adjektive?

1. ¿Por qué está tan *triste*?
2. Fito es un perro *grande*.
3. En España se desayuna *mucho*.
4. Este libro es *malo*.
5. Aprender el español es *fácil*.
6. La sopa está *fría*.
7. Los pantalones son *viejos*.
8. La puerta está *cerrada*.

Wortschatz

absolutamente	überhaupt
acostarse	zu Bett gehen, sich niederlegen
alegre	freudig
anotar	notieren, aufschreiben
antes	vorher
arriba	oben
cerrar (-ie-)	schließen
creer	glauben
de verdad	wirklich
desagradable	peinlich, unangenehm
desvergonzado, -a	dreist, frech
excusa *f*	Entschuldigung
excusarse	sich entschuldigen
fuera	raus, weg
generalmente	im Allgemeinen
hacer falta	nötig sein
húmedo, -a	feucht
inmediato, -a	gleich, sofort
inofensivo	ungefährlich
ladrar	bellen
lavado *m*	Waschen

miedo *m*	Angst	**preocuparse**	sich beunruhigen, Sorgen machen
mil veces	tausendmal	**problema** *m*	Problem
morder (-ue-)	beißen	**pronto**	gleich
naturalmente	natürlich	**rápidamente**	schnell, plötzlich
nervioso, -a	nervös	**romper**	zerbrechen, kaputtmachen
normalmente	normalerweise	**saltar**	springen
nota *f*	Nachricht, Notiz	**situación** *f*	Situation
número *m* **de teléfono**	Telefonnummer	**sobre**	auf, über
pacífico, -a	friedlich	**suerte** *f*	Glück
pantalones *m pl*	Hose(n)	**tener miedo a alguna cosa**	Angst vor etwas haben
pata *f*	Pfote	**tranquilo, -a**	ruhig
pedir excusas	sich entschuldigen		
perro *m*	Hund		
practicar	üben		

Spanische Lebensart

Das Verhältnis der Menschen in Spanien untereinander mag vor allem in kleineren Städten auf Nordeuropäer herzlicher wirken. Mit Spaniern kommt man schnell ins Gespräch, und noch scheint die Anonymität der westlichen Welt die iberische Halbinsel nicht erfasst zu haben. Nicht so eng ist hingegen die Beziehung zwischen Mensch und Haustier. Tiere gehören nicht ins Haus. Und so ist es für einen normalen Spanier unvorstellbar, eine Katze oder einen Hund in der Wohnung zu halten.

Test 2

Die Buchstaben in den richtigen Lösungskästchen ergeben hintereinander gelesen einen Spruch. Finden Sie ihn! Lösung s. S. 273.

1
Entscheiden Sie sich für eine der beiden Lösungen. Springen Sie dann zu dem durch die Nummer bezeichneten Feld.

2
Tengo que ir... casa.

a ➪ 9
en ➪ 25

6
¡Muy bien! T
Este libro es ....mí.

para ➪ 14
por ➪ 22

7
¡Falso!

Volver al nr. 19

11
¡Muy bien! R
Vienes al cine.......?

conmigo ➪ 15
consigo ➪ 16

12
¡Falso!

Volver al nr. 17

16
¡Falso!

Volver al nr. 11

17
¡Fantástico! M
No he comido ....

nadie. ➪ 12
nada. ➪ 28

21
¡Correcto! J
¿Has visto a ....?

algún ➪ 10
alguien ➪ 23

22
¡Falso!

Volver al nr. 6

26
¡Bravo! I
El tren....salir.

va ➪ 30
va a ➪ 4

27
¡Fantástico! D
Juan es un chico........

bien. ➪ 5
bueno. ➪ 19

3 ¡Falso!

Volver al nr. 9

4 ¡Eso es! A

.....gustado la película.

Me he ➪ 13
Me ha ➪ 17

5 ¡Falso!

Volver al nr. 27

8 ¡Falso!

Volver al nr. 24

9 ¡Muy bien! ¡

Yo no........a María.

conosco ➪ 3
conozco ➪ 6

10 ¡Falso!

Volver al nr. 21.

13 ¡Falso!

Volver al nr. 4

14 ¡Correcto! O

Nosotros........a estudiar español.

empiezamos ➪ 29
empezamos ➪ 27

15 ¡Fantàstico! !

¡Lo has hecho muy bien!

¿Cuál es la frase ?

18 ¡Falso!

Volver al nr. 28

19 ¡Bien! A

La secretaria ha .... la carta.

escribido ➪ 7
escrito ➪ 24

20 ¡Falso!

Volver al nr. 23

23 ¡Qué bien! O

El es simpático ....inteligente.

e ➪ 11
y ➪ 20

24 ¡Que bien! V

No he visto a ....

nada. ➪ 8
nadie. ➪ 26

25 ¡Falso!

Volver al nr. 2

28 ¡Muy bien! E

El café....negro.

está ➪ 18
es ➪ 21

29 ¡Falso!

Volver al nr.14

30 ¡Falso!

Volver al nr. 26

15 Una llamada telefónica

Karin: Carmen, ¿puedo utilizar su teléfono? Quisiera llamar a mis padres. Es una llamada a cobro revertido.

Carmen: Precisamente ahora estoy esperando una llamada urgente de México.

Karin: ¿Pues, dónde está la cabina telefónica más próxima?

Carmen: Está bastante lejos, pero hay una oficina telefónica que está más cerca.

Karin en la telefónica.

Karin: Hola, buenos días. ¿Me puede dar una tarjeta telefónica?

Empleada: Vd. puede utilizar una de nuestras cabinas, no necesita tarjeta para ellas.

Karin: Muy bien. ¿Me puede comunicar con Alemania?

Empleada:	Puede marcar directamente. Para las llamadas internacionales marca el 07, después de la señal el 49, éste es el prefijo de Alemania, y luego el número de la ciudad sin el primer cero y finalmente el número del abonado.
Karin:	Muchas gracias.

Va a una cabina telefónica, descuelga el auricular y marca mientras está repitiendo los números que va a marcar. Pasa unos minutos esperando.

Karin:	¡Qué lástima! Está ocupado. Precisamente ahora mi madre está charlando con una de sus amigas. Seguramente va a seguir hablando por lo menos media hora más. Voy a llamar a Barcelona a mi amiga Manuela.
Voz:	¡Dígame!
Karin:	Oiga, ¿puedo hablar con Manuela?
Voz:	Lo siento, está durmiendo. ¿De parte de quién?
Karin:	Soy Karin, una amiga de Alemania.
Voz:	¿Puede ella volver a llamarla? ¿O desea usted dejar algún recado?
Karin:	¿Puede decirle, por favor, que la he llamado? Voy a volver a llamarla otra vez. Gracias.
Voz:	De nada.

Ein Telefonanruf

Karin:	Carmen, kann ich Ihr Telefon benutzen? Ich möchte gern meine Eltern anrufen. Es ist ein R-Gespräch.
Carmen:	Ausgerechnet jetzt warte ich auf einen dringenden Anruf aus Mexiko.
Karin:	Ja dann ... wo ist die nächste Telefonzelle?
Carmen:	Die ist ziemlich weit, aber es gibt ein Telefonamt, das näher liegt.

Karin auf dem Telefonamt.

Karin:	Hallo, guten Morgen. Können Sie mir eine Telefonkarte geben?

Angestellte:	Sie können eine unserer Kabinen benutzen, Sie brauchen keine Karte dafür.
Karin:	Sehr gut. Können Sie mich mit Deutschland verbinden?
Angestellte:	Sie können direkt durchwählen. Für die internationalen Gespräche wählen Sie 07, nach dem Signalton die 49, dies ist die Vorwahl für Deutschland, und danach die Stadtvorwahl ohne die erste Null und schließlich die Rufnummer des Teilnehmers.
Karin:	Vielen Dank.

Sie geht in die Telefonkabine, nimmt den Hörer ab und wählt, während sie die Nummern wiederholt, die sie anwählt. Sie wartet ein paar Minuten.

Karin:	Wie schade! Es ist besetzt. Gerade jetzt muss meine Mutter mit einer ihrer Freundinnen plaudern. Sicherlich wird sie noch mindestens eine halbe Stunde reden. Ich rufe meine Freundin Manuela in Barcelona an.
Stimme:	Ja, hallo.
Karin:	Kann ich bitte mit Manuela sprechen?
Stimme:	Tut mir Leid, sie schläft gerade. Wer spricht dort?
Karin:	Ich bin Karin, eine Freundin aus Deutschland.
Stimme:	Kann sie Sie zurückrufen? Oder möchten Sie ihr eine Nachricht hinterlassen?
Karin:	Können Sie ihr bitte sagen, dass ich sie angerufen habe? Ich rufe sie ein andermal wieder an. Danke.
Stimme:	Keine Ursache.

Das Gerundium

cantar	***beber***	***escribir***
*cant**ando***	*beb**iendo***	*escrib**iendo***

-ar → -ando
-er → -iendo
-ir → -iendo

Das Gerundium der Verben auf ***-ar*** lautet auf ***-ando***, das der Verben auf ***-er*** und ***-ir*** auf ***-iendo.***

Unregelmäßige Gerundien

pedir → ***pidiendo*** *dormir* → ***durmiendo***

venir → ***viniendo*** *poder* → ***pudiendo***

Bei manchen Verben ändert sich das unbetonte **-e-** oder **-o-** im Stamm in **-i-** bzw. **-u-**. Dazu gehören:
sentir → *sintiendo* *morir* → *muriendo*
reir → *riendo* *seguir* → *siguiendo*
decir → *diciendo* *repetir* → *repitiendo*

Übung 1

Setzen Sie die Verben in Klammern ins Gerundium:

1. El chico está (comer).
2. Carlos está (tomar) una cerveza de barril.
3. Están (cantar) una canción de su región.
4. Estoy (esperar) a mi hermano.
5. La estudiante está (hacer) un ejercicio.

Regeln für den Gebrauch

Mit dem Gerundium werden Handlungen beschrieben
a) die **gerade vor sich gehen:**
estar + **Gerundium** = **gerade** etwas tun
Karin se ***está lavando.*** = Karin wäscht sich gerade.

seguir + Gerundium = etwas ***weitertun***
Sigue marcándolo *(el número).* = Sie wählt sie (die Nummer) weiter.

b) die **gleichzeitig verlaufen:**
Va de paseo ***cantando.*** = Sie geht spazieren und singt dabei.

Die **Personalpronomen** werden entweder **vor die konjugierte Verbform** gestellt oder **ans Gerundium angehängt.**
Le está dando *la mano.* Oder: ***Está dándole*** *la mano.*

Übung 2

Antworten Sie:

¿Trabajas todavía en Madrid?
Sí, sigo trabajando en Madrid.

1. ¿Viven todavía en España?

2. ¿Esperas todavía en la calle?

3. ¿Venden todavía patatas?

4. ¿Duerme todavía?

5. ¿Os acostáis tarde todavía?

Übung 3

Verknüpfen Sie die gleichzeitigen Handlungen:

ir de paseo/charlar: Va de paseo charlando.

1. entrar en el bar/pedir cerveza

....

2. marcar los números/repetirlos

....

3. volver a buscar el bolso/no poder encontrarlo

....

4. salir de la escuela/correr

....

5. saludar/hacer una señal con la mano

....

Übung 4

Bilden Sie Sätze mit dem Gerundium:

Trabajar mucho: Estoy trabajando mucho.

1. Esperar una llamada telefónica.

2. Bailar flamenco.

3. Preguntar por el camino.

4. Ir al teatro.

5. Llegar a casa.

decir sagen	***oír*** hören	***seguir*** weitermachen
digo ich sage	***oigo*** ich höre	***sigo*** ich mache weiter
dices	***oyes***	***sigues***
dice	***oye***	***sigue***
decimos	*oímos*	*seguimos*
decís	*oís*	*seguís*
dicen	***oyen***	***siguen***

Noch ein paar unregelmäßige Verben!

Wiederholte Handlung

***volver + a +* Infinitiv = etwas wieder/noch einmal tun**	
vuelvo a llamar	ich rufe noch einmal an
vuelves a cantar	du singst noch einmal
vuelve a tener miedo	er hat wieder Angst
volvemos a encontrarnos	wir treffen uns wieder
volvéis a hacer lo mismo	ihr macht dasselbe noch einmal
vuelven a explicarlo	sie erklären es noch einmal

Übung 5

Infinitiv, Partizip oder Gerundium?

1. Vamos a (charlar) un poco.

2. Ha (llegar) a Madrid hoy.

3. Estamos (esperar) a Luisa.

4. Sigue (repetir) los números.

5. Volvemos a (llamar) a Barcelona.

Wortschatz

abonado *m*	Telefonkunde	**charlar**	plaudern
amiga *f*	Freundin	**comunicar**	verbinden
auricular *m*	Telefonhörer	**correr**	laufen; fließen
cabina *f* **telefónica**	Telefonzelle	**decir**	sagen
		dejar	hinterlassen
caer	fallen	**¿de parte**	wer spricht ▶

de quién?	dort?	**o**	oder
descolgar (-ue-)	den Hörer abnehmen	**ocupado, -a**	besetzt
finalmente	schließlich	**oficina** *f* **de la telefónica**	Telefonamt
internacional	international	**oír**	hören
llamada *f*	Anruf	**por lo menos**	wenigstens
llamada *f* **a cobro revertido**	R-Gespräch	**precisamente**	ausgerechnet
llamar	anrufen	**prefijo** *m*	Vorwahl
marcar	anwählen	**recado** *m*	Nachricht
más próximo, -a	nächste/r	**repetir** (-i-)	wiederholen
media hora más	noch eine halbe Stunde	**seguir** (-i-)	fortfahren
México *m*	Mexiko	**seguramente**	sicherlich
mientras	während	**señal** *f*	Signal(ton)
mismo, -a	der-, die-, dasselbe	**tarjeta** *f* **telefónica**	Telefonkarte
morir (-ue-)	sterben	**telefónico, -a**	Telefon-
		urgente	dringend
		utilizar	benutzen
		venir	kommen

Post und Telefon

In Spanien sind Post und Telefon getrennte Ämter, d.h. dass man von der Post aus nicht telefonieren kann. Dafür gibt es das Telefonamt. Es heißt ***Telefónica*** und hat in jeder Stadt viele Nebenstellen, sogar an den Stränden der Touristengebiete, wo sie bis spät abends geöffnet sind, so dass man auch von dort aus bequem nach Hause telefonieren kann. Für Ferngespräche ist die 07 zu wählen, nach Ertönen des Wähltons wählt man die Landeskennzahl (49 für Deutschland, 43 für Österreich, 41 für die Schweiz), danach die Ortsnetzkennzahl ohne die Anfangsnull und schließlich die Anschlussnummer des Teilnehmers.

La Moda

Karin y Carlos están mirando los escaparates. Entran en una tienda de confecciones:

Dependiente:	Buenas tardes. ¿Qué desean?
Karin:	Por favor, ¿me podría enseñar la falda del escaparate? Me gustaría probármela.
Dependiente:	Sí, se la muestro con gusto, ¿cuál de ellas?
Karin:	Aquella de la derecha, la roja.
Dependiente:	¿Qué talla tiene Vd.?
Karin:	La 44.
Dependiente:	Lo siento, la falda del escaparate es la talla 42, pero tenemos también estos modelos nuevos de algodón, ¿le gusta alguno?
Karin:	No sé ... los negros me parecen un poco extravagantes ...
Carlos:	¿Podrías probarte la falda azul rayada?
Dependiente:	El probador está al fondo.
Karin:	¿Carlos, te gusta? En la cintura me resulta un poco estrecha ...
Carlos:	Te queda perfectamente. Es muy sexy ...
Karin:	Entonces voy a adelgazar un poco.

Carlos:	Me gustaría regalártela.
Dependiente:	¿Desea regalársela? ¡Huy ... qué regalo!
Karin:	Vaya ... ¡qué sorpresa!
Carlos:	¿Cuánto cuesta?
Dependiente:	Esta está a 11.400 pesetas, pero se la dejo en 11.000. Es una calidad muy buena, la puede meter en la lavadora y no necesita planchar.
Karin:	Gracias, ¿me la podría poner en una bolsa?
Dependiente:	Sí, ahora mismo se la pongo en una bolsa de papel. ¿Necesitan Vds. algo más? ¿Un jersey o alguna blusa?
Karin:	Gracias, por el momento no.

Die Mode

Karin und Carlos sehen sich Schaufenster an. Sie gehen in ein Bekleidungsgeschäft.

Verkäuferin:	Guten Tag. Was wünschen Sie?
Karin:	Könnten Sie mir bitte den Rock aus dem Schaufenster zeigen? Ich würde ihn gern anprobieren.
Verkäuferin:	Ja, ich zeige ihn Ihnen gerne. Welcher von ihnen?
Karin:	Der dort rechts, der rote.
Verkäuferin:	Welche Konfektionsgröße haben Sie?
Karin:	Größe 44.
Verkäuferin:	Tut mir Leid, der Rock im Schaufenster ist Größe 42, aber wir haben auch diese neuen Modelle aus Baumwolle, gefällt Ihnen eines?
Karin:	Ich weiß nicht, die schwarzen scheinen mir etwas extravagant ...
Carlos:	Könntest du den blau gestreiften Rock probieren?
Verkäuferin:	Die Umkleidekabine ist hinten.
Karin:	Carlos, gefällt er dir? Am Bund fällt er etwas eng aus ...
Carlos:	Er passt dir hervorragend. Er ist sehr sexy ...
Karin:	Dann werde ich eben ein bisschen abnehmen.
Carlos:	Ich möchte ihn dir gerne schenken.
Verkäuferin:	Sie möchten ihn ihr schenken? Hui, was für ein Geschenk!
Karin:	Na sowas, das ist eine Überraschung!

Carlos:	Was kostet er?
Verkäuferin:	Dieser kostet 11.400 Pesetas, aber ich gebe ihn Ihnen für 11.000. Es ist eine sehr gute Qualität, Sie können ihn in die Waschmaschine stecken und er braucht nicht gebügelt zu werden.
Karin:	Danke, könnten Sie ihn mir in eine Tüte tun?
Verkäuferin:	Ja, jetzt gleich stecke ich ihn Ihnen in eine Papiertüte. Brauchen Sie noch etwas? Einen Pullover oder eine Bluse?
Karin:	Danke, im Augenblick nicht.

Der Konditional

		-ía	
		-ías	
Infinitiv	+	***-ía***	→ **Konditional** (ich würde ...)
		-íamos	
		-íais	
		-ían	

Alle Verben haben dieselben Endungen. Sie werden an den Infinitiv angehängt:

bailar	***beber***	***ir***
*bailar**ía*** ich würde tanzen	*beber**ía***	*ir**ía***
*bailar**ías***	*beber**ías***	*ir**ías***
*bailar**ía***	*beber**ía***	*ir**ía***
*bailar**íamos***	*beber**íamos***	*ir**íamos***
*bailar**íais***	*beber**íais***	*ir**íais***
*bailar**ían***	*beber**ían***	*ir**ían***

Konditional wird verwendet für die **höfliche Äußerung eines Wunsches,** eines **Angebotes** oder einer **Meinung.**
necesitaría *una blusa* – ich bräuchte/hätte gern eine Bluse
podría *ayudarte* – ich könnte dir helfen
no ***hablaría*** *así* – ich würde nicht so reden

Unregelmäßige Konditionalformen

Einige Verben **verkürzen** im Konditional ihren Stamm bzw. **verändern** ihn ganz oder schieben ein ***-d-*** ein:

saber → *sa**bría***	*venir* → *ven**dría***	*querer* → *que**rría***
haber → *ha**bría***	*poner* → *pon**dría***	*decir* → *di**ría***
poder → *po**dría***	*salir* → *sal**dría***	*valer* → *val**dría***
hacer → *ha**ría***	*tener* → *ten**dría***	

Statt ***querría*** wird oft ***quisiera*** verwendet:
(***querría*** *saber dónde vives*) → ***quisiera*** *saber dónde vives*
ich möchte gerne wissen, wo du wohnst

Übung 1

Sagen Sie in der ersten Person Plural, was Sie gerne machen würden:

1. Ir de compras.

2. Acompañar a los abuelos.

3. Comer un helado.

4. Trabajar poco.

5. Salir al parque.

6. Subir al tercer piso.

7. Ducharse.

Übung 2

Fragen Sie höflich:

1. ¿Me (poder) (Vd.) enseñar la falda?

2. ¿Le (decir) (tú) dónde está la estación?

3. ¿(Vosotros) (querer) acompañarme a Málaga?

4. ¿(Vds.) (jugar) con los niños?

5. ¿(Tú) (ir) de compras?

6. ¿(Vd.) (venir) más temprano del colegio?

7. ¿(Ella) (vivir) también en un piso alquilado?

Zwei Personalpronomen beim Verb

te regalo la blusa → ***te la*** *regalo* ich schenke sie dir
te compro el traje → ***te lo*** *compro* ich kaufe ihn dir
te enseño las casas → ***te las*** *enseño* ich zeige sie dir
te doy los bolsos → ***te los*** *doy* ich gebe sie dir

Die **Pronomen** stehen **beide vor der gebeugten Verbform** oder **angehängt an Infinitiv oder Gerundium:**
te lo *quiero comprar – quiero comprár**telo***
(a ella/él/Vd.) ***le*** *regalo* ***la*** *blusa* → ~~*le la*~~ *regalo* → ***se la*** *regalo*
(a ella/él/Vd.) ***le*** *compro* ***el*** *traje* → ~~*le lo*~~ *compro* → ***se lo*** *compro*
(a ellas/ellos/Vds.) ***les*** *enseño* ***las*** *casas* → ~~*les las*~~ *enseño* → ***se las*** *enseño*
(a ellos/ellas/Vds.) ***les*** *doy* ***los*** *bolsos* → ~~*les los*~~ *doy* → ***se los*** *doy*

Aufgepasst

■ Vor ***la, las, lo, los*** werden ***le, les*** zu ***se*** mit der Bedeutung ihm, ihr, Ihnen, ihnen.

■ Im Gegensatz zum Deutschen steht Dativ (wem?) vor Akkusativ (wen? was?):

te ***la*** *regalo*
ich schenke ***sie*** ***dir***

Ergänzen Sie die Personalpronomen:

Übung 3

1. Karin ha estudiado el español y . . . sabe muy bien.
2. A tu hermana no . . . conozco.
3. ¿Dónde está Almería? No . . . sé.
4. Nos ofrecen su casa, pero no . . . queremos.
5. (A mi amiga) . . . he escrito pero (mi amiga) . . . no me ha contestado. ▶

6. Los pantalones ... (tú) quedan muy bien.
7. Si ellas no vienen hoy, ... voy a ver el lunes.

Übung 4

Ersetzen Sie die kursiven Wörter durch Personalpronomen:

He dado mi coche a mi hermano.
Se lo he dado.

1. Cuenta *sus problemas* a *Adela.*
2. Voy a comprar *el libro* a *Vicente.*
3. Pongo *el jersey* a *los niños.*
4. ¿Podrías comprar *unas cervezas* para *nuestros invitados*?
5. ¿Podrías dar *los libros* a *mi amiga*?
6. He regalado *las flores* a *la señora Ibáñez.*

Übung 5

Was gehört zusammen?

¿Qué desea?	La 44.
¿Qué color desea?	Sí, me lo llevo.
¿De qué material?	Sí, me gusta mucho.
¿Para quién es?	No sé, de algodón o seda.
¿Qué talla tiene?	Me resulta un poco estrecho.
¿Le gusta?	Para mí.
¿Cómo le queda?	Un vestido.
¿Se lo lleva?	Algo en rojo.

Übung 6

¿Esta oder está ?

... chica no ... nunca en casa.
Siempre ... de viaje.
... semana la he encontrado en Valencia y ahora ... de nuevo en Madrid.
Vive en ... calle grande que ... al lado de ... iglesia famosa.
No sé el nombre de ... iglesia, que ... en el centro.

Wortschatz

adelgazar	abnehmen
ahora mismo	jetzt gleich
al fondo	hinten
algodón *m*	Baumwolle
blusa *f*	Bluse
bolsa *f*	Einkaufstüte
calidad *f*	Qualität
cintura *f*	Bund, Taille
contar (-ue-)	erzählen
contestar	antworten
¿cuál de ellas?	welche(r) von ihnen?
dejar	(über)lassen
derecha *f*	rechte Seite, die Rechte
enseñar	zeigen
entonces	dann
entrar en	hineingehen in
escaparate *m*	Schaufenster
estrecho, -a	eng
extravagante	extravagant
falda *f*	Rock
fondo *m*	Tiefe eines Raumes
jersey *m*	Pullover
lavadora *f*	Waschmaschine
meter	hineinstecken, -tun
moda *f*	Mode
modelo *m*	Modell
momento *m*	Augenblick, Moment
mostrar (-ue-)	zeigen
negro, -a	schwarz
papel *m*	Papier
perfectamente	perfekt
planchar	bügeln
por el momento no	im Augenblick nicht
probador *m*	Umkleidekabine
probarse (-ue-) **alguna cosa**	(sich) etwas anprobieren
quedar	hier: stehen, passen
rayado, -a	gestreift
regalar	schenken
regalo *m*	Geschenk
resultar	ausfallen
rojo, -a	rot
seda *f*	Seide
sexy	sexy
talla *f*	Konfektionsgröße
tienda *f* **de confecciones**	Bekleidungsgeschäft
valer	wert sein
¡vaya!	so was!

Zusatz-
wortschatz

Colores Farben

amarillo, -a	gelb	**azul**	blau
blanco, -a	weiß	**verde**	grün
rojo, -a	rot	**marrón**	braun
negro, -a	schwarz	**gris**	grau

Aufgepasst

■ Manche Farben haben eine männliche und eine weibliche Endung!

Kleidung

Die Zeiten, da man die Spanier noch an der Kleidung erkannte, sind längst vorbei. Dic Jugend kleidet sich heute »europäisch« – mit Jeans ***(vaqueros)***, von denen vor allem die mit dem roten Fähnchen ***(del pañuelo rojo)*** begehrt sind, und T-Shirts ***(camisetas)***, Blusen ***(blusas)*** oder Hemden ***(camisas)***, die vielleicht etwas farbenfroher sind als die ihrer nördlicheren Nachbarn. Große Kaufhausketten, allen voran El Corte Inglés, dessen Warensortiment international ist, setzen Modetrends und ködern die Klientel mit teurer Fernsehwerbung. Traditionelle Kleidung findet man fast nur noch auf dem Lande, aber auch hier beschränkt sie sich mehr und mehr auf die ältere Generation, die meist schwarz gekleideten spanischen ***abuelas*** und die alten Männer mit Baskenmütze ***(boina)*** oder Strohhut ***(sombrero de paja)***.

Aufgepasst

Gut zu wissen: Die Kleidergrößen stimmen nicht überein!

Deutschland:	36	38	40 usw.
Spanien:	42	44	46 etc.

En la comisaría

Karin:	Buenas tardes.
Policía:	Buenas tardes, señorita. ¿En qué puedo servirle?
Karin:	Quisiera denunciar un robo.
Policía:	¿Qué le pasó?
Karin:	Me robaron el bolso con el pasaporte, las llaves de casa, un plano de Madrid, un monedero, . . . en plena calle.
Policía:	¿Cuándo ocurrió?
Karin:	Anoche a eso de las 10.00.
Policía:	¿Dónde pasó exactamente?
Karin:	Al salir de la estación del metro vi a un hombre que . . .
Policía:	Tiene que tener mucho ojo al salir y al entrar allí. ¿Podría describirme a ese hombre?
Karin:	Es difícil, se lo llevó tan rápidamente y sin tener compasión. Solamente lo vi de atrás.

	Al verlo ... empecé a dar gritos: »¡Mi bolso, ... mi bolso!« El ladrón entró en la estación, le perseguí, pero le perdí de vista en la muchedumbre dentro de la estación.
Policía:	¿Y nadie le ayudó?
Karin:	No, nadie ... Todo ocurrió en un abrir y cerrar de ojos.
Policía:	Bueno, ahora vamos a hacer una declaración y rellenar este formulario a máquina.
Karin:	¿Cree Vd. que se puede encontrar ...?
Policía:	No sé. De todos modos va a ser un poco difícil. Tiene que andar Vd. con mucho ojo en la ciudad. Nosotros nos vamos a ocupar del caso. Por favor, su nombre y dirección.
Karin:	Mi nombre es Karin Müller, vivo en el Paseo de la Castellana no. 6.
Policía:	Sin tener la copia de la denuncia no puede solicitar un pasaporte nuevo. Tiene que solicitar uno en el consulado alemán.

Auf dem Polizeirevier

Karin:	Guten Tag.
Polizist:	Guten Tag, Fräulein. Was kann ich für Sie tun?
Karin:	Ich möchte einen Diebstahl anzeigen.
Polizist:	Was ist Ihnen passiert?
Karin:	Man hat mir die Tasche gestohlen mit dem Reisepass, den Hausschlüsseln, einem Stadtplan von Madrid, einem Geldbeutel ... auf offener Straße.
Polizist:	Wann ist das geschehen?
Karin:	Gestern Nacht gegen 10 Uhr.
Polizist:	Wo genau ist es passiert?
Karin:	Beim Verlassen der U-Bahn-Station sah ich einen Mann, der ...
Polizist:	Sie müssen sehr aufpassen, wenn Sie dort ein- und ausgehen. Können Sie mir diesen Mann beschreiben?
Karin:	Das ist schwer, er griff sie so schnell und rücksichtslos. Ich sah ihn nur von hinten. Als ich ihn sah, fing ich an zu schreien: »Meine Tasche, ... meine Tasche!« Der

	Dieb ging in den Bahnhof hinein, ich verfolgte ihn, aber verlor ihn im Gedränge in der Station aus den Augen.
Polizist:	Und niemand hat Ihnen geholfen?
Karin:	Nein, niemand. Es geschah alles im Handumdrehen.
Polizist:	Gut, dann werden wir jetzt Ihre Aussage aufnehmen und dieses Formular mit der Maschine ausfüllen.
Karin:	Glauben Sie, dass man sie finden kann ... ?
Polizist:	Ich weiß nicht. Es wird auf jeden Fall etwas schwierig sein. Sie müssen in der Stadt sehr vorsichtig sein. Wir werden uns mit dem Fall befassen. Ihren Namen und Ihre Anschrift bitte.
Karin:	Mein Name ist Karin Müller, ich wohne im Paseo de la Castellana Nr. 6.
Polizist:	Ohne die Kopie der Anzeige können Sie keinen neuen Reisepass beantragen. Sie müssen einen beim deutschen Konsulat anfordern.

Indefinido-Vergangenheit der regelmäßigen Verben

hablar	***perder***	***abrir***
*habl**é*** ich redete	*perd**í*** ich verlor	*abr**í*** ich öffnete
*habl**aste***	*perd**iste***	*abr**iste***
*habl**ó***	*perd**ió***	*abr**ió***
*habl**amos***	*perd**imos***	*abr**imos***
*habl**asteis***	*perd**isteis***	*abr**isteis***
*habl**aron***	*perd**ieron***	*abr**ieron***

Die Verben auf ***-er*** und ***-ir*** bilden das Indefinido mit denselben Endungen.
Das Indefinido steht für eine **abgeschlossene Handlung in der Vergangenheit**, die **ohne Bezug zur Gegenwart** ist.
Das Indefinido steht in Verbindung mit Zeitangaben wie: ***ayer*** (gestern), ***anteayer*** (vorgestern), ***anoche*** (letzte Nacht), ***la semana pasada*** (letzte Woche), ***el año pasado*** (letztes Jahr), ***Jahreszahlen.***
***Viví** en Madrid en 1986.*
Ich lebte 1986 in Madrid.
*La semana pasada **encontramos** a Pedro.*
Letzte Woche trafen wir Pedro.

Indefinido-Vergangenheit der regelmäßigen Verben

Bei manchen Verben **ändert sich** die **Schreibweise:**
pagar → *pag**ué**, sacar* → *sa**qué*** (zur Erhaltung der Aussprache)
*empe**z**ar* → *empe**cé*** (vor ***-e-*** und ***-i-*** wird ***-z-*** zu ***-c-***)
caer → *ca**yó*** (Erinnern Sie sich an *oír* in Lektion 15? Ein ***-i-*** zwischen zwei Vokalen wird zu ***-y-*** *caió* → *cayó*)

Übung 1

Ergänzen Sie die Verbform:

hablar	hablé	hablaste	hablarías	hablaríais
1. comprar				
2. leer				
3. cantar				
4. abrir				
5. vivir				
6. perder				

Übung 2

Setzen Sie das Verb in Klammern ins Indefinido:

1. Ayer (yo, visitar) . . . a unos amigos.

2. (yo, llamar) . . . a la puerta.

3. Me (abrir) . . . una chica.

4. Me (dejar) . . . pasar y me (ofrecer) . . . un vaso de vino.

5. Después del vino (nosotros, tomar) . . . unas gambas.

6. A mí no me (gustar) . . . nada.

7. (yo, salir) . . . a dar un paseo.

8. (yo, ver) . . . muchas flores bonitas.

9. Luego (yo, tomar) . . . el autobús y (volver) . . . a casa.

al + Infinitiv	=	in dem Augenblick, in dem...; als; beim; während
*saluda **al entrar***	=	er grüßt beim Hereinkommen
sin + Infinitiv	=	ohne zu
*se va **sin mirarlo***	=	er geht, ohne ihn anzusehen

Was »de« alles ausdrücken kann

Herkunft und Ortsangabe

*soy **de** Barcelona*	=	ich bin aus Barcelona
*vengo **de** la ciudad*	=	ich komme aus der Stadt
*la falda **del** escaparate*	=	der Rock aus dem Schaufenster

Besitz, Zugehörigkeit

*el libro **de** Antonio*	=	das Buch von Antonio
*la señora **de** García*	=	die Frau von Herrn García

Zusammengesetzte Substantive im Deutschen

*la bolsa **de** papel*	=	die Papiertüte
*la estación **del** metro*	=	die U-Bahn-Station (Station der U-Bahn)

Eigenschaft

*la falda **de** las rayas*	=	der gestreifte Rock
*el señor **de** las gafas*	=	der Mann mit der Brille

Bezug

*ocuparse **del** caso*	=	sich mit dem Fall befassen
*grita **de** miedo*	=	sie schreit vor Angst

▶

Mengenangabe nach Mengensubstantiven

un poco ***de*** *sal*	= ein bisschen Salz
un litro ***de*** *leche*	= ein Liter Milch

Zeitangabe

a las tres ***de*** *la tarde*	= um drei Uhr nachmittags
el 10 ***de*** *marzo*	= der 10. März
de *día*	= tagsüber

Mit bestimmten Verben

estar ***de*** *pie*	= stehen
estar ***de*** *acuerdo*	= einverstanden sein

Übung 3

Ergänzen Sie mit *de, del, de la:*

1. La puerta ... casa está abierta.
2. ¿Cuál es la dirección ... consulado?
3. Vivimos muy cerca ... Plaza de las Cibeles.
4. La señora ... Sánchez da clases ... español.
5. Nos vamos a ocupar ... caso.

Übung 4

Wandeln Sie die Sätze nach folgendem Muster um:

Cuando salió perdió el bolso.
Al salir perdió el bolso.

1. Cuando salí de casa me quedé sin llaves.

   ....

2. Cuando vimos esta película, nos reímos a carcajadas.

   ....

3. Cuando leí el periódico me puse triste.

   ....

Übung 5

Wandeln Sie die Sätze nach folgendem Muster um:

No soy tu amigo pero te voy a ayudar.
Sin ser tu amigo te voy a ayudar.

1. No las conozco, no las voy a acompañar.

....

2. Juan no es muy listo pero sabe mucho.

....

3. No tengo mucho dinero pero viajo mucho.

....

4. No veo a la chica, no abro la puerta.

....

Wortschatz

andar	(herum)-gehen
anoche	gestern Nacht
anteayer	vorgestern
caso *m*	Fall
comisaría *f*	Polizeirevier
compasión *f*	Rücksicht, Mitgefühl
consulado *m*	Konsulat
copia *f*	Kopie
creer	glauben
dar gritos	schreien
de atrás	von hinten
de día	tagsüber
de todos modos	auf alle Fälle
declaración *f*	Erklärung, hier: Aussage
denuncia *f*	Anzeige
denunciar	anzeigen
describir	beschreiben
en plena calle	auf offener Straße
¿en qué puedo servirle?	was kann ich für Sie tun?
en un abrir y cerrar de ojos	im Handumdrehen (wörtl.: in einem Öffnen und Schließen der Augen)
encontrar (-ue-)	finden
estar de acuerdo	einverstanden sein
estar de pie	stehen
formulario *m*	Formular
gafas *f pl*	Brille
grito *m*	Schrei
ladrón *m*	Dieb
listo, -a	gescheit, schlau

▶

llevarse alguna cosa	etwas mitnehmen	**perseguir** (-i-)	verfolgen
máquina *f* **(de escribir)**	Schreibmaschine	**reirse a carcajadas**	aus vollem Halse lachen
monedero *m*	Geldbeutel	**rellenar**	ausfüllen
muchedumbre *f*	Gedränge	**robar**	stehlen
ocuparse de alguna cosa	sich mit etwas befassen	**robo** *m*	Diebstahl
ocurrir	geschehen	**servir**	dienen
perder de vista	aus den Augen verlieren	**solamente**	nur
		solicitar	beantragen, anfordern
		tener mucho ojo	aufpassen

Die Polizei

Sollten Sie in Spanien polizeiliche Hilfe brauchen, können Sie sich an folgende Einrichtungen wenden:

Die ***Policía Municipal*** (städtische Polizei) untersteht der örtlichen Verwaltung und ist für die Aufrechterhaltung der Ordnung in der Stadt zuständig (Ausstellen von Strafzetteln, Entgegennahme von Anzeigen usw.). Ihre Angehörigen sind an der blauen Uniform zu erkennen.

Die ***Policía Nacional*** (Staatspolizei) ist eine bewaffnete Bereitschaftspolizei, die zur Verbrechensbekämpfung eingesetzt wird. Ihre Uniform ist braun-weiß.

Die ***Guardia Civil*** (Gendarmerie) ist Teil des Heeres und untersteht dem Innenminister. Sie regelt den Verkehr und bewacht öffentliche Gebäude und Einrichtungen. Ihre Angehörigen tragen eine grüne Uniform mit schwarzem Dreizack als Kopfbedeckung.

Vamos de cámping

Carlos: Karin, podríamos ir de cámping toda la semana, ¿qué te parece?

Karin: Es una idea fantástica. Los García estuvieron el mes pasado en Valencia e hicieron un viaje en una autocaravana.

Carlos: Y a ti, ¿adónde te gustaría ir?

Karin: A mí me gustaría ir a la costa a bañarme, poder tomar el sol y descansar a pierna suelta y por las noches ir a bailar.

Carlos: Podríamos ir a la Costa Brava, allí conozco un cámping con todo lo que necesitamos, incluso una discoteca.

El día de la salida.

Carlos: Karin, ¿qué dijeron los García de este viaje a la Costa Brava?

Karin: Pues, tuvieron que aceptar. Se quedaron con la boca abierta. ¿Pusiste anoche la tienda y los sacos de dormir en el coche?

Carlos:	Sí, los puse. Y tú, ¿has traído un anorak? De día hace calor, pero de noche hace un poco de frío.
Karin:	No, pero tengo un jersey en la mochila. Bueno, ahora podemos partir.
Carlos:	Quise traer algo para comer y beber, pero no tuve tiempo ni para ir de compras ni para despedirme de mi madre.
Karin:	He traído algunas galletas, pan integral, queso, zumo de naranja y siete u ocho mandarinas. ¿Quieres este pan u otro?
Carlos:	¡Eres un ángel! Este. Mmm ... Hace dos años pasé por aquí con unos amigos ...
Karin:	¿Cuánto se paga por acampar?
Carlos:	No sé exactamente, vamos a ver.
Karin:	¿Tienes un carnet de cámping?
Carlos:	No, no lo tengo.
Karin:	¿Hay servicios, duchas, lavabos allí?
Carlos:	Sí,... hay electricidad y agua potable.
Karin:	¿No es peligroso por las noches?
Carlos:	No, el cámping está vigilado.
Karin:	¡Pues, todo sale a pedir de boca!

Wir gehen campen

Carlos:	Karin, wir könnten doch die ganze Woche campen gehen, was hältst du davon?
Karin:	Das ist eine fantastische Idee. Die Familie García war letzten Monat in Valencia und hat eine Reise mit dem Wohnmobil gemacht.
Carlos:	Und du, wohin würdest du gern fahren?
Karin:	Mir würde es gefallen, an die Küste zum Baden zu fahren, mich zu sonnen und zu faulenzen und abends tanzen zu gehen.
Carlos:	Wir könnten an die Costa Brava fahren, ich kenne dort einen Campingplatz mit allem, was wir brauchen, sogar einer Diskothek.

Am Tag der Abreise.

Carlos: Karin, was sagte die Familie García zu diesem Ausflug an die Costa Brava?

Karin: Tja, sie mussten einverstanden sein. Der Mund blieb ihnen offen. Hast du gestern Nacht das Zelt und die Schlafsäcke ins Auto getan?

Carlos: Ja, habe ich. Und du, hast du einen Anorak mitgebracht? Tagsüber ist es warm, aber nachts ist es etwas kalt.

Karin: Nein, aber ich habe einen Pullover im Rucksack. Gut, jetzt können wir abfahren.

Carlos: Ich wollte etwas zu essen und trinken mitbringen, aber ich hatte weder Zeit zum Einkaufen, noch um mich von meiner Mutter zu verabschieden.

Karin: Ich habe ein paar Kekse mitgebracht, Vollkornbrot, Käse, Orangensaft und sieben oder acht Mandarinen. Möchtest du dieses Brot oder ein anderes?

Carlos: Du bist ein Engel! Dieses da. Mhmm, ... vor zwei Jahren kam ich mit ein paar Freunden hier durch ...

Karin: Wie hoch ist die Campinggebühr?

Carlos: Ich weiß nicht genau, wir werden sehen.

Karin: Hast du einen Campingausweis?

Carlos: Nein, habe ich nicht.

Karin: Gibt es dort Toiletten, Duschen, Waschräume?

Carlos: Ja, ... es gibt einen Stromanschluss und Trinkwasser.

Karin: Ist es nachts nicht gefährlich?

Carlos: Nein, der Campingplatz ist bewacht.

Karin: Tja, es ist alles, wie man es sich nicht besser wünschen könnte!

Unregelmäßige Indefinido-Formen

Manche Verben bilden das Indefinido unregelmäßig:

estar	***tener***	***hacer***
estuve ich war	***tuve*** ich hatte	***hice*** ich machte
*est**uviste***	***tuviste***	***hiciste***
*est**uvo***	***tuvo***	***hizo***
*est**uvimos***	***tuvimos***	***hicimos***
*est**uvisteis***	***tuvisteis***	***hicisteis***
*est**uvieron***	***tuvieron***	***hicieron***

Aufgepasst bei der Schreibweise von ***hizo***: vor ***o*** wird das ***c*** zu ***z***.

poner	***querer***	***decir***
puse ich stellte	***quise*** ich wollte	***dije*** ich sagte
pusiste	***quisiste***	***dijiste***
puso	***quiso***	***dijo***
pusimos	***quisimos***	***dijimos***
pusisteis	***quisisteis***	***dijisteis***
pusieron	***quisieron***	***dijeron***

Nach ***j*** fällt das ***i*** der Endung ***-ieron*** weg: *di**jeron***

Übung 1

Wie würden Sie die folgende Geschichte morgen erzählen? Fangen Sie mit »*Ayer . . .*« an:

Hoy he hecho un viaje en tren. Me he levantado muy temprano, me he duchado y me he vestido. Luego he tomado una tostada con café. Después he cogido mi bocadillo para el almuerzo y lo he metido en la mochila. Entonces he salido de casa. Mi madre me ha llevado a la estación del autobús y allí he esperado media hora en vano. Entonces he hecho autostop. He tenido que esperar otros diez minutos y he llegado a la estación justamente un minuto antes de la salida del tren. Lo he cogido y así ¡todo ha salido a pedir de boca!

Verneinung: *no ... ni ... ni ...*

no ... ni ... ni ... entspricht dem Deutschen **weder ... noch,**
no ... ni hingegen dem Deutschen **nicht einmal**

no *tuve tiempo* ***ni*** *para ir de compras* ***ni*** *para despedirme* =
ich hatte weder Zeit, um einkaufen zu gehen, noch um mich zu verabschieden

no *tuve tiempo* ***ni*** *para ir de compras* =
ich hatte nicht einmal Zeit, einkaufen zu gehen

Übung 2

Bilden Sie Sätze nach dem folgenden Muster:

tener dinero/comprar pan:
No tengo dinero ni para comprar pan.

1. querer/salir

2. tener tiempo/dar un paseo

3. poder/hablar

o → u

Vor *o-/ho* wird *o* (oder) zu *u*:
ocho ***o*** *nueve mandarinas* aber: *siete* ***u*** *ocho mandarinas*
¿quieres éste ***o*** *el otro?* aber: *¿quieres éste* ***u*** *otro?*

Übung 3

***O* oder *u*?**

Nos encontramos ayer entre las siete ... ocho de la tarde en un café. Tomamos un helado, uno ... dos zumos y unas tapas. Nos sirvió un chico ... hombre andaluz entre 18 ... veinte años. A eso de las diez ... once regresamos a casa.

Übung 4

Präsens, Perfekt oder Indefinido?

1. Hoy (nosotros, trabajar) . . . mucho. (Estar) ... cansados.
2. Esta noche (yo, ir) . . . a bailar.
3. El domingo pasado (nosotros, estar) . . . en un restaurante.
4. ¿Qué (vosotros, hacer) . . . ayer por la noche?
5. ¿(tú, comprar) . . . leche esta mañana?
6. (Nosotros, querer) . . . ir este verano a la playa.

Übung 5

Bilden Sie Sätze nach dem folgenden Muster:

encontrar/Pedro/Marta:
No he encontrado ni a Pedro ni a Marta.

1. entrar/iglesia/catedral
2. visitar/abuelos/tíos
3. comer/huevos/patatas
4. comprar/zumo/galletas
5. leer/libro/periódico
6. ir/de viaje/de paseo
7. ver/como anda/como baila
8. oír/perros/ladrones

Wortschatz

a pedir de boca	wie es besser nicht sein könnte (eigtl.: nach Verlangen des Mundes)	**a tiempo**	rechtzeitig
		acampar	campen
		accidente *m*	Unfall
		aceptar	zustimmen, einverstanden sein
a pierna suelta	sorglos (eigtl.: mit hängendem Bein)	**(el) agua** *f* **potable**	Trinkwasser
		andar	gehen

ángel *m*	Engel
anorak *m*	Anorak, Windjacke
autocaravana *f*	Wohnmobil
bañarse	(sich) baden
boca *f*	Mund
calor *m*	Hitze
cámping *m*	Campen, Campingplatz
carnet *m* **de cámping**	Campingausweis
coger (-j-)	nehmen
costa *f*	Küste
de día	tagsüber
de noche	nachts
descansar	ausruhen
despedirse (-i-)	sich verabschieden
día *m* **de la salida**	Abreisetag
discoteca *f*	Diskothek
ducha *f*	Dusche
electricidad *f*	Strom
en vano	umsonst
fantástico, -a	fantastisch
frío *m*	Kälte
galleta *f*	Keks
hace calor	es ist warm
hace frío	es ist kalt
incluso	sogar
ir de cámping	campen gehen
lavabo *m*	Waschraum
mandarina *f*	Mandarine
mochila *f*	Rucksack
pan *m* **integral**	Vollkornbrot
peligroso, -a	gefährlich
pierna *f*	Bein
regresar	zurückkommen
saco *m* **de dormir**	Schlafsack
se quedaron con la boca abierta	der Mund blieb ihnen offen
servicios *m pl*	Toiletten
tienda *f*	Zelt
tomar el sol	sonnenbaden
traer (-g-)	bringen
vestirse (-i-)	sich ankleiden
vigilado, -a	bewacht
zumo *m* **de naranja**	Orangensaft

Die Jahreszeiten – Las estaciones del año

Zusatzwortschatz

la primavera	das Frühjahr
el verano	der Sommer
el otoño	der Herbst
el invierno	der Winter

Zusatz-wortschatz

Die Monate – Los meses

enero *m*	Januar	**julio** *m*	Juli
febrero *m*	Februar	**agosto** *m*	August
marzo *m*	März	**septiembre** *m*	September
abril *m*	April	**octubre** *m*	Oktober
mayo *m*	Mai	**noviembre** *m*	November
junio *m*	Juni	**diciembre** *m*	Dezember

Infos zum Thema Camping

Entlang der spanischen Mittelmeerküste gibt es zahlreiche Campingplätze. Im Landesinneren sind sie allerdings nicht so dicht gesät. Zum Campen fährt man nach Spanien am besten in den späten Frühlingsmonaten. Man vermeidet so die Hitze des Hochsommers und die Campingplätze sind noch nicht überfüllt. Die Öffnungszeiten der Campingplätze sind unterschiedlich, manche sind sogar das ganze Jahr über geöffnet. Mit einem internationalen Campingausweis kommen Sie in den Genuss von Preisnachlässen. Wildes Campen ist – außer im Gebirge und wenn es nicht ausdrücklich untersagt ist – generell erlaubt, aber höchstens für drei Tage und nur, wenn nicht mehr als drei Zelte bzw. Wohnwagen zusammenstehen und nicht mehr als zehn Personen campen. Auch darf neben Hauptverkehrsstraßen im Umkreis von 150 Metern und um Sehenswürdigkeiten im Umkreis von 100 Metern nicht gecampt werden.

Un viaje en coche

Camino a la Costa Brava.

Carlos: Necesitamos gasolina, debe de haber por aquí una estación de servicio.

Karin: ¿Cuánto gasta tu coche?

Carlos: Casi 8 litros por 100 kilómetros. Lo supe hace unos meses al no quedarme ni una gota en el depósito.

Karin: ¿Qué tipo de gasolina?

Carlos: Sin plomo.

Karin: ¿Cuándo lo compraste y cuánto pagaste por él?

Carlos: Lo compré hace dos años y pagué unas 250.000 ptas.

Karin: Carlos, ¡allí hay una gasolinera!

Carlos: También hay un taller. Podemos almorzar mientras ellos hacen un chequeo. ¿Qué te parece?

Karin: Buena idea.
Carlos: *(al mozo)* Sin plomo, lleno, por favor. ¿Puede hacerme una inspección al coche? Oí un ruido muy raro.
Mozo: ¡Cómo no! Ahora mismo miro el motor.
Carlos: ¿Quiere comprobar la presión de los neumáticos, el agua y el líquido de frenos? Creo que también falta aceite.
Mozo: ¿Algo más?
Carlos: Sí, ¿cuánto tiempo va a tardar?
Mozo: Una hora, más o menos. Mientras tanto pueden tomar algo en el restaurante.

Mientras ellos esperan.

Carlos: El año pasado fui al sur e hice un viaje por Andalucía. Un buen amigo me siguió hasta Cádiz. Estuvimos en Cádiz en un buen hotel ... Nos sentimos de maravilla.
Karin: Mis padres y yo fuimos a Italia, estuvimos en Brenzone en una pensión grande. Nos divertimos mucho ... fueron unas vacaciones fantásticas. Carlos, tienes muy mala cara hoy.
Carlos: Anoche dormí muy mal ... y como no pude dormir estoy hecho polvo.
Karin: ¡Oh, ... pobrecito! Y yo dormí como un tronco! Vamos, el coche ya debe estar listo.

Eine Fahrt mit dem Auto

Unterwegs zur Costa Brava.

Carlos: Wir brauchen Benzin, es müsste hier irgendwo eine Service-Station geben.
Karin: Wie viel verbraucht dein Auto?
Carlos: Fast 8 Liter auf 100 Kilometer. Das erfuhr ich vor einigen Monaten, als mir kein einziger Tropfen im Tank übrig blieb.
Karin: Was für Benzin?
Carlos: Bleifrei.

Karin: Wann hast du es gekauft und wie viel hast du dafür bezahlt?

Carlos: Ich kaufte es vor zwei Jahren und bezahlte rund 250.000 Ptas.

Karin: Carlos, dort ist eine Tankstelle!

Carlos: Es gibt auch eine Werkstatt. Wir können zu Mittag essen, während sie das Auto durchchecken. Was meinst du?

Karin: Gute Idee.

Carlos: *(zum Tankwart)* Bleifrei, volltanken bitte. Können Sie mir den Wagen durchchecken? Ich habe ein sehr seltsames Geräusch gehört.

Tankwart: Warum nicht? Ich sehe mir gleich den Motor an.

Carlos: Prüfen Sie bitte den Reifendruck, das Wasser und die Bremsflüssigkeit? Ich glaube, dass auch Öl fehlt.

Tankwart: Noch etwas?

Carlos: Ja, wie lange wird es dauern?

Tankwart: Etwa eine Stunde. Währenddessen können Sie im Restaurant etwas zu sich nehmen.

Während sie warten.

Carlos: Letztes Jahr war ich im Süden und machte eine Reise durch Andalusien. Ein guter Freund kam mir bis Cádiz nach. Wir wohnten in Cádiz in einem guten Hotel … Wir fühlten uns herrlich.

Karin: Meine Eltern und ich fuhren nach Italien, wir waren in Brenzone in einer großen Pension. Wir haben uns gut unterhalten … es waren ein paar fantastische Ferien. Carlos, du siehst sehr schlecht aus heute!

Carlos: Ich habe gestern Nacht sehr schlecht geschlafen … und da ich nicht schlafen konnte, bin ich total kaputt.

Karin: Ach du Ärmster! Und ich habe wie ein Murmeltier geschlafen! Auf, der Wagen müsste schon fertig sein.

Weitere unregelmäßige Indefinido-Formen

saber	**poder**	**ir/ser**
supe ich erfuhr	***pude*** ich konnte	***fui*** ich ging/ich war
supiste	***pudiste***	***fuiste***
supo	***pudo***	***fue***
supimos	***pudimos***	***fuimos***
supisteis	***pudisteis***	***fuisteis***
supieron	***pudieron***	***fueron***

Grund zur Freude: ***ir*** und ***ser*** haben im Indefinido **dieselben Formen!**

■ Das **Indefinido** betont den **Beginn einer Handlung** in der Vergangenheit. Deswegen **ändern** manche Verben im Indefinido **ihre Bedeutung:**
z.B. ***sabe*** **(er weiß)** – ***supo*** **(er erfuhr)**

sentir	**seguir**	**dormir**
sentí ich fühlte	*seguí* ich folgte	*dormí* ich schlief ein
sentiste	*seguiste*	*dormiste*
sintió	**siguió**	**durmió**
sentimos	*seguimos*	*dormimos*
sentisteis	*seguisteis*	*dormisteis*
sintieron	**siguieron**	**durmieron**

sentir, ***seguir***, ***servir*** sowie ***dormir*** und ***morir*** haben regelmäßige Endungen, ändern aber **jeweils** in der **3. Person** das **Stamm-*e*** in ***-i-*** bzw. das ***-o-*** in ***-u-***.

Übung 1

Wie lautet das Indefinido?

El año pasado mis padres y yo (hacer) un viaje a Madrid. Ellos no (saber) por qué no nos (ir) a Barcelona. (Ser) porque yo (estar) el año pasado en Madrid y esta ciudad me (gustar) mucho. Allí (conocer) la amabilidad de mucha gente. También mis padres se (sentir) de maravilla cuando (llegar) allí y me lo (decir) muchas veces.

Übung 2

Setzen Sie die Verben ins Indefinido:

1. Anoche Carlos (dormir) . . . muy mal.
2. Nunca (ellos, saber) . . . cómo pasó.
3. Los alumnos (hacer) . . . una excursión.
4. Todos (sentir) . . . mucho su desgracia.
5. (Nosotros, querer) . . . acompañarlas pero no nos (poder) . . . ir.
6. Ayer (yo, ir) . . . a visitar a Karin.
7. Le (él, seguir) . . . la huella.

Übung 3

Ergänzen Sie die Tabelle im Indefinido:

	tú	nosotros	ustedes
1. ir			
2. sentir			
3. ducharse			
4. afeitarse			
5. poner			
6. decir			

Vermutung

***deber* + *(de)* + Infinitiv** = sollte, müsste
debe + *de* + Infinitiv dient zum Ausdruck einer **Vermutung aufgrund von bekannten Tatsachen:**
debe de haber un restaurante por aquí = hier irgendwo müsste es ein Restaurant geben
de wird oft weggelassen:
el coche debe estar listo = das Auto müsste fertig sein

Übung 4

Übersetzen Sie:

Hier irgendwo müsste ein Restaurant sein. Ich war letztes Jahr mit ein paar Freunden hier. Das Restaurant müsste geöffnet sein.

bueno, malo, grande

bueno + männliches Substantiv Singular	***buen***
malo	***mal***
grande + Substantiv Singular	***gran***

bueno und ***malo*** verlieren vor **männlichen Substantiven** die Endung **-o**: *un buen amigo*
grande verliert vor **männlichen und weiblichen Substantiven Singular** die Endung ***-de***: *una gran persona*

Aufgepasst

Aber aufgepasst! Nachgestellt und **im Plural** bleiben die Endungen erhalten:
*una persona gran**de** – unos amigos buen**os***

Achten Sie auch auf den Bedeutungsunterschied durch die Stellung von ***grande***:
*una ciudad **grande*** – eine große Stadt
*una **gran** ciudad* – eine bedeutende Stadt

Übung 5

Gleichen Sie das Adjektiv in Klammern dem Substantiv an:

1. (bueno) tiempo
2. (grande) alegría
3. (malo) amigo
4. (ciento) kilómetros
5. (primero) mes
6. *(ninguno)* hombre
7. (alguno) hotel
8. (malo) noticia

Übung 6

Was gehört zusammen?

sentirse	con la boca abierta
dormir	polvo
hay que tener	a carcajadas
reirse	de maravilla
quedarse	de boca
descansar	como un tronco
salir a pedir	mucho ojo
estar hecho	a pierna suelta

Aufgepasst

- ***ser + listo*** = schlau sein
  estar + listo = fertig sein

Wortschatz

ahora mismo	jetzt sofort
amabilidad *f*	Freundlichkeit
Andalucía *f*	Andalusien
camino a	unterwegs nach
camino *m*	Weg
cara *f*	Gesicht
casi	fast
chequeo *m*	Überprüfung
¡cómo no!	warum nicht!
comprobar (-ue-)	überprüfen
de maravilla	hervorragend, wunderbar
deber de	sollte, müsste
deber	sollen, müssen
depósito *m*	(Benzin)tank
desgracia *f*	Unglück
divertirse (-ie-)	sich unterhalten, vergnügen
dormir como un tronco	fest schlafen (eigtl.: wie ein Baumstamm)
enamorado, -a	verliebt
estación *f* **de servicio**	Großtankstelle, Service-Station
estar hecho polvo	kaputt sein (eigtl.: zu Staub zermalmt sein)
faltar	fehlen
gasolina *f*	Benzin
gasolinera *f*	Tankstelle
gastar	verbrauchen, ausgeben
gota *f*	Tropfen

hace unos meses	vor ein paar Monaten	**neumático** *m*	Reifen
huella *f*	Spur	**pensión** *f*	Pension
inspección *f*	Inspektion	**plomo** *m*	Blei
kilómetro *m*	Kilometer	**pobrecito** *m*	Ärmster
líquido *m*	Flüssigkeit	**polvo** *m*	Staub
líquido *m* **de frenos**	Bremsflüssigkeit	**presión** *f*	Druck
lleno, -a	voll	**raro, -a**	selten, seltsam
maravilla *f*	Wunder, Wunderwerk	**ruido** *m*	Geräusch
mientras tanto	währenddessen	**sin plomo**	bleifrei
motor *m*	Motor	**sur** *m*	Süden
mozo *m*	Bursche, hier: Tankwart	**taller** *m*	Werkstatt
		tardar	brauchen
		tener mala cara	schlecht aussehen
		tipo *m*	Art, Typ

Autofahren in Spanien

Die Vorschriften entsprechen denen in anderen europäischen Ländern. Das Anlegen von Sicherheitsgurten und das Mitführen eines Warndreiecks sind Pflicht. Die Spanier benutzen gern und oft die Hupe, besonders beim Überholen.
Die Höchstgeschwindigkeit auf Autobahnen ***(autopistas)*** beträgt 120 km/h, auf Schnellstraßen ***(autovías)*** 100 km/h, auf Landstraßen ***(carreteras)*** 90 km/h, in geschlossenen Ortschaften 60 km/h. Die Benutzung der Autobahn ist überwiegend gebührenpflichtig.
Abschleppen durch Privatfahrzeuge ist verboten. Auf den wichtigsten Strecken sind die blau-gelben Fahrzeuge der spanischen Straßenwacht ***RACE*** im Einsatz.

Un accidente

Vuelta a Madrid.

Karin:	¡Qué tráfico! ¡Cuántos coches! ¡Cuidadoooo!
Carlos:	Oh, ¡gracias a Dios! ¡Qué cara de ese conductor! Karin, ¿estás bien?
Karin:	Sí, ¡qué susto!, casi chocamos. Me pregunto si ese conductor tiene permiso de conducir.
Carlos:	Hace unos años me pasó lo mismo en esta autopista.
Karin:	¿De verdad? ¿Qué te pasó?
Carlos:	Llovía, yo conducía en la calzada, vino un camión de la derecha y se me adelantó sin respetar la preferencia. Tuve la impresión que no me veía. Di un frenazo de emergencia, pero no pude evitar el choque contra la parte trasera del camión.
Karin:	Y ¿qué pasó después?
Carlos:	El conductor del camión y yo tuvimos que esperar a la policía. No teníamos testigos. Mientras esperábamos hubo otro accidente casi a nuestro lado.

▶

Karin: ¡Qué horror!
Carlos: Ambos estábamos pálidos y no sabíamos qué hacer. Yo siempre en estos casos estaba tranquilo pero aquel día no. Y cuando llegaron los policías estábamos muy nerviosos.
Karin: ¿Reconoció el otro conductor que él tenía la culpa?
Carlos: Sí, él dijo que yo iba demasiado de prisa, pero estaba claro que él era el culpable.
Karin: ¿Llevabas puesto el cinturón de seguridad?
Carlos: Sí, lo llevaba puesto.
Karin: Cuando llueve, nieva o hace niebla es muy peligroso conducir. ¿Qué fue de tu coche?
Carlos: El coche estaba hecho polvo.
Karin: ¡Qué pena!
Carlos: Lo remolcaron y para la declaración de los hechos tuvimos que darles nuestros nombres, apellidos, direcciones y la póliza del seguro. Era un desastre.

Ein Unfall

Rückfahrt nach Madrid.
Karin: Was für ein Verkehr! Wie viele Autos! Vooorsicht!
Carlos: Oh, Gott sei Dank! So eine Frechheit von diesem Fahrer! Karin, geht's dir gut?
Karin: Ja, so ein Schreck! Beinahe wären wir zusammengestoßen. Ich frage mich, ob dieser Fahrer einen Führerschein hat.
Carlos: Vor ein paar Jahren passierte mir dasselbe auf dieser Autobahn.
Karin: Tatsächlich? Was passierte dir?
Carlos: Es regnete, ich fuhr auf der Fahrbahn, da kam ein Lastwagen von rechts und scherte vor mir ein, ohne auf die Vorfahrt zu achten. Ich hatte den Eindruck, dass er mich nicht sah. Ich machte eine Notbremsung, aber ich konnte nicht verhindern, dass mein Auto gegen den hinteren Teil des Lastwagens prallte.
Karin: Und was geschah dann?

Carlos:	Der Fahrer des Lastwagens und ich mussten auf die Polizei warten. Wir hatten keine Zeugen. Während wir warteten, gab es einen anderen Unfall fast neben uns.
Karin:	Wie schrecklich!
Carlos:	Wir waren beide blass und wußten nicht, was wir tun sollten. Ich bin in solchen Fällen immer ruhig, aber an dem Tag war ich es nicht. Und als die Polizisten ankamen, waren wir sehr nervös.
Karin:	Hat der andere Fahrer zugegeben, dass er schuld war?
Carlos:	Ja, er sagte, dass ich zu schnell fuhr, aber es war klar, dass er der Schuldige war.
Karin:	Hattest du den Sicherheitsgurt angelegt?
Carlos:	Ja, ich hatte ihn angelegt.
Karin:	Wenn es regnet, schneit oder neblig ist, ist es sehr gefährlich zu fahren. Was war mit deinem Auto?
Carlos:	Das Auto war demoliert.
Karin:	Wie schade!
Carlos:	Sie schleppten es ab und für die Unfallaufnahme mussten wir ihnen unsere Vornamen, Nachnamen, Adressen und den Versicherungsschein geben. Es war ein Desaster.

Das Imperfekt

bailar	***comer***	***decir***
*bail**aba*** ich tanzte	*com**ía*** ich aß	*dec**ía*** ich sagte
*bail**abas***	*com**ías***	*dec**ías***
*bail**aba***	*com**ía***	*dec**ía***
*bail**ábamos***	*com**íamos***	*dec**íamos***
*bail**abais***	*com**íais***	*dec**íais***
*bail**aban***	*com**ían***	*dec**ían***

Die **erste** und **dritte Person Singular** sind **gleich**, und die Verben auf ***-er*** und ***-ir*** haben dieselben Endungen! Es ist also gar nicht so viel zu lernen!

Unregelmäßige Imperfekt-Formen

ver	ser	ir
veía ich sah	**era** ich war	**iba** ich ging/fuhr
veías	**eras**	**ibas**
veía	**era**	**iba**
veíamos	**éramos**	**íbamos**
veíais	**erais**	**ibais**
veían	**eran**	**iban**

Kein Grund zur Panik: Es bleibt im Imperfekt bei diesen drei unregelmäßigen Verben!

Übung 1

Setzen Sie die Verben ins Imperfekt:

leer	leías	leíais	leíamos
1. poner			
2. saludar			
3. adelantarse			
4. ver			
5. saber			
6. ir			
7. estar			
8. ser			

Regeln für den Gebrauch

a) **eine Handlung in der Vergangenheit im Verlauf (was war?):**
Hacía *sol.* Die Sonne schien.
Los niños ***jugaban****.* Die Kinder spielten.

b) **eine gewohnheitsmäßige Handlung in der Vergangenheit:**
De joven ***jugaba*** *al tenis.*
Als ich jung war, spielte ich Tennis.
Siempre ***esperaba*** *a Carlos delante del café.*
Sie wartete auf Carlos immer vor dem Café.

c) eine **Handlung, die im Gang war, als eine andere einsetzte.** Die einsetzende Handlung steht im **Indefinido:**
Mientras ***esperábamos****,* ***hubo*** *otro accidente.*
Während wir warteten, passierte noch ein Unfall.
Cuando ***iba*** *al teatro encontré a María.*
Als ich ins Theater ging, traf ich Maria.

d) **parallel laufende Handlungen in der Vergangenheit:**
Estábamos *pálidos y* ***no sabíamos*** *qué hacer.*
Wir waren blass und wussten nicht, was wir tun sollten.
Estaba tocando *la guitarra mientras* ***cantaba****.*
Er spielte Gitarre, während er sang.

Das Imperfekt steht oft in Verbindung mit Zeitangaben wie ***siempre*** (immer), ***todas las noches*** (jede Nacht), ***todos los años*** (jedes Jahr), ***de joven*** (in der Jugend), ***antes*** (früher), ***mientras*** (während).

Übung 2

Ergänzen Sie mit Verben im Imperfekt:

1. De joven (yo, ir) . . . todos los días a la escuela.

2. Todas las mañanas (ella, dar) . . . un paseo.

3. (Nosotros, mirar) . . . las flores.

4. Cuando (tú, ser) . . . pequeño, (tú, tocar) . . . la guitarra.

5. (Vosotros, no soler) . . . cenar antes de dormir.

Noch zwei unregelmäßige Indefinido-Formen

venir	***dar***
vine ich kam	***di*** ich gab
viniste	***diste***
vino	***dio***
vinimos	***dimos***
vinisteis	***disteis***
vinieron	***dieron***

Ob ***vino*** »Wein« oder »er kam« bedeutet, ergibt sich aus dem Satzzusammenhang.
Sicher haben Sie bemerkt: Im Spanischen legt man keine Vollbremsung hin, sondern »gibt« eine – *di un frenazo.*

Übung 3

Wie reagieren Sie?

1. No puedo acompañarte hoy.	¡Qué cara!
2. Se sentó a nuestra mesa sin preguntar.	¡Qué horror!
3. No nos pasó nada en el accidente.	¿De verdad?
4. Los tomates están en oferta.	¡Gracias a Dios!
5. He olvidado el bolso en el metro.	¡Qué pena!
6. Ha habido un fuerte huracán en Florida.	Lo siento.

Übung 4

Mit *¿Qué es de . . .?* kann man sich gut nach vielen Dingen erkundigen. Wandeln Sie die Sätze um:

¿Cómo está tu hermano?
¿Qué es de tu hermano?

1. ¿Has terminado tu tesis?

2. ¿Qué tal están tus padres?

3. ¿Qué pasó con tu coche?

4. ¿Cómo fueron sus vacaciones?

Wortschatz

a nuestro lado	neben uns
accidente *m*	Unfall
adelantarse	überholen hier: einscheren
ambos, -as	beide
apellido *m*	Nachname
autopista *f*	Autobahn
calzada *f*	Fahrbahn
camión *m*	Lastkraftwagen
cara *f*	Gesicht
chocar	zusammenstoßen
choque *m*	Zusammenstoß
cinturón *m* **de seguridad**	Sicherheitsgurt
conducir (-zc-)	fahren, lenken
conductor *m*	Fahrer
culpa *f*	Schuld
culpable	schuldig
dar un frenazo	bremsen
de prisa	schnell
declaración *f*	Erklärung
declaración *f* **de los hechos**	Beweisaufnahme hier: Unfallaufnahme
desastre *m*	Desaster
¿de verdad?	tatsächlich?
evitar	verhindern
frenazo *m*	Bremsung
frenazo *m* **de emergencia**	Notbremsung
¡gracias a Dios!	Gott sei Dank!
hubo (*von* **haber**)	es gab
huracán *m*	Orkan
impresión *f*	Eindruck
llover (-ue-)	regnen
nervioso, -a	nervös
nevar (-ie-)	schneien
niebla *f*	Nebel
olvidar	vergessen
pálido, -a	blass
parte *f* **trasera**	hinterer Teil
peligroso, -a	gefährlich
permiso *m* **de conducir**	Führerschein

póliza *f* **del seguro**	Versicherungsschein	**¡qué pena!**	wie schade!
preferencia *f*	Vorfahrt	**reconocer** (-zc-)	zugeben
prisa *f*	Eile	**remolcar**	abschleppen
¡qué cara!	so eine Frechheit! (eigtl.: so ein Gesicht)	**respetar**	beachten
¡qué horror!	wie schrecklich!	**susto** *m*	Schreck
		tener lugar	stattfinden
		tesis *f*	Doktorarbeit
		testigo *m*	Zeuge
		tráfico *m*	Verkehr
		vuelta *f*	Rückfahrt

Für Autofahrer

Für die Einreise nach Spanien mit dem Auto benötigen Sie Ihren Führerschein, den Kraftfahrzeugschein und die grüne Versicherungskarte. Auch ein Auslandsschutzbrief ist empfehlenswert. Die größte Gefahr beim Autofahren liegt im ungeduldigen Temperament der Spanier. Die meisten Unfälle passieren nämlich bei gefährlichen Überholmanövern. Falls Sie einen anderen Verkehrsteilnehmer verletzen, können Sie mit einer Kaution die Untersuchungshaft vermeiden. Geldstrafen müssen meist an Ort und Stelle bezahlt werden. In Spanien ist es übrigens Pflicht, Ersatzglühbirnen für die Scheinwerfer mitzuführen.

¡Viva el deporte!

Carlos: Karin, ¿qué deportes practican generalmente los alemanes?

Karin: A muchos alemanes les encanta el deporte, por ejemplo: el alpinismo, la natación, el tenis, el esquí, el fútbol ...

Carlos: A mí me gusta mucho ver un partido de fútbol alemán en la tele, juegan con mucha técnica.

Karin: Carlos, ¿qué deporte practicabas cuando estabas en Argentina?

Carlos: En Argentina a mí me gustaba el tenis. Se puede decir que siempre me ha gustado.

Karin: ¿Qué deporte le gusta a la gente en Argentina?

Carlos: La gente en Argentina es fanática del fútbol. También yo soy muy aficionado al fútbol. De chico iba todos los domingos con mis amigos al campo de fútbol. Cuando el partido era bueno volvíamos a casa contentísimos y muy cansados.

Karin:	El sábado pasado Pedro y David fueron al estadio, jugaba el Real Madrid. Cuando llegaron a casa estaban muy sudorosos y sedientos . . ., quise ir con ellos pero ya no había entradas. Cuando cerraron las taquillas me fui a hacer footing. Quisiera ver un partido de fútbol alguna vez: Real Madrid contra un equipo latinoamericano, por ejemplo de Brasil o Argentina . . .
Carlos:	Le voy a preguntar a José, él trabaja como vendedor en las taquillas del estadio Santiago Bernabéu.
Karin:	¡Caramba! No está mal. Sabes, ¿cuánto cuesta la entrada?
Carlos:	Depende, si es un partido nacional o internacional.
Karin:	Le preguntas a José, ¿vale?
Carlos:	Sí, de acuerdo. ¿Y tú juegas al tenis?
Karin:	No, fui a clase hace años, pero . . . realmente a mí no me interesaba ni me gustaba mucho, pero ahora me gustaría hacer un curso.
Carlos:	Bravo, ¡viva el deporte! Si quieres, podemos jugar mañana.

Es lebe der Sport!

Carlos:	Karin, was für Sportarten betreiben die Deutschen für gewöhnlich?
Karin:	Viele Deutsche sind vom Sport begeistert, zum Beispiel vom Bergsteigen, Schwimmen, Tennis, Skifahren, Fußball . . .
Carlos:	Ich sehe mir sehr gerne ein deutsches Fußballspiel im Fernsehen an, sie spielen mit viel Technik.
Karin:	Carlos, welchen Sport hast du betrieben, als du in Argentinien warst?
Carlos:	In Argentinien hat mir Tennis gefallen. Man kann sagen, dass Tennis mir schon immer gefallen hat.

Karin: Was für Sportarten gefallen den Leuten in Argentinien?

Carlos: Die Menschen in Argentinien sind Fußballfanatiker. Auch ich bin sehr fußballbegeistert. Als kleiner Junge ging ich jeden Sonntag mit meinen Freunden zum Fußballplatz. Wenn das Spiel gut war, kamen wir höchst zufrieden und sehr müde nach Hause.

Karin: Letzten Samstag waren Pedro und David im Stadion, es spielte Real Madrid. Als sie nach Hause kamen, waren sie sehr verschwitzt und durstig …, ich wollte mit ihnen gehen, aber es gab keine Karten mehr. Als die Kasse geschlossen wurde, ging ich zum Joggen. Ich würde gerne einmal ein Fußballspiel sehen: Real Madrid gegen eine südamerikanische Mannschaft, zum Beispiel aus Brasilien oder Argentinien …

Carlos: Ich werde mal José fragen, er arbeitet als Kartenverkäufer im Stadion Santiago Bernabéu.

Karin: Donnerwetter! Das ist nicht schlecht. Weißt du, was der Eintritt kostet?

Carlos: Kommt darauf an, ob es ein nationales oder internationales Spiel ist.

Karin: Du fragst José, okay?

Carlos: Ja, einverstanden. Und du, spielst du Tennis?

Karin: Nein, ich ging in den Unterricht vor ein paar Jahren, aber … eigentlich hat es mich nicht interessiert und mir nicht besonders gefallen, aber jetzt würde ich gerne einen Kurs machen.

Carlos: Toll, es lebe der Sport! Wenn du möchtest, können wir morgen spielen.

Imperfekt und Indefinido im Vergleich

Imperfekt	Indefinido
a) **Vergangenheit ohne Bezug auf Anfang und Ende** (Wie war etwas?) *Entonces **llovía** mucho.* Damals regnete es viel.	a) **abgeschlossene Vergangenheit** (Was geschah?) ***Llovió** mucho aquel año.* In jenem Jahr regnete es viel.
b) **bereits laufende Handlung oder Zustand, Vorgang** (Was war?) ***Sabía** de su suerte.* Ich wusste von seinem Glück.	b) **einsetzende Handlungen oder Ereignisse** (Was geschah dann?) ***Supe** de su suerte.* Ich erfuhr von seinem Glück.
c) **gewohnheitsmäßige Handlungen** *Los domingos **iban** a la iglesia.* Sonntags gingen sie in die Kirche.	c) **einmalige Handlung** *El domingo **se fueron** a la iglesia.* Am Sonntag gingen sie in die Kirche.
d) **parallel laufende Handlungen** *Mientras **cantaban** **salían**.* Während sie sangen, gingen sie raus.	d) **aufeinanderfolgende Handlungen** ***Cantaron** y **salieron**.* Sie sangen und gingen dann raus.

Aufgepasst

Zur Erinnerung: Bei manchen Verben ergeben sich im Imperfekt/Indefinido Bedeutungsänderungen:

sabía	ich wusste	***supe***	ich erfuhr
tenía	ich hatte	***tuve***	ich bekam
conocía	ich kannte	***conocí***	ich lernte kennen
iba	ich ging	***fui***	ich fuhr (weg)

Imperfekt oder Indefinido?

1. Normalmente (nosotros, comer) ... paella los domingos, pero aquel domingo (nosotros, tomar) ... un cocido madrileño.
2. Mientras (ellos, cenar) ... (mirar) ... la tele.
3. Mientras (yo, cocinar) ... (ella, arreglar) ... las camas.
4. Antes (él, fumar) ... más que ahora.
5. Cuando (yo, llegar) ... a casa, la puerta (estar) ... cerrada.
6. (ella, llegar) ... tarde, cuando la (esperar) ... Juan.
7. Todos los domingos (ellos, irse) ... al teatro, pero aquel domingo (ellos, irse) ... al cine.
8. Todas las Navidades mi madre (hacer) ... churros, la pasada Navidad (hacer) ... un pastel.

Wiederholung des Objekts durch Pronomen

Dass im Spanischen bei Pronomen »doppelt gemoppelt« wird, haben wir bereits in Lektion 10 gesehen.

Auch ein zur Betonung **vorangestelltes Substantiv** wird durch **Pronomen wieder aufgenommen:**

A los *chicos* ***les*** *gusta el deporte.*	Den Jungen gefällt der Sport.
El *café Triana* ***lo*** *conozco.*	Das Café Triana kenne ich.

Unabhängig von seiner Stellung vor oder nach dem Verb wird in der **Umgangssprache** ein Objekt durch ein Pronomen ergänzt:

*¿**Le** conoces **a mi padre**?*	Kennst du meinen Vater?
Le *preguntamos* ***a José.***	Wir fragen José.

Übung 2

Nehmen Sie die kursiven Substantive durch Pronomen auf:

1. La *puerta* . . . he abierto yo.

2. Anoche . . . encontramos a *Paco y Juana* en un bar.

3. *Estos libros* . . . quería regalar a mi marido.

4. . . . he encontrado a *Carlos* muy contento.

5. *Este abrigo* me . . . compré hace dos semanas.

Übung 3

Schreiben Sie die Sätze neu und fügen Sie, wo nötig, das Pronomen hinzu:

1. Este coche compró hace dos años.

. . . .

2. ¡Qué hambre tenemos!

. . . .

3. Preguntaremos a María si nos hace una paella.

. . . .

4. Este libro debes comprar de todos modos.

. . . .

me gusta – me gustan

Bei Konstruktionen wie

me gusta el deporte – mir gefällt der Sport

les encantan las flores – ihnen gefallen die Blumen

steht das **Objekt vor** und das **Subjekt nach** dem Verb. Das Verb richtet sich jedoch – wie immer – nach der Zahl des Subjekts: Also genau wie im Deutschen!

me gusta oder ***me gustan?***

A mí me . . . jugar al fútbol, pero a Juanita le . . . el alpinismo y la natación.
A mí me . . . los churros, pero a mi madre le . . . más los pasteles.
A mí me . . . la música clásica, pero a mi hermano le . . . el folklore.

Übung 4

muy / mucho

mucho steht **vor Substantiven** und **nach Verben.** Es richtet sich in Geschlecht und Zahl nach dem Substantiv:

*Me gusta mucho **el deporte**.*	Der Sport gefällt mir sehr.
*Hay much**as** flor**es** por aquí.*	Es gibt viele Blumen hier.

muy steht **vor Adjektiven oder Adverbien:**

*Está **muy bien**.*	Es geht ihm sehr gut.
*Llegaron **muy sedientos**.*	Sie kamen sehr durstig an.

Muy, mucho, muchos, mucha oder ***muchas***?

No me gusta . . . trabajar en esa oficina, porque pasan . . . coches y . . . gente por allí, el aire está . . . sucio. Además tengo que escribir . . . Antes me gustaba . . ., había . . . árboles y el aire estaba . . . limpio, todos estábamos . . . contentos, nos quedábamos más tiempo en la oficina.

Übung 5

jugar

Aufgepasst

Aufgepasst auf folgende vom Deutschen abweichende Konstruktion:

***jugar* + *a* + Artikel + Substantiv**
jugar al tenis = Tennis spielen
jugar a los naipes = Karten spielen
aber: ***tocar la guitarra*** = Gitarre spielen
tocar el acordeón = Akkordeon spielen

Wortschatz

abrigo *m*	Mantel
acordeón *m*	Akkordeon
aire *m*	Luft
alpinismo *m*	Bergsteigen
árbol *m*	Baum
¡bravo!	hier: toll!
campo *m* **de fútbol**	Fußballplatz
¡caramba!	Donnerwetter!
churro *m*	Schmalzkringel
¿de acuerdo?	einverstanden?
deporte *m*	Sport(art)
domingo *m*	Sonntag
encantar a alg.	jmdm. gefallen
entrada *f*	Eintrittskarte
equipo *m*	Mannschaft
esquí *m*	Skifahren
estadio *m*	Stadion
fanático, -a de alguna cosa	verrückt auf etw.
footing *m*	Jogging
fumar	rauchen
fútbol *m*	Fußball
internacional	international
latinoamericano, -a	lateinamerikanisch
limpio, -a	rein, sauber
nacional	national
naipe *m*	Spielkarte
natación *f*	Schwimmen
palabra *f*	Wort
partido *m* **de fútbol**	Fußballspiel
pastel *m*	Kuchen
por ejemplo	zum Beispiel
practicar	betreiben
realmente	eigentlich, in Wirklichkeit
sábado *m*	Samstag
sediento	durstig
ser aficionado, -a a alguna cosa	von etw. begeistert sein
siempre	immer
sucio, -a	schmutzig
sudoroso, -a	verschwitzt
taquilla *f*	Kasse, Kartenschalter
técnica *f*	Technik
tenis *m*	Tennis
vendedor *m*	Verkäufer
viva	es lebe hoch

Zusatz-wortschatz

Los días de la semana – Die Wochentage

lunes *m*	Montag	**viernes** *m*	Freitag
martes *m*	Dienstag	**sábado** *m*	Samstag
miércoles *m*	Mittwoch	**domingo** *m*	Sonntag
jueves *m*	Donnerstag		

Für Sportfans

Auch in Spanien ist der Fußball zum Volkssport Nummer 1 geworden. Die bekanntesten Fußballstadien in Madrid sind ***Santiago Bernabéu***, das Heimstadion von ***Real Madrid***, und ***Vicente Calderón***. (Das Bernabéu-Stadion liegt übrigens am Paseo de la Castellana, wo unsere Familie García wohnt.)
Madrid bietet Sportbegeisterten unzählige Möglichkeiten, Sport zu treiben – wie jede europäische Metropole.
Für solche, die lieber zuschauen, gibt es nachmittags im ***Hipódromo de la Zarzuela*** Pferderennen, im ***Canódromo Madrileño*** tägliche Hunderennen und im ***Frontón Madrid*** jeden Nachmittag ***jai alai***, das unglaublich schnelle baskische Ballspiel (ähnlich dem Squash).
Ein paar Worte zum Stierkampf dürfen auch nicht fehlen, denn der Stierkampf ist in Spanien nach wie vor ein Fest.
Die Stierkampfsaison dauert von März bis Oktober.
Es gibt vier verschiedene Stierkampfarten:
corridas mit ausgewachsenen, mindestens vier Jahre alten und 500 kg schweren Stieren ***(toros)*** und erfahrenen Toreros, die die Zulassung zu großen Stierkampfarenen haben.
novilladas mit drei Jahre alten Stieren ***(novillos)*** bzw. Toreros, die noch nicht für die großen Stierkampfarenen zugelassen sind.
becerradas mit Jungstieren von bis zu zwei Jahren und Berufsanfängern als Toreros.
rejoneo Stierkampf vom Pferd aus. Die ***rejoneos*** finden manchmal vor dem eigentlichen Stierkampf statt.

Test 3

Die Buchstaben in den richtigen Lösungskästchen ergeben hintereinander gelesen einen Spruch. Finden Sie ihn!
Lösung s. S. 273.

1
Entscheiden Sie sich für eine der beiden Lösungen. Springen Sie dann zu dem durch die Nummer bezeichneten Feld.

2
Ellos .... frío.

tienen ➪ 4
han ➪ 29

6
¡Falso!

Volver al nr. 30

7 L
¡Muy bien! Tengo ... sed.

muy ➪ 27
mucha ➪ 23

11 N
¡Qué bien! Irlanda es siempre...

gris ➪ 3
verde ➪ 30

12
¡Falso!

Volver al nr. 23

16 !
¡Fantástico! ¡Fin colorín, colorado, este test se ha acabado! ¿Cuál es la frase?

17 A
¡Bien! Gracias ... tu ayuda.

para ➪ 19
por ➪ 5

21
¡Falso!

Volver al nr. 13

22 I
¡Correcto! Hoy ... a Jaime.

encontré ➪ 18
he encontrado ➪ 7

26
¡Falso!

Volver al nr. 9

27
¡Falso!

Volver al nr. 7

3 ¡Falso!

Volver al nr. 11

4 ¡Correcto! ¡

Ayer Carlos..... al cine.

fui ➪ 24
fue ➪ 9

5 ¡Muy bien! R
Me ... los deportes.

gusta ➪ 8
gustan ➪ 28

8 ¡Falso!

Volver al nr. 5

9 ¡Bien hecho! U
Muchas gracias. De ....

nadie ➪ 26
nada ➪ 11

10 ¡Falso!

Volver al nr. 28

13 ¡Muy bien! M
Eres un ... amigo.

bueno ➪ 21
buen ➪ 17

14 ¡Fantástico! A
¿... los platos en la mesa?

pono ➪ 20
pongo ➪ 16

15 ¡Falso!

Volver al nr. 25

18 ¡Falso!

Volver al nr. 22

19 ¡Falso!

Volver al nr. 17

20 ¡Falso!

Volver al nr. 14

23 ¡Correcto! L
Madrid es una ciudad ...

grande ➪ 14
gran ➪ 12

24 ¡Falso!

Volver al nr. 4

25 ¡Bien! V

¿Has.....la mesa?

ponido ➪ 15
puesto ➪ 22

28 ¡Fantástico! A
¡Qué día bonito ...!

es ➪ 25
está ➪ 10

29 ¡Falso!

Volver al nr. 2

30 ¡Correcto! A
¿Dónde ... las llaves?

son ➪ 6
están ➪ 13

Busco un nuevo trabajo

Karin: Mañana compraré El País y miraré allí los anuncios de trabajo.

Carlos: ¿No te gusta el trabajo que tienes ahora?

Karin: Una se aburre, hago siempre lo mismo. El trabajo en la casa de los García no me llena.

Carlos: Iremos entonces a comprar el periódico y leeremos juntos las ofertas de trabajo.

Karin: Trabajaré en un hospital o en una clínica como enfermera.

Carlos: ¡Es duro el trabajo en un hospital!

Karin: Una se acostumbra a todo, además me gusta atender a los enfermos. Si mañana no encontramos anuncios interesantes, escribiré cartas a hospitales y clínicas solicitando un puesto de trabajo.

Carlos: ¿Qué es de Paula? Ella buscaba un trabajo como enfermera...

Karin: La próxima semana empezará a trabajar en la consulta del Dr. Jiménez, le pagará muy bien y como siempre tirará el dinero.

Después de leer el periódico.

Karin:	Llamaré por teléfono y concertaré una entrevista para mañana.
Carlos:	¿Qué les dirás a los García?
Karin:	Les diré que saldré de casa una hora antes, así podré llegar a tiempo a la entrevista. Mañana tendré que levantarme temprano para preparar la comida. Me pondré la chaqueta roja, ¿no?
Carlos:	Sí, esa te queda estupendamente ... y además lloverá mañana. A ver si tienes suerte.

Karin al teléfono.

Karin:	Buenos días, he leído su anuncio en el periódico de hoy ...
Secretaria:	¿Cuál es su profesión? ¿Tiene experiencia laboral?
Karin:	Sí, soy enfermera, antes trabajaba en un hospital en Múnich.
Secretaria:	¿Lleva Vd. mucho tiempo en Madrid?
Karin:	Llevo tres meses aquí.
Secretaria:	¿Podría venir mañana a las 3.00 de la tarde para presentarse?
Karin:	Sí, de acuerdo. Hasta mañana.

Ich suche eine neue Arbeitsstelle

Karin:	Morgen werde ich El País kaufen und dort die Stellenanzeigen durchsehen.
Carlos:	Bist du denn nicht zufrieden mit der Arbeit, die du jetzt hast?
Karin:	Man langweilt sich, ich mache immer dasselbe. Die Arbeit im Haus der Familie García füllt mich nicht aus.
Carlos:	Dann werden wir eine Zeitung kaufen gehen und die Stellenangebote gemeinsam lesen.
Karin:	Ich werde in einem Krankenhaus oder einer Klinik als Krankenschwester arbeiten.

Carlos: Die Arbeit in einem Krankenhaus ist hart!

Karin: Man gewöhnt sich an alles, außerdem gefällt es mir, die Kranken zu pflegen. Wenn wir morgen keine interessanten Anzeigen finden, werde ich Briefe an Krankenhäuser oder Kliniken schreiben und um einen Arbeitsplatz ansuchen.

Carlos: Was ist mit Paula? Sie suchte eine Arbeit als Krankenschwester...

Karin: Nächste Woche wird sie in der Praxis von Dr. Jiménez anfangen zu arbeiten, er wird sie sehr gut bezahlen und sie wird wie immer das Geld hinauswerfen.

Nach dem Zeitungslesen.

Karin: Ich werde anrufen und einen Vorstellungstermin für morgen vereinbaren.

Carlos: Was wirst du den Garcías sagen?

Karin: Ich werde ihnen sagen, dass ich eine Stunde früher aus dem Haus gehe, so werde ich rechtzeitig zum Vorstellungsgespräch kommen können. Morgen muss ich früh aufstehen, um das Essen vorzubereiten. Ich ziehe die rote Jacke an, oder?

Carlos: Ja, die steht dir hervorragend ... und außerdem wird es morgen regnen. Mal sehen, ob du Glück hast.

Karin am Telefon.

Karin: Guten Morgen, ich habe Ihre Anzeige in der heutigen Zeitung gelesen ...

Sekretärin: Was ist Ihr Beruf? Haben Sie Berufserfahrung?

Karin: Ja, ich bin Krankenschwester und habe vorher in einem Krankenhaus in München gearbeitet.

Sekretärin: Sind Sie schon lange in Madrid?

Karin: Ich bin schon drei Monate hier.

Sekretärin: Könnten Sie morgen um drei Uhr nachmittags kommen, um sich vorzustellen?

Karin: Ja, einverstanden. Bis morgen.

Das Futur

		-é	
		-ás	
Infinitiv	+	***-á***	→ Futur (ich werde …)
		-emos	
		-éis	
		-án	

Alle Verben haben dieselben Endungen. Sie werden an den Infinitiv angehängt:

tomar	***beber***	***vivir***
*tomar**é*** ich werde nehmen	*beber**é***	*vivir**é***
*tomar**ás***	*beber**ás***	*vivir**ás***
*tomar**á***	*beber**á***	*vivir**á***
*tomar**emos***	*beber**emos***	*vivir**emos***
*tomar**éis***	*beber**éis***	*vivir**éis***
*tomar**án***	*beber**án***	*vivir**án***

Das Futur bezeichnet eine Handlung, einen Vorgang oder einen Zustand **in der Zukunft.**
solicitaré *trabajo* – ich werde um Arbeit ansuchen
lloverá *mañana* – es wird morgen regnen
viviré *bien* – ich werde gut leben

Unregelmäßige Futurformen

Dieselben Verben wie im Konditional verändern auch im Futur ihren Stamm:

saber	→	*sa**bré***	*venir*	→	*ven**dré***	*querer*	→	*quer**ré***
haber	→	*ha**bré***	*poner*	→	*pon**dré***	*decir*	→	*di**ré***
poder	→	*po**dré***	*salir*	→	*sal**dré***	*valer*	→	*val**drá***
hacer	→	*ha**ré***	*tener*	→	*ten**dré***			

Übung 1

Ergänzen Sie die Verbformen nach folgendem Muster:

comprar	comprarán	compraréis	compraré
1. poder			
2. comer			
3. vivir			
4. hacer			
5. vender			

Übung 2

Wandeln Sie die Sätze nach folgendem Muster um:

No voy al teatro. No iré al teatro.

1. No ponen música. ....

2. No sabe la lección. ....

3. Estoy feliz. ....

4. Hace frío. ....

5. Volvemos pronto. ....

6. José estudia español. ....

7. No quiero ir al café. ....

Übung 3

Ergänzen Sie den Text mit Verben im Futur:

El próximo domingo (yo, tener) ... una fiesta. Me (poner) ... mi traje más bonito e (invitar) ... a mucha gente. (Yo, tocar) ... la guitarra. (Nosotros, bailar y cantar) ... hasta las cinco de la madrugada. (Ser) ... muy divertido. Todos (estar) ... felices y (decir) ... que es la mejor fiesta de todo el año.

Unpersönliches uno/una

uno/una steht als **unpersönliche Form** bei **reflexiven Verben** (weil diese keine unpersönliche se-Form bilden können).

uno/una *se aburre*	= man langweilt sich
uno *se afeita por las mañanas*	= man rasiert sich morgens
uno *se va de paseo*	= man geht spazieren

Übung 4

Verallgemeinern Sie:

Por la mañana me levanto temprano.
Por la mañana uno se levanta temprano.

1. En España me suelo acostar tarde.

....

2. Nos divertimos mucho jugando al fútbol.

....

3. Los sábados no me aburro nunca.

....

4. Nos alegramos mucho de su suerte.

....

5. Cuando hace frío me pongo el abrigo.

....

6. Nosotros nos presentamos al profesor.

....

7. No me quedo nunca en casa.

....

Übung 5

Die folgenden Berufsbezeichnungen kennen Sie schon. Ergänzen Sie die Sätze:
profesor, enfermera, pintor, secretaria, camarero, azafata

1. Trabajo en un restaurante, soy . . .
2. Doy clases de español, soy . . .
3. Hago cuadros, soy . . .
4. Tengo que escribir muchas cartas en inglés, soy . . .
5. Trabajo en un avión, soy . . .
6. Me gusta atender a los enfermos, soy . . .

Übung 6

Lesen Sie die folgende Anzeige und entscheiden Sie sich: richtig oder falsch?

Escuela de lenguas necesita **Profesor**. Personas de 25 a 28 años. Se requiere experiencia mínima de 2 años. Se valorarán buenos conocimientos generales. Trabajo en Madrid centro. Sueldo inicial aprox. 3.000.000 Ptas. anuales. Interesados, concertar hora de entrevista al teléfono 275 46 70.

	Sí	No
1. Una clínica necesita a un profesor.		
2. Se necesita experiencia.		
3. Necesitan personas de 25 a 28 años.		
4. El trabajo está en Madrid centro.		
5. Se pagan exáctamente 3.000.000 Ptas. por mes.		
6. Se exigen pocos conocimientos generales.		
7. Los interesados tienen que escribir una carta.		
8. Hay que concertar una entrevista por teléfono.		

Übung 7

Sie suchen eine neue Arbeit. Was machen Sie zuerst? Setzen Sie die folgenden Sätze in die richtige Reihenfolge:

1. Presentarse y tener una entrevista.
2. Comprar el periódico todos los días.
3. Empezar a trabajar.
4. Escribir cartas y solicitar un puesto de trabajo.
5. Buscar un nuevo trabajo.
6. Leer los anuncios de trabajo.

Wortschatz

acostumbrarse a alguna cosa	sich an etw. gewöhnen
alegrarse	sich freuen
anual	jährlich
anuncio *m* **de trabajo**	Stellenanzeige
aproximadamente (aprox.)	ungefähr
atender a alguien	jmdn. pflegen
buscar	suchen
cabeza *f*	Kopf
carta *f*	Brief
chaqueta *f*	Jacke
clínica *f*	Klinik
concertar (-ie-)	vereinbaren
conocimientos *m pl* **generales**	Allgemeinbildung
consulta *f*	Arztpraxis
despedir a alguien	jmdn. entlassen
dinero *m*	Geld
dolor *m*	Schmerz
duro, -a	hart
El País	spanische Tageszeitung
emplear	einstellen
enfermo *m*	Kranker
entrevista *f*	Interview, hier: Vorstellungsgespräch
escuela *f* **de lenguas**	Sprachenschule
espalda *f*	Rücken
estómago *m*	Magen
estupendo, -a	hervorragend
exigir	fordern
experiencia *f*	Erfahrung
experiencia *f* **laboral**	Berufserfahrung
feliz	glücklich
hombro *m*	Schulter
hospital *m*	Krankenhaus
imaginarse	sich vorstellen, einbilden
inicial	Anfangs-
interesado *m*	Interessent
laboral	Arbeits-
llenar	füllen, hier: ausfüllen
lluvia *f*	Regen
madrugada *f*	früher Morgen

médico *m*	Arzt	**requerir** (-ie-)	fordern
mínimo, -a	Mindest-	**secretaria** *f*	Sekretärin
oferta *f* **de trabajo**	Stellenangebot	**solicitar a.c.**	um etwas ansuchen
pelo *m*	Haar	**sueldo** *m*	Gehalt
pierna *f*	Bein	**tirar**	(weg)werfen
presentarse	sich vorstellen	**valer**	nützen, wert sein
profesión *f*	Beruf	**valorar**	schätzen
puesto *m* **de trabajo**	Arbeitsplatz		

Der spanische Arbeitsmarkt

Die Zahl der Arbeitslosen ist in Spanien auf über 20% geklettert. Vor allem in Andalusien sind 40% Arbeitslose in den größeren Städten keine Seltenheit mehr. Da muss man sehen, wie man durchkommt. ***Apañárselas*** (sich zurechtfinden) ist denn auch das Schlagwort derer, die sich mit Schwarzarbeit oder Gaunereien durchwursteln.

Landeskunde mal anders:

– ¿Usted podría emplear a mi hijo en su oficina?
– ¿Qué sabe hacer?
– Nada. Es por lo que le he despedido yo.

Paco en la consulta del médico:
Médico: Vamos a ver, ¿qué le pasa a Vd.?
Paco: Pues, verá Vd., tengo unos dolores muy fuertes en las piernas, en la espalda, en el hombro, en el estómago, en la cabeza . . .
Médico: ¿Dónde tuvo el primer dolor?
Paco: En la oficina.

En el Rastro

Carmen: Karin, ¿por qué no nos tuteamos? Somos amigas, ¿no?

Karin: De acuerdo, gracias. A propósito: En la clínica buscaban a alguien para tres años por lo menos. Así que me voy a quedar con vosotros.

Carmen: ¡Estupendo! ¿Me quieres acompañar mañana al rastro?

Karin: Sí, con gusto. Esto me gusta más que cuidar a los niños.

Carmen: Todos los domingos por la mañana en las calles en el sur del barrio de San Isidro hay más gente de la que uno se puede imaginar. Allí se compra, se vende y – lo más importante – se regatea.

En el Rastro.	
Karin:	¡Por Dios! ¡Qué mar de gente!
Carmen:	Sí … ¿Has visto ya esas lámparas? Son bonitas.
Karin:	Sí, son más bonitas que las que están en la mesa.
Carmen:	Seguramente serán caras, costarán más de lo que queremos pagar.
Karin:	Vamos a preguntar por el precio, por si las moscas … *(Al vendedor:)* Señor, ¿por cuánto me daría esas lámparas?
Vendedor:	¿Las de la mesa? Se las dejo en 25.000 pesetas, ¿las quiere?
Karin:	¡Qué barbaridad! No, gracias. *(A Carmen:)* Son más caras de lo que pensábamos.
Carmen:	¿Qué te parece este reloj?
Karin:	¿El del baúl? Será antiguo, ¿no?
Carmen:	Antiquísimo. También esas tazas me chiflan. Serán de porcelana...
Karin:	¿A cuánto estarán? ¿Las compramos? *(Al vendedor:)* ¿Cuánto valen estas tazas?
Vendedor:	Esas 6 tazas valen 12.000 pesetas.
Karin:	Son muy caras …
Vendedor:	¿Cuánto me da?
Karin:	Por todo le doy 10.000 pesetas.
Vendedor:	¡Vale! Voy a empaquetárselas.
Karin:	Pués, es una verdadera ganga ¿no?

Auf dem Flohmarkt

Carmen:	Karin, warum duzen wir uns denn nicht? Wir sind doch Freundinnen, oder?
Karin:	Einverstanden, danke. Übrigens: In der Klinik suchten sie jemanden für drei Jahre mindestens, so dass ich bei euch bleiben werde.
Carmen:	Hervorragend! Möchtest du mich morgen zum Flohmarkt begleiten?

Karin:	Ja, sehr gerne. Das gefällt mir mehr, als auf die Kinder aufzupassen.
Carmen:	Jeden Sonntagvormittag gibt es auf den Straßen im Süden des Viertels San Isidro mehr Menschen als man sich vorstellen kann. Dort kauft man, verkauft man und – das Allerwichtigste - man handelt.

Auf dem Flohmarkt.

Karin:	Um Gottes willen! Welche Menge Menschen!
Carmen:	Ja, ... Hast du schon die Lampen da gesehen? Sie sind schön.
Karin:	Ja, sie sind schöner als die, die auf dem Tisch stehen.
Carmen:	Sie sind sicherlich teuer, sie kosten vermutlich mehr, als wir bezahlen wollen.
Karin:	Fragen wir doch nach dem Preis, für alle Fälle. *(Zum Händler:)* Für wie viel würden Sie mir diese Lampen geben?
Händler:	Die auf dem Tisch? Ich gebe sie Ihnen für 25.000 Pesetas. Wollen Sie sie?
Karin:	Ist ja nicht zu glauben! Nein, danke. *(Zu Carmen:)* Die sind teurer, als wir glaubten.
Carmen:	Was hältst du von dieser Uhr?
Karin:	Die auf der Truhe? Die ist sicherlich alt, oder?
Carmen:	Uralt. Auch die Tassen reizen mich. Die sind sicherlich aus Porzellan ...
Karin:	Was die wohl kosten? Kaufen wir sie? *(Zum Händler:)* Was kosten diese Tassen?
Händler:	Die 6 Tassen kosten 12.000 Pesetas.
Karin:	Sie sind sehr teuer ...
Händler:	Wie viel geben Sie mir dafür?
Karin:	Für alles gebe ich Ihnen 10.000 Pesetas.
Händler:	In Ordnung! Ich werde sie Ihnen einpacken.
Karin:	Das ist ja ein wahres Schnäppchen, oder?

Das Futur als Ausdruck der Vermutung

Será *caro.* Das ist sicherlich teuer.
¿A cuánto ***estarán****?* Was sie wohl kosten?

Neben ***deber (de)*** + **Infinitiv** wird auch das **Futur** oft als Ausdruck der Vermutung verwendet.

Übung 1

Ersetzen Sie die kursiven Wörter durch das Futur als Ausdruck der Vermutung:

Hoy no *ha venido* al colegio. No *está* en Madrid. Se *ha ido* a la playa a tomar el sol. *Ha ido* en tren. Se *queda* una semana. Me *llama* seguramente por teléfono para decirme cuando vuelve. Me *compra* un regalo.

Übung 2

Wandeln Sie folgende Fragen in Vermutungen um:

¿Se han ido ya? Se habrán ido ya.

1. ¿Le dan el coche? ....

2. ¿Han terminado ya? ....

3. ¿Van a tu fiesta? ....

4. ¿Sabe inglés? ....

5. ¿Hace buen tiempo? ....

6. ¿Está de acuerdo? ....

7. ¿Ha escrito la carta? ....

8. ¿Llega mañana? ....

Der Artikel als Demonstrativpronomen

Mit nachfolgendem ***de*** (Genitiv) wird der bestimmte Artikel wie ein Demonstrativpronomen gebraucht:
No me gustan estas tazas. ***Las de*** *la mesa me gustan más.* Diese Tassen gefallen mir nicht. **Die auf** dem Tisch sind schöner.
Este reloj es antiguo, pero ***él del*** *baúl es antiquísimo.* Diese Uhr ist alt, aber **die auf** der Truhe ist uralt.

Vergleich: más/menos que

Esto me gusta ***más/menos que*** *cuidar a los niños.*
Das gefällt mir besser als/nicht so gut wie auf die Kinder aufzupassen.

Wird der Vergleich durch ein **Substantiv** oder **Verb im Infinitiv** zu Ende geführt, steht ***más/menos que***.

Hay más gente ***de la que*** *uno se puede imaginar.*
Es gibt mehr Menschen, als man sich vorstellen kann.
Compramos más tazas ***de las que*** *necesitamos.*
Wir kaufen mehr Tassen, als wir brauchen.
Hacen más pan ***del que*** *pueden comer.*
Sie backen mehr Brot, als sie essen können.
Tenemos más amigos ***de los que*** *queremos invitar.*
Wir haben mehr Freunde, als wir einladen wollen.

Bei Vergleichen (***más/menos*** + **Substantiv**), die durch ein **gebeugtes Verb** zu Ende geführt werden, steht ***de*** + **Artikel des Bezugssubstantivs (*la, las, el, los*)** vor ***que*** **und dem Verb.**

Costarán más ***de lo que*** *queremos pagar.*
Sie kosten sicher mehr, als wir zahlen wollen.
Esto es más complicado ***de lo que*** *cree.*
Das ist komplizierter, als Sie glauben.

Steht im ersten Satz ***más/menos*** **allein** oder **mit einem Adjektiv**, folgt ***de*** + ***lo*** vor ***que*** **und dem Verb.**

Übung 3

Wählen Sie die richtige Form:

1. Estas flores son más bonitas . . . parecían.
a de lo que **b** de las que **c** que

2. Aprender el español es más fácil . . . aprender el alemán.
a de lo que **b** que **c** del que

3. En marzo ya hace menos frío . . . en enero.
a que **b** del que **c** de lo que

4. Escribe más cartas . . . recibe.
a de lo que **b** que **c** de las que

5. Ahora tiene más hambre . . . tenía hace una hora.
a que **b** de la que **c** de lo que

6. Había más gente en la calle . . . uno se puede imaginar.
a de la que **b** de lo que **c** que

Übung 4

Füllen Sie die Lücken:

1. Necesita más dinero en un día . . . le pagan en una semana.

2. Compra más libros . . . puede leer.

3. Ahora tiene más años . . . tenía cuando era joven.

4. Tienes más trajes . . . puedes llevar.

5. Habla mucho más . . . pensábamos.

6. Las lámparas valen más . . . queríamos pagar.

7. Le dan menos dinero . . . merece.

8. He comprado mucho más pan . . . necesitamos.

9. Tiene más amigos . . . yo.

10. Le gusta más bailar . . . trabajar.

Wissen Sie es?

Übung 5

1. rastro ist
a ein Rasierer
b ein Flohmarkt
c ein Reistopf

2. regatear heißt
a handeln
b betrügen
c raufen

3. ganga ist
a eine Räuberbande
b ein Flur
c ein Schnäppchen

4. reloj ist
a eine Uhr
b eine Teetasse
c ein Lüster

5. apañarse heißt
a eine Apanage bekommen
b sich durchwursteln
c sich Pfannkuchen machen

Aufgepasst! Welcher Satz ist richtig?

Übung 6

1. a Muchísimos gracias.
b Muchísimas gracias.

2. a Esto es más fácil de la que se cree.
b Esto es más fácil de lo que se cree.

3. a Con mucho gusto.
b Con mucho gusta.

4. a Le gusta más de cuidar a los niños.
b Le gusta más que cuidar a los niños.

5. a El reloj parece antiquísimo.
b El reloj parece antiquísima.

6. a ¿A cuánto estáran?
b ¿A cuánto estarán?

Wortschatz

a propósito	übrigens	**porcelana** *f*	Porzellan
antiguo, -a	alt	**¡qué barbaridad!**	unglaublich! (wörtl.: welche Ungeheuerlichkeit!)
barrio *m*	Stadtviertel	**¡qué mar de …!**	welche Menge …
baúl *m*	Truhe	**rastro** *m*	Flohmarkt
chiflar	reizen, anmachen (ugs.)	**recibir**	empfangen
costar (-ue-)	kosten	**regatear**	handeln
cuidar a alguien	auf jmdn. aufpassen	**reloj** *m*	Uhr
empaquetar	einpacken	**seguramente**	sicherlich
¡estupendo!	hervorragend!	**taza** *f*	Tasse
ganga *f*	Schnäppchen	**tutearse**	sich duzen
lámpara *f*	Lampe	**vender**	verkaufen
merecer (-zc-)	verdienen, wert sein	**verdadero, -a**	wirklich, wahrhaftig
pagar	bezahlen		
por lo menos	wenigstens		
por si las moscas …	für alle Fälle (wörtl.: falls vielleicht die Fliegen …)		

Der Rastro

Der Madrider ***Rastro*** ist angeblich der größte Flohmarkt der Welt. Am Sonntagvormittag wimmelt es in den Straßen südlich von San Isidro nur so von Kauflustigen. Hier wird gekauft, verkauft und gefeilscht. Kleidungsstücke, Töpfe, Pfannen, Altwaren und Antiquitäten – echte und nicht ganz echte – wechseln dabei ihren Besitzer. Untermalt wird das bunte Treiben von Schaustellern und Gauklern. Da gibt es die berühmten Hütchenspieler, die immer zu ihrem Geld kommen und, sobald die Polizei anrückt, im Handumdrehen verschwunden sind, oder auch Zigeunerfamilien, die artistische Kunststückchen zum Besten geben oder dressierte Tiere vorführen.

Hacer unos recados

Carmen: No sé dónde he puesto las llaves del coche, no las encuentro.
Karin: Están colgadas en el llavero de la cocina.
Carmen: Sí, aquí están, gracias.
Karin: Carmen, la lavadora todavía no ha sido reparada. No podemos lavar este fin de semana.
Carmen: ¿Desde cuándo está estropeada?
Karin: Desde hace cuatro días.
Carmen: Pero, ¿por qué no me lo dijiste antes?
Karin: Se lo dije a Pedro hace dos días.
Carmen: Pedro está muy ocupado, su exposición ha sido prevista para la semana que viene.
Karin: Desde el martes trato de llamar al servicio de reparaciones, ese teléfono debe estar averiado, siempre está ocupado.
Carmen: La lavadora ha sido instalada por un vecino. En la guía de teléfonos debe estar escrito su número de teléfono, se llama Víctor Sánchez.

Karin: Han llamado de la óptica. Dicen que tus gafas han sido arregladas.
Carmen: Ah, ... mis gafas. ¿Tienes tiempo para hacerme un par de recados?
Karin: Sí, hoy es viernes, esta tarde no tengo clase.
Carmen: Necesito recoger las gafas de la Optica Paredes y comprar unos sellos, luego tengo que pasar por la panadería y la carnicería. No debo olvidarme, mis zapatos negros necesitan media suela y los marrones un arreglo de tacones.
Karin: La zapatería está cerrada ahora. Allí iré más tarde.
Carmen: Quería llevar también el vestido negro a la tintorería porque lo necesito para acompañar a Pedro a la exposición. ¿Te importaría llevarlo? Debe ser lavado en seco.
Karin: Ah, que bien, de paso iré a la relojería y así mato dos pájaros de un tiro.

Ein paar Besorgungen machen

Carmen: Ich weiß nicht, wohin ich die Autoschlüssel getan habe, ich finde sie nicht.
Karin: Sie hängen am Schlüsselbrett in der Küche.
Carmen: Ja, hier sind sie, danke.
Karin: Carmen, die Waschmaschine ist noch nicht repariert worden. Wir können dieses Wochenende nicht waschen.
Carmen: Seit wann ist sie kaputt?
Karin: Seit vier Tagen.
Carmen: Aber warum hast du mir das nicht früher gesagt?
Karin: Ich habe es Pedro vor zwei Tagen gesagt.
Carmen: Pedro ist sehr beschäftigt, seine Ausstellung ist für kommende Woche vorgesehen worden.
Karin: Seit Dienstag versuche ich, den Kundendienst anzurufen, das Telefon muss gestört sein, es ist immer besetzt.

Carmen: Die Waschmaschine ist von einem Nachbarn installiert worden. Im Telefonbuch muss seine Telefonnummer stehen, er heißt Victor Sánchez.

Karin: Man hat vom Optiker angerufen. Es heißt, dass deine Brille repariert worden ist.

Carmen: Ah, meine Brille. Hast du Zeit, ein paar Erledigungen für mich zu machen?

Karin: Ja, heute ist Freitag, heute Nachmittag habe ich keinen Unterricht.

Carmen: Ich muss meine Brille beim Optiker Paredes abholen und ein paar Briefmarken kaufen, dann muss ich bei der Bäckerei und der Metzgerei vorbeigehen. Was ich nicht vergessen darf: Meine schwarzen Schuhe brauchen neue Sohlen und an den braunen müssen die Absätze gerichtet werden.

Karin: Die Schuhmacherwerkstatt ist jetzt geschlossen. Ich werde später hingehen.

Carmen: Ich wollte auch das schwarze Kleid in die Reinigung bringen, ich brauche es nämlich, um Pedro auf die Ausstellung zu begleiten. Würde es dir was ausmachen, es hinzubringen? Es muss chemisch gereinigt werden.

Karin: Wie gut, auf dem Weg werde ich beim Uhrmacher vorbeigehen und so schlage ich zwei Fliegen mit einer Klappe.

Das Passiv

ser + Partizip = Passiv

*La lavadora **ha sido reparada**.*	Die Waschmaschine ist repariert worden.
*El libro **es escrito** por él.*	Das Buch wird von ihm geschrieben.
*Las gafas van a **ser arregladas**.*	Die Brille wird repariert werden.
*El partido **fue ganado** por nuestro equipo.*	Das Spiel wurde von unserer Mannschaft gewonnen.

■ Das Partizip im Passiv ist veränderlich.

Aufgepasst

Übung 1

Wandeln Sie die folgenden Sätze ins Passiv um:

Un ladrón robó el bolso.
El bolso fue robado por un ladrón.

1. La escuela de lenguas buscó a un profesor.

   ....

2. El huracán ha destruido toda la región.

   ....

3. El Real Madrid va a ganar el partido.

   ....

4. La chica ha denunciado el robo.

   ....

Zustandspassiv

estar + **Partizip** = Zustandspassiv (Ergebnis der Handlung)

Passiv	Zustandspassiv
La lavadora ha sido arreglada.	*La lavadora está arreglada.*
Die Waschmaschine ist repariert worden.	Die Waschmaschine ist repariert.

Übung 2

Wandeln Sie die Sätze vom Passiv ins Aktiv um:

El libro fue leído por los alumnos.
Los alumnos leyeron el libro.

1. El premio fue ganado por mi hermano.

   ....

2. Las cartas han sido escritas por mi.

   ....

3. El coche fue robado por un ladrón.

....

Passivumschreibung

Das Passiv wird in der gesprochenen Sprache oft durch ***se*** + **Verb** (diese unpersönliche Man-Form kennen Sie bereits!) oder die **3. Person Plural** ersetzt.

La lavadora ***se ha reparado.***	Man hat die Waschmaschine repariert.
Han reparado *la lavadora.*	Sie haben die Waschmaschine repariert.

Setzen Sie die folgenden Sätze ins Passiv: mit *»se«* und mit der 3. Person Plural:

1. Pasado mañana (terminar) el trabajo.

....

....

2. Nunca (saber) la verdad.

....

....

3. Algún día (encontrar) el bolso.

....

....

Übung 3

Verpflichtung

deber + **Infinitiv = müssen**
Sie haben in Lektion 19 ***debe (de)*** + Infinitiv bereits als Ausdruck der Vermutung kennen gelernt.
deber **+ Infinitiv (ohne *de!*)** ist eine abgeschwächtere Bezeichnung als ***tener que*** für **müssen**
debo ir *a la droguería* – ich muss in die Drogerie gehen
no debo olvidar – ich darf nicht vergessen

Übung 4

Welche Lösung ist richtig?

1. Para ser profesor ... estudiar mucho.
a se deben **b** deben de **c** hay que

2. El teléfono ... estar averiado.
a hay que **b** debe de **c** se debe de

3. ... tener mucho ojo en una ciudad como ésta.
a Debes de **b** Hay que **c** Deben

4. ... practicar mucho el español para aprenderlo bien.
a Tienes que **b** Debes de **c** Se deben que

quería – querría

So wichtig ist die Aussprache:

Quería comprar este vestido. Ich wollte dieses Kleid kaufen.

Querría comprar este vestido. Ich möchte gern dieses Kleid kaufen.

seit

desde (seit) – **Beginn einer Zeitspanne,** die bis zur Gegenwart reicht:
Desde *el martes trato de llamar.*
Seit Dienstag versuche ich anzurufen.

desde hace (seit) – **Zeitspanne,** die bis zur **Gegenwart** reicht:
Está estropeada ***desde hace*** *tres días.*
Sie ist **seit** drei Tagen kaputt.

hace (vor) – **Zeitpunkt in der Vergangenheit:**
Se lo dije ***hace*** *dos días.*
Ich sagte es ihm **vor** zwei Tagen.

Übung 5

Hace, desde hace oder ***desde***?

1. Nos visitaron ... unos días.

2. ¿... cuánto tiempo estudias español?

3. ¿... cuándo no has salido de casa?

4. Estudio español ... un año.

5. La lavadora está estropeada ... quince días.

Übung 6

Übersetzen Sie:

Guten Morgen. Ich möchte mit Carlos sprechen. Ich wollte ihn fragen, ob er Eintrittskarten gekauft hat. Ich möchte gerne einmal ein Fußballspiel anschauen.

Wortschatz

arreglado, -a	repariert, gerichtet
arreglo *m*	Richten, Reparatur
averiado, -a	gestört, defekt
carnicería *f*	Metzgerei
colgar (-ue-)	hängen
de paso	im Vorbeigehen
desde hace	seit
desde	seit
estropeado, -a	kaputt
exposición *f*	Ausstellung
fin *m* **de semana**	Wochenende
guía *f* **de teléfonos**	Telefonbuch
importar algo a alguien	jmdm. etwas ausmachen
instalar	installieren
lavadora *f*	Waschmaschine
lavar al seco	chemisch reinigen (wörtl.: trocken reinigen)
llavero *m*	Schlüsselbrett
marrón	braun
matar dos pájaros de un tiro	zwei Fliegen mit einer Klappe schlagen (wörtl.: zwei Vögel mit einem Schuss töten)
matar	töten
media suela *f*	Laufsohle
ocupado, -a	besetzt

óptica *f*	Optikerfachgeschäft	**semana** *f* **que viene**	nächste Woche
pájaro *m*	Vogel	**servicio** *m* **de reparaciones**	Kundendienst
panadería *f*	Bäckerei	**tacón** *m*	Absatz
prever	vorsehen, vorausplanen	**tintorería** *f*	Reinigung
recados *m pl*	Besorgungen, Erledigungen	**tiro** *m*	Schuss
recoger	abholen	**tratar de (+ Inf.)**	versuchen zu
relojería *f*	Uhrenfachgeschäft	**vecino** *m*	Nachbar
reparar	reparieren	**zapatería** *f*	Schuhmacherwerkstatt
sello *m*	Briefmarke	**zapato** *m*	Schuh

El Estanco

Briefmarken werden in Spanien nicht nur auf Postämtern, sondern vor allem in den ***estancos*** verkauft. Das sind vom Staat betriebene Tabakwarenverkaufskioske, die man daran erkennt, dass die Schaufenster von den spanischen Nationalfarben (rot-gelb-rot) eingerahmt sind. Auch ist in ihnen ein kurzer freundlicher Plausch im Preis inbegriffen.

Madrid de noche

Karin: Carlos, me gustaría que salgamos juntos toda una noche en Madrid.

Carlos: ¿Quieres conocer la vida nocturna madrileña?

Karin: Sí, tú llevas más tiempo aquí, quisiera que me hagas una sugerencia.

Carlos: Bueno, yo propongo que salgamos el viernes. La famosa noche madrileña empieza el viernes por la tarde y termina el lunes.

Karin: ¿En serio? No lo creo.

Carlos: ¡Si ya te lo he dicho! Los madrileños son unos locos. Son insaciables y tienen reglas fijas para divertirse.

Karin: Quiero que me lo expliques en forma más detallada.

Carlos: Vamos a conocer una serie de locales. Me parece bien que el viernes a las 2.00 de la tarde tomemos algo en una taberna.

▶

	Pediremos que nos sirvan unas tapas y una copa de Rioja. Después quisiera que nos pasemos al café Gijón en el Paseo de Recoletos.
Karin:	Bueno, la noche es muy larga ¿no?
Carlos:	¿Quieres que saque entradas para el Teatro Monumental?
Karin:	A decir verdad, me gustaría más que veamos un buen flamenco.
Carlos:	Hay también clubs nocturnos donde bailan flamenco … En la »Casa Patas« la entrada incluye una bebida.
Karin:	De allí, ¿vamos a una discoteca?
Carlos:	Todavía no. Según las reglas no se va a la discoteca antes de las 2.00 de la madrugada.
Karin:	Toda la gente pasea por la Gran Vía a medianoche, ¿no?
Carlos:	Claro. Yo propongo que conozcas la discoteca »Oh Madrid« que está en la carretera de La Coruña. Tienen una piscina.
Karin:	Carlos, ¡quiero que pasemos allí la noche!
Carlos:	Luego vamos a la discoteca »Voltereta«, está en el sótano de un gran almacén. Abren a las 7.00 de la mañana.
Karin:	¿A las 7.00 de la mañana?
Carlos:	Si te lo he dicho: los madrileños son insaciables.

Madrid bei Nacht

Karin:	Carlos, ich möchte gerne, dass wir eine ganze Nacht lang in Madrid gemeinsam ausgehen.
Carlos:	Möchtest du das Madrider Nachtleben kennen lernen?
Karin:	Ja, du bist schon längere Zeit hier, ich möchte gern, dass du mir einen Vorschlag machst.
Carlos:	Nun, ich schlage vor, dass wir am Freitag ausgehen. Die berühmte Madrider Nacht fängt nämlich am Freitagnachmittag an und hört am Montag auf.

Karin: Im Ernst? Das glaube ich nicht.

Carlos: Ich habe es dir doch schon gesagt! Die Madrider sind ein paar Verrückte. Sie sind unersättlich und haben feste Regeln, um sich zu unterhalten.

Karin: Ich möchte, dass du mir das genauer erklärst.

Carlos: Wir werden eine Reihe Lokale kennen lernen. Ich finde es gut, wenn wir am Freitag um 2 Uhr nachmittags in einer Taverne etwas essen. Wir werden uns ein paar »tapas« und ein Glas Rotwein aus Rioja servieren lassen. Danach möchte ich gerne, dass wir uns zum Café Gijón am Paseo de Recoletos begeben.

Karin: Nun gut, die Nacht ist sehr lang, oder?

Carlos: Möchtest du, dass ich Eintrittskarten für das Teatro Monumental kaufe?

Karin: Um ehrlich zu sein, es würde mir besser gefallen, wenn wir uns einen guten Flamenco anschauen würden.

Carlos: Es gibt auch Nachtclubs, wo Flamenco getanzt wird... Im »Casa Patas« ist ein Getränk im Eintritt inbegriffen.

Karin: Gehen wir von dort in eine Diskothek?

Carlos: Noch nicht. Gemäß den Regeln geht man vor 2 Uhr morgens nicht in die Diskothek.

Karin: Die Leute flanieren alle auf der Gran Vía um Mitternacht, nicht wahr?

Carlos: Klar. Ich schlage vor, dass du die Diskothek »Oh Madrid« kennen lernst, die an der Straße nach La Coruña liegt. Dort gibt es ein Schwimmbad.

Karin: Carlos, ich möchte, dass wir die Nacht dort verbringen!

Carlos: Danach gehen wir in die Diskothek »Voltereta«, sie liegt im Untergeschoss eines großen Kaufhauses. Sie macht um 7 Uhr morgens auf.

Karin: Um 7 Uhr morgens?

Carlos: Ich habe es dir doch gesagt: Die Madrider sind unersättlich.

El subjuntivo

Der Subjuntivo dient in erster Linie zur Wiedergabe einer **persönlichen Einstellung**, er relativiert das Gesagte. In dieser Hinsicht kann er mit dem deutschen Konjunktiv verglichen werden. Seine Verwendung unterscheidet sich jedoch erheblich von der des deutschen Konjunktivs. Zudem wird er viel häufiger verwendet. Er steht vorwiegend in **Nebensätzen** und ist von übergeordneten Gliedern (Verben, Konjunktionen) abhängig.

Präsens des Subjuntivo

Die Präsens-Formen des Subjuntivo werden von der 1. Person des Indikativ Präsens abgeleitet:

*cant**ar** → cant**o** →*	*cant**e***		
	*cant**es***		
	*cant**e***		
	*cant**emos***		
	*cant**éis***		
	*cant**en***		
*pon**er** → pon**go** →*	*pon**ga***	*serv**ir** → **sirvo** →*	***sirva***
	*pon**gas***		***sirvas***
	*pon**ga***		***sirva***
	*pon**gamos***		***sirvamos***
	*pon**gáis***		***sirváis***
	*pon**gan***		***sirvan***

Die Verben auf ***-ar*** enden im Subjuntivo auf ***-e***, die Verben auf ***-er*** und ***-ir*** enden auf ***-a***. Bei manchen Verben ändert sich die Schreibweise:
*pagar – pa**gue** / sacar – sa**que***

Kleiner Trost: Die **1. und 3. Person Singular** werden **identisch** gebildet. Und die Verben auf ***-er*** und ***-ir*** haben **dieselben Endungen!**

Übung 1

Ergänzen Sie die Tabelle jeweils in der 3. Person Singular Präsens im Indikativ und im Subjuntivo:

traducir	traduce	traduzca
1. conducir		
2. tener		
3. leer		
4. escribir		
5. subir		
6. aprender		
7. venir		

Subjuntivo nach Äußerungen von Wünschen und Empfindungen

Der Subjuntivo steht **nach Verben**, die einen **Wunsch** ausdrücken.

Quisiera que *me acompañes.*
Ich möchte, dass du mich begleitest.
Deseo que *le visitemos a él.*
Ich wünsche, dass wir ihn besuchen.
Propone que *conozcas el barrio.*
Er schlägt vor, dass du das Stadtviertel kennen lernst.
Espero que *venga.* Ich hoffe, er kommt.
¿Me permites que *fume?* Erlaubst du mir zu rauchen?
Me gustaría que *tomemos algo.*
Ich möchte gerne, dass wir etwas essen.

Der Subjuntivo steht nach Verben, die **Zufriedenheit, Freude, Bedauern** usw. ausdrücken.

Me parece bien que *salgamos.*
Ich finde es gut, dass wir ausgehen.
Me alegro de que *me escribas.*
Ich freue mich, dass du mir schreibst.

Lamento que *tengan cerrado.*
Ich bedauere, dass sie geschlossen haben.

Übung 2

Sagen Sie, was Sie sich wünschen:

Quisiera que

1. (nosotros, salir) toda una noche.
2. (nosotros, visitar) . . . un bar.
3. (tú, sacar) . . . una entrada para el teatro.
4. (tú, mirar) . . . una película.

Übung 3

Welche Form ist richtig?

1. Karin desea que (salen, salgan) toda una noche.
2. Karin y Carlos (salen, salgan) toda una noche.
3. Me parece bien que nos *(visitáis, visitéis)* este fin de semana.
4. Vosotros nos (visitáis, visitéis) este fin de semana.
5. Propone que (toman, tomen) algo en una taberna.
6. (Toman, tomen) algo en una taberna.
7. Lamento que no la (ayudas, ayudes) con los ejercicios.

Übung 4

Bitten Sie um Erlaubnis:

¿Me permite que

1. (abrir) la puerta?
2. (fumar) un cigarrillo?
3. (salir) con su hija?
4. (hacer) una pregunta?
5. (visitar) a su familia?
6. (entrar) en su casa?

si

Sie haben sicherlich schon bemerkt:
si heißt meistens **wenn** oder **ob:**

Si quieres, vamos al teatro.	= Wenn du möchtest, gehen wir ins Theater.
No sé, si viene.	= Ich weiß nicht, ob er kommt.

si wird aber auch zur **Beteuerung** oder **Betonung** verwendet:

*¡**Si** te lo he dicho!*	= Ich habe es dir doch gesagt!

Wortschatz

a decir verdad	um ehrlich zu sein, ehrlich gesagt
abanico *m*	Fächer
atraer	anziehen
castañuelas *f pl*	Kastagnetten
cigarrillo *m*	Zigarette
club *m* **nocturno**	Nachtclub
contagiar	anstecken
detallado, -a	detailliert
discoteca *f*	Diskothek
electrizar	elektrisieren
¿en serio?	im Ernst?
entrada *f*	Eintrittskarte (z.B. fürs Theater)
espectáculo *m*	Vorstellung
fiebre *f*	Fieber
fijo, -a	fest
flamenco *m*	Flamenco
gran almacén *m*	Warenhaus
incluir	einschließen, beinhalten
insaciable	unersättlich
lamentar	bedauern
largo, -a	lang
local *m*	Lokal
loco *m*	Verrückter
madrugada *f*	früher Morgen, Morgengrauen
mantón *m*	Umhang
melancólico, -a	melancholisch
nórdico, -a	nordisch
orgullo *m*	Stolz
palmoteo *m*	rhythmisches Klatschen
pasarse	sich begeben
pasearse	spazieren gehen, flanieren
pasión *f*	Leidenschaft
permitir	erlauben

piscina *f*	Schwimmbad	**taconeado** *m*	Steppen
proponer	vorschlagen	**tener a disposición**	zur Verfügung haben
puro, -a	rein, pur, unverfälscht	**terminar**	aufhören
regla *f*	Regel	**toda una noche**	eine ganze Nacht lang
ritmo *m* **gitano**	Zigeunerrhythmus	**tristeza** *f*	Traurigkeit
según	gemäß	**un montón de**	eine Menge
sentimiento *m*	Gefühl	**una serie de**	eine Reihe von
sótano *m*	Untergeschoss	**vida** *f* **nocturna**	Nachtleben
sugerencia *f*	Vorschlag		
tablao *m* **de flamenco**	Flamencobühne		

El Flamenco

Los madrileños son los que menos duermen en Europa, porque tienen a disposición un montón de bares, restaurantes, clubs nocturnos, discotecas, cafés, tablaos de flamenco, etc. Los locales con un espectáculo de flamenco atraen mucho a los turistas. Esa música melancólica y ese ritmo gitano acompañado de guitarras, castañuelas, palmoteo, taconeado y movimientos refleja tristeza y pasión. La falda, el abanico y el mantón permiten expresar vida, un sentimiento fuerte, el orgullo puro. Es decir que el flamenco es como una fiebre que contagia y electriza también a la gente tranquila nórdica.

¡Feliz cumpleaños!

Carmen: ¡Muchas felicidades en tu cumpleaños, Karin!

El resto de la familia: ¡Feliz cumpleaños!

Karin: Gracias. ¡Qué bonita está la mesa!

Carmen: La hemos puesto los niños y yo. Puede ser que esté un poco festiva. Queremos que sepas que te queremos mucho.

Karin: Muchas gracias, sois tan amables todos. ¿Qué es esto?

Lucía: Son tus regalos. Este es mi regalo para tí.

Karin: ¡Qué bien envueltos están! Estoy muy curiosa.

Lucía: Quisiera que empieces con mi regalo. Ojalá no sea difícil abrirlo.

Karin: A ver, a ver qué es … ¡Una bufanda! ¡Qué bonita!

Lucía: ¿Te gusta? Es para cuando haga frío. Cuando te vayas a Alemania podrás usarla en invierno.

Karin:	Me encanta, Lucía. Muchas gracias.
David:	Este es mi regalo para tí.
Karin:	A ver, ¡oh! Un retrato. No creo que lo hayas hecho tú.
David:	Sí, para tí. Quizá no te reconozcas. Estás muy joven.
Karin:	Muchas gracias, David. No dudo que un día serás un gran pintor, como tu padre.
Pedro:	Ese es el regalo de Carmen y mío. Esperamos que te guste.
Karin:	Una blusa de seda. En rojo, mi color predilecto.
Carmen:	Sabemos que este color te va bien. Ahora nos sentamos todos a la mesa. La tarta la hemos preparado Lucía y yo. Es posible que no esté tan rica como se ve.
Pedro:	Vamos a probarla. No creo que esté mal.
Karin:	¡Qué rica está! Dejamos también un trozo para mi madre.
Pedro:	¿Viene tu madre?
Karin:	Sí, ¿no os lo he dicho? Llega el lunes en avión.
Pedro:	Entonces, iremos por ella al aeropuerto.
Carmen:	Y si quieres, puedes invitar a Carlos y a otros amigos a festejar esta noche en casa.
Karin:	Con mucho gusto. Hoy estoy realmente feliz. Gracias.

Alles Gute zum Geburtstag

Carmen:	Herzlichen Glückwunsch zu deinem Geburtstag, Karin!
Der Rest der Familie:	Alles Gute zum Geburtstag!
Karin:	Danke. Wie schön der Tisch gedeckt ist!
Carmen:	Die Kinder und ich haben ihn gedeckt. Kann sein, dass er ein bisschen festlich aussieht. Wir möchten, dass du weißt, dass wir dich sehr gern haben.

Karin:	Vielen Dank. Ihr seid alle so nett. Was ist denn das?
Lucía:	Das sind deine Geschenke. Dies ist mein Geschenk für dich.
Karin:	Wie schön verpackt sie sind! Ich bin sehr neugierig.
Lucía:	Ich möchte gern, dass du mit meinem Geschenk anfängst. Hoffentlich ist es nicht schwer auszupacken.
Karin:	Mal sehn, mal sehn, was es ist ... ein Schal! Wie schön!
Lucía:	Gefällt er dir? Der ist für die kalte Jahreszeit. Wenn du nach Deutschland fährst, kannst du ihn im Winter benutzen.
Karin:	Er gefällt mir sehr gut, Lucia. Vielen Dank.
David:	Dies ist mein Geschenk für dich.
Karin:	Mal sehn. Oh! Ein Porträt. Ich glaube nicht, dass du es gemacht hast.
David:	Doch, für dich. Vielleicht erkennst du dich nicht. Du siehst sehr jung aus.
Karin:	Vielen Dank, David. Ich zweifle nicht daran, dass du einmal ein großer Maler sein wirst wie dein Vater.
Pedro:	Dies ist das Geschenk von Carmen und mir für dich. Wir hoffen, es gefällt dir.
Karin:	Eine Seidenbluse. In Rot, meiner Lieblingsfarbe.
Carmen:	Wir wissen, dass diese Farbe dir gut steht. Jetzt setzen wir uns alle an den Tisch. Die Torte haben Lucía und ich vorbereitet, vielleicht schmeckt sie nicht so gut, wie sie aussieht.
Pedro:	Wir werden sie probieren. Ich glaube nicht, dass sie schlecht schmeckt.
Karin:	Wie gut sie schmeckt! Wir lassen auch ein Stück für meine Mutter übrig.
Pedro:	Kommt deine Mutter?
Karin:	Ja, habe ich es euch nicht gesagt? Sie kommt am Montag mit dem Flugzeug.
Pedro:	Dann werden wir sie am Flughafen abholen.
Carmen:	Und wenn du möchtest, kannst du Carlos und andere Freunde zum Feiern heute Abend nach Hause einladen.
Karin:	Sehr gerne. Heute fühle ich mich wirklich glücklich. Danke.

Unregelmäßige Subjuntivo-Formen

ser	estar	saber	ir	haber
sea	esté	sepa	vaya	haya
seas	estés	sepas	vayas	hayas
sea	esté	sepa	vaya	haya
seamos	estemos	sepamos	vayamos	hayamos
seáis	estéis	sepáis	vayáis	hayáis
sean	estén	sepan	vayan	hayan

Verben mit Diphthongveränderung im Subjuntivo

empezar	**querer**	**poder**	**dormir**
emp**ie**ce	qu**ie**ra	p**ue**da	d**ue**rma
emp**ie**ces	qu**ie**ras	p**ue**das	d**ue**rmas
emp**ie**ce	qu**ie**ra	p**ue**da	d**ue**rma
empecemos	queramos	podamos	durmamos
empecéis	queráis	podáis	durmáis
emp**ie**cen	qu**ie**ran	p**ue**dan	d**ue**rman

Verben, bei denen sich im Indikativ das stammbetonte ***-e-*** in ***-ie-*** bzw. das stammbetonte ***-o-*** in ***-ue-*** ändert, behalten diese Unregelmäßigkeit auch im Subjuntivo bei.

Subjuntivo nach Ausdrücken des ***Zweifelns*** und der ***Hoffnung***

Nach

esperar que	hoffen, dass
no creer que	nicht glauben, dass
dudar que	bezweifeln, dass

steht das Verb im Subjuntivo.
Der Subjuntivo drückt dabei **Unsicherheit** aus.

Espero que no sea difícil.	Ich hoffe, es ist nicht schwierig.
No creo que te guste.	Ich glaube nicht, dass es dir gefällt.
Dudo que te quede bien.	Ich bezweifle, dass es dir gut steht.

Nach ***ojalá*** und ***quizá/quizás*** steht der Subjuntivo auch im Hauptsatz:

Ojalá te guste.	Hoffentlich gefällt es dir.
Quizá no te reconozcas.	Vielleicht erkennst du dich nicht.

Nach ***quizás*** kann – je nach dem Grad der Wahrscheinlichkeit – **auch der Indikativ** stehen.

Übung 1

Wandeln Sie die Sätze um:

Creo que vienen. No creo que vengan.

1. No hay duda que estáis contentos.

Dudo que..................

2. Javier cree que tendrá suerte.

Javier no cree que..................

3. Creo que sabes cantar.

No creo que..................

4. Creo que van a Granada este año.

No creo que..................

Übung 2

Wandeln Sie die Sätze um:

¿Es interesante? ¡Ojalá sea interesante!

1. ¿Tenéis tiempo?................

2. ¿Llevan abrigos?................

3. ¿Hace sol?................

4. ¿Hablas español?................

Subjuntivo nach unpersönlichen Ausdrücken

Nach

es probable que	es ist wahrscheinlich, dass
puede ser que	es kann sein, dass
es posible que	es ist möglich, dass
es mejor que	es ist besser, wenn
es preciso que	es ist nötig, dass

steht das Verb im Subjuntivo.

Es probable que venga.	Es ist möglich, dass er kommt.
Puede ser que haya llegado.	Es kann sein, dass er angekommen ist.
Es posible que esté aquí.	Es ist möglich, dass er hier ist.
Es mejor que se quede en casa.	Es ist besser, wenn er zu Hause bleibt.

Übung 3

Wandeln Sie die Sätze um:

1. Nos es imposible acompañaros.

Es imposible que ....

2. Sería mejor para él quedarse en la cama.

Es mejor que.....................

3. Necesitamos salir.

Es preciso que.....................

4. Probablemente llega hoy.

Es probable que.....................

cuando + Subjuntivo

cuando + Subjuntivo drückt eine Handlung oder einen Vorgang in der **Zukunft** aus.

Cuando haga frío, te pones el abrigo.
Wenn/sobald es kalt wird, ziehst du den Mantel an.
Cuando te vayas a Alemania, será invierno.
Wenn du nach Deutschland fährst, wird Winter sein.

cuando + **Indikativ** drückt eine **Gewohnheit** aus.

Cuando hace frío te pones el abrigo.
Immer wenn es kalt ist, ziehst du den Mantel an.

Übung 4

Ergänzen Sie die Verbform in den folgenden Sätzen:

¿Cuándo vas a pagar tus deudas?
Cuando tenga dinero.

1. ¿Cuándo (tu, venir) a visitarnos?

Cuando (yo, tener tiempo).

2. ¿Cuándo (Karin, invitar) a sus amigos?

Cuando (ella, tener) cumpleaños.

3. ¿Cuándo (ir) tus padres de vacaciones?

Cuando (querer).

4. ¿Cuándo (terminar) Pedro el cuadro?

Cuando lo (necesitar).

Aufgepasst

Achten Sie auf den Bedeutungsunterschied!

ser *joven*	***estar*** *joven*	***ser*** *bonito*	***estar*** *bonito*
jung sein	jung aussehen	hübsch sein	hübsch aussehen
ser rico	***estar rico***	***ser listo***	***estar listo***
reich sein	gut schmecken	gescheit sein	bereit sein

Übung 5

Ser **oder** ***estar*****?**

1. Juan . . . un chico muy listo, pero . . . muy cansado hoy.
2. Mi abuela tiene ya 73 años, pero . . . muy joven.
3. ¿Te gusta el pastel? Sí, . . . muy rico.
4. Esa falda . . . de algodón y te . . . mejor.
5. . . . un día bonito hoy.
6. ¡Qué bonita . . . esta niña!

Übung 6

Indikativ oder Subjuntivo?

1. Me alegro tanto de que mi madre (haber) . . . venido.
2. ¿Sabes cuándo (él, volver) . . .?
3. Sé que (tú, tener) . . . razón.
4. ¿Es verdad que (ellos, hablar) . . . muy bien el español?
5. Ojalá (vosotros, descansar) . . . esta noche.
6. Espero que no (tú, enfadarse) . . . conmigo.

Wortschatz

bufanda *f*	Schal
cumpleaños *m*	Geburtstag
curioso, -a	neugierig
dejar	übrig lassen
deuda *f*	(Geld)Schuld
dinero *m*	Geld
dudar	zweifeln
enfadarse	sich ärgern
envuelto, -a	eingewickelt, verpackt
¡Feliz cumpleaños!	Alles Gute zum Geburtstag!
festejar	ein Fest feiern
festivo, -a	festlich
¡Muchas felicidades!	Herzliche Glückwünsche!
ojalá	hoffentlich
pastel *m*	Kuchen
predilecto	Lieblings-

quizá(s)	vielleicht	**ser probable**	wahrscheinlich sein
regalo *m*	Geschenk	**tarta** *f*	Torte
resto *m*	Rest	**tener razón**	Recht haben
retrato *m*	Porträt	**trozo** *m*	Stück
rico, -a	hier: wohlschmeckend	**un día**	eines Tages, einmal
sentarse (-ie-)	sich setzen	**usar**	benutzen
ser preciso	nötig sein		

Zusatzwortschatz

¡Mucha suerte! Viel Glück!

Was sagen Sie wann?

cumpleaños	***Geburtstag***	***Año Nuevo***	***Neujahr***
¡Feliz cumpleaños!	Alles Gute zum Geburtstag!	**¡Feliz Año Nuevo!**	Ein glückliches neues Jahr!
¡Muchas felicidades!	Herzlichen Glückwunsch!	***examen etc.***	***Prüfung o.ä.***
		¡Mucha suerte!	Viel Glück!
		¡Mucho éxito!	Viel Erfolg!
Pascuas/ Navidades	***Kirchliche Feiertage/ Weihnachten***	***fin de semana***	***Wochenende***
		¡Buen fin de semana!	Schönes Wochenende!
¡Feliz Navidad!	Frohe Weihnachten!	***vacaciones***	***Urlaub***
¡Felices Pascuas!	Frohe (Weihnachts-/ Oster-/ Pfingst-) Feiertage!	**¡Felices vacaciones!**	Schöne Ferien!
		¡Buen viaje!	Gute Reise!
		felicitar	***gratulieren***
		¡Enhorabuena!	Ich gratuliere! Glückwunsch!

Festlichkeiten

La Pascua bezeichnet im Allgemeinen die großen christlichen Feste: ***La Pascua de Navidad*** ist Weihnachten, ***La Pascua Florida*** oder ***de Resurrección*** Ostern und ***La Pascua de Pentecostés*** Pfingsten. ***Las Pascuas*** hingegen bedeutet die festliche Zeit, d.h. an Weihnachten die Zeit von Weihnachten bis Heilige Drei Könige, an Ostern die Karwoche und die Osterfeiertage. Die Spanier feiern viel und gerne. Einige weitere wichtige Feiertage sind: ***Año Nuevo*** (Neujahr), ***Los Reyes Magos*** (Heilige Drei Könige), ***Las Fallas*** (ein in Valencia begangenes Fest heidnischen Ursprungs, bei dem Pappmascheefiguren abgebrannt werden, um den Winter zu vertreiben), ***La Feria de Sevilla*** (ein berühmtes Frühlingsfest in Sevilla), ***La Ascensión*** (Christi Himmelfahrt), ***La Asunción*** (Mariä Himmelfahrt), ***El Día de la Hispanidad*** (Tag der Hispanität, der alljährlich am 12. Oktober begangen wird, dem Tag der Entdeckung Amerikas), ***El Día de la Constitución*** (Tag der Verfassung am 6. Dezember), ***La Inmaculada*** (Mariä Empfängnis), ***Nochebuena*** (Heiligabend, 24. Dezember), ***Añoviejo*** (Silvester) und ***Nochevieja*** (Silvesterabend), ***Año Nuevo*** (Neujahr).

Visita de Alemania

Recepcionista: Hotel Europa, buenas noches.
Karin: Buenas noches, ¿tienen Vds. habitaciones libres?
Recepcionista: Sí, ¿desea una doble o una individual?
Karin: Una individual con baño que sea tranquila y que dé al patio.
Recepcionista: ¿Para cuándo la necesita?
Karin: A partir del lunes.
Recepcionista: ¿Para cuántas noches la desea?
Karin: Para tres noches. ¿Cuánto cuesta la habitación?
Recepcionista: 10.000 pesetas por noche. El desayuno está incluido en el precio. ¿A nombre de quién?
Karin: De Helga Müller.
Recepcionista: Ya he tomado nota, gracias.

Karin habla con Carmen:

Karin: Acabo de reservar una habitación para que se aloje mi madre. ¡Ojalá le guste!
Carmen: ¿En qué hotel?

Karin:	En el Hotel Europa. Es un hotel como para ella, es confortable y realmente barato.
Carmen:	¿Tu madre viene sólo para visitarte?
Karin:	No, no sólo para eso. Ahora tiene la oportunidad de conocer este país y después pasará unos días de vacaciones viajando por España. Bueno, a no ser que Madrid le guste más. Pero no creo que se quede mucho tiempo. A ella no le gustan las ciudades grandes.
Carmen:	¿Qué le gustaría ver a ella?
Karin:	Le gustaría visitar un par de provincias, luego irse a una isla para bañarse y disfrutar del sol, del agua ... Quizá regrese luego a Madrid. No es mala idea ¿no?
Carmen:	En caso que ella necesite algunas direcciones, tenemos amigos por todas partes. Por mucho que ella viaje o lea no llegará a conocer España tan bien como con españoles. ¡Eso ya lo sabes tú!
Karin:	Sí, es verdad. Hasta que ella llegue podré conseguir más informaciones sobre España para que ella pueda planear: un guía, un mapa, un plano de la ciudad. ¡Estoy tan contenta de que ella venga!

Besuch aus Deutschland

Rezeption:	Hotel Europa, guten Abend.
Karin:	Guten Abend, haben Sie freie Zimmer?
Rezeption:	Ja, möchten Sie ein Doppel- oder ein Einzelzimmer?
Karin:	Ein Einzelzimmer mit Bad, das ruhig ist und zum Innenhof geht.
Rezeption:	Für wann brauchen Sie es?
Karin:	Ab Montag.
Rezeption:	Für wie viele Nächte brauchen Sie es?
Karin:	Für drei Nächte. Wie viel kostet das Zimmer?

Rezeption:	10.000 Pesetas pro Nacht. Das Frühstück ist im Preis inbegriffen. Auf wessen Namen?
Karin:	Helga Müller.
Rezeption:	Ich habe es notiert, danke.

Karin spricht mit Carmen:

Karin:	Ich habe gerade ein Zimmer reserviert, damit meine Mutter übernachten kann. Hoffentlich gefällt es ihr.
Carmen:	In welchem Hotel?
Karin:	Im Hotel Europa, das ist genau das Richtige für sie. Es ist komfortabel und wirklich preiswert.
Carmen:	Kommt deine Mutter nur, um dich zu besuchen?
Karin:	Nein, nicht nur deswegen. Sie hat jetzt die Gelegenheit, das Land kennen zu lernen, und wird nachher ein paar Tage Urlaub machen und durch Spanien reisen. Nun gut, es sei denn, Madrid gefällt ihr besser. Aber ich glaube nicht, dass sie bleibt. Ihr gefallen die großen Städte nicht.
Carmen:	Was würde sie sich denn gerne ansehen?
Karin:	Sie würde gern ein paar Provinzen besuchen, danach auf eine Insel fahren zum Baden, die Sonne und das Wasser genießen ... Vielleicht kommt sie nachher nach Madrid zurück. Keine schlechte Idee, oder?
Carmen:	Für den Fall, dass sie einige Adressen braucht, wir haben überall Freunde. Auch wenn sie noch so viel herumreist oder liest, sie wird Spanien nicht so gut kennen lernen wie mit Spaniern. Das weißt du schon!
Karin:	Ja, das ist wahr. Bis sie kommt, werde ich noch mehr Informationen über Spanien besorgen können, damit sie planen kann: einen Reiseführer, eine Karte, einen Stadtplan. Ich freue mich so sehr, dass sie kommt!

Noch eine unregelmäßige Subjuntivo-Form

dar geben

dé	***demos***
des	***deis***
dé	***den***

Übung 1

Setzen Sie die folgenden Verben in die 3. Person Singular des Präsens Subjuntivo:

tener – tenga

oír.......	ir.......	haber.......
venir.......	estar.......	empezar.......
decir.......	sentir.......	ser.......
dar.......	dormir.......	bailar.......
querer.......	salir.......	vivir.......

Subjuntivo nach bestimmten Konjunktionen

Nach **Konjunktionen**, die eine **Absicht, Zweifel, Wahrscheinlichkeit** oder **Nichtwirklichkeit** ausdrücken oder auf eine **zukünftige Handlung** hinweisen, steht der **Subjuntivo.**

Para que *pueda viajar.*
Damit sie reisen kann.
A no ser que *Madrid le guste más.*
Es sei denn, dass Madrid ihr besser gefällt.
En caso (de) que *ella necesite algunas direcciones.*
Falls sie ein paar Adressen braucht.
El perro no ladra ***sin que*** *se lo permita.*
Der Hund bellt nicht, **ohne dass** ich es ihm erlaube.
Tengo que estar en casa ***antes que*** *venga mi madre.*
Ich muss zu Hause sein, **bevor** meine Mutter kommt.
Por mucho que *ella viaje y lea ...*
Soviel sie auch reist und liest ...
Hasta que *ella llegue, podré conseguir más informaciones.*
Bis sie kommt, werde ich mehr Informationen sammeln können.

Ergänzen Sie die Verbform:

1. En caso que (tú, querer) salir por las noches tienes que comportarte bien.
2. Por mucho que (ir) al estadio no aprenderemos nunca a jugar al fútbol.
3. Cuando (llegar) tu abuelo me avisas.
4. Transcurre el año sin que (nosotros, ir) a España.
5. Cuando (yo estar) en Madrid, iba todos los días al Retiro.
6. Hasta que tú no me (decir) la verdad, no te miraré.
7. Le llamo antes de que me (ver).

Subjuntivo im Relativsatz

Im Relativsatz werden mit dem **Subjuntivo Wünsche** oder **Bedingungen** geäußert:
Una habitación individual con baño ***que sea*** *tranquila y* ***que dé*** *al patio.*
Ein Einzelzimmer mit Bad, das ruhig ist und zum Innenhof geht.

Unmittelbare Vergangenheit

acabar + ***de*** + Infintiv = gerade etwas getan haben
Acabo de llamar *a mi madre.*
Ich habe gerade meine Mutter angerufen.
Acaban de llegar *a casa.*
Sie sind gerade daheim angekommen.

Übung 3

Sie haben gerade gemacht, wonach Sie gefragt werden:

¿Has preparado la comida?
Acabo de prepararla.

1. ¿Has puesto la mesa?
2. ¿Has encontrado a Adela?
3. ¿Has comprado pan para mañana?
4. ¿Has visto esta película?
5. ¿Has solicitado un pasaporte nuevo?
6. ¿Has reservado una habitación para tu amiga?

¿Cuánto?

*¿**Cuánto** cuesta la habitación?*
Wie viel kostet das Zimmer?
*¿Para **cuántas** noches la necesita?*
Für wie viele Nächte brauchen Sie es?

Mit ***¿cuánto?*** wird nach der Menge gefragt.
Es wird wie ein Adjektiv angepasst.

Übung 4

Wählen Sie die richtige Verbform:

1. Tenemos una secretaria que ... perfectamente inglés.
a habla
b hable

2. Buscamos a un profesor que ... tocar la guitarra.
a sabe
b sepa

3. ¿Cuándo me ... el dinero?
a prestas
b prestes

4. Espero que os ... el pastel que he hecho.
a gusta
b guste

5. Creo que ... aún de viaje.
a estén
b están

6. Es posible que no nos ...
a visitan
b visiten

Übung 5

Ersetzen Sie das kursive Wort durch das Gegenteil:

1. La habitación es muy *barata*/.....
2. Hoy es el *último*/..... día de trabajo.
3. La panadería está *abierta*/.....
4. En la calle hay *poca*/..... gente.
5. Este libro es muy *interesante*/.....
6. Nos levantamos siempre *tarde*/.....
7. Esta ciudad es *antigua*/.....
8. El jardín de mis amigos es *grande*/.....

Übung 6

Nur eine Form ist richtig:

1. ¿*Cuánto/cuántos* cuestan los tomates?
2. ¿Para *cuántos/cuántas* días las necesita?
3. ¿*Cuánta/cuántas* gente viene a tu fiesta?
4. ¿Para *cuántos/cuántas* tenemos que cocinar?
5. ¿*Cuántas/cuántos* canciones sabes tocar con la guitarra?
6. ¿*Cuánto/cuántos* tiempo llevas en Madrid?

Wortschatz

a no ser que	es sei denn
a partir de	ab
acabar	beenden, fertig sein
alojarse	sich einquartieren
avisar a alg.	jmdn. benachrichtigen
bañarse	baden
como para	wie für
comportarse	sich benehmen
confortable	bequem, komfortabel
conseguir (-i-)	besorgen
contento, -a	zufrieden
en casa de	(zu Hause) bei

en caso que	falls	**planear**	planen
habitación *f* **doble**	Doppelzimmer	**por mucho que**	auch wenn
habitación *f* **individual**	Einzelzimmer	**provincia** *f*	Provinz
hotel *m*	Hotel	**recepcionista** *m/f*	Empfangsdame/-herr an der Rezeption
isla *f*	Insel	**tomar nota**	notieren
jardín *m*	Garten	**un par de**	ein paar
oportunidad *f*	Gelegenheit		

Übernachten

Dem Spanienreisenden steht von Jugendherbergen ***(albergue juvenil)*** bis zu Fünfsterne-Luxushotels eine ganze Palette an Unterkunftsmöglichkeiten zur Verfügung. Ein Erlebnis besonderer Art ist das Übernachten in den ***Paradores Nacionales***. Das sind alte Burgen, Klöster oder Schlösser, die zu Nobelhotels umfunktioniert worden sind. Man kann zum Beispiel eine Spanienrundfahrt machen und dabei von Parador zu Parador ziehen. Die ***»Guía de hoteles y pensiones«*** des spanischen Fremdenverkehrsamtes hilft beim Planen der Route und der Reservierung der Paradores. Eine Übernachtung kostet jedoch pro Doppelzimmer um die 250 DM, d.h. 125 DM pro Person.

Una noche con los amigos

Carlos: Karin, acaba de llamar un amigo mío. Nos ha invitado a cenar esta noche en su casa.

Karin: ¿Un amigo tuyo?

Carlos: Sí, Mario Ibáñez, es madrileño de pura cepa. Lleva casi un año trabajando en Barcelona. Su madre desea celebrar su visita.

En casa de los Ibáñez.

Mario: Carlos, ¡cuánto tiempo sin verte, hombre! Entrad.

Carlos: ¡Caramba, Mario! ¡Qué sorpresa! Mira, te presento a Karin.

Mario: Encantado. Sentaos, ahí viene mi madre.

Carlos: Doña Eva, ¿cómo está? ... Los años no han pasado para Vd.

Eva: Gracias. Carlos, tú no has cambiado nada, como siempre tan galante. Karin, bienvenida a casa.

Karin: Muchas gracias, Sra. Ibáñez.

▶

Eva:	Hace tanto calor aquí por el horno. Mario, abre la ventana, por favor.
Mario:	Mi madre ha preparado las famosas empanadas para que las pruebe Karin.
Eva:	Sírvase, Karin. Las tiene que probar calientes. Mario, Carlos, servíos.
Karin:	¿Son todas iguales?
Eva:	No. Estas son de pollo, éstas de carne picada y ésas de verdura.
Karin:	¡Qué sabrosas! ... Carlos, pruébalas. Están buenísimas.
Mario:	Carlos, tomemos primero un vino tinto.
Eva:	Mario, he olvidado la botella en la cocina. Llévate estos vasos porque no los vamos a necesitar si bebemos vino, por favor.
Mario:	¿Y dónde está el vino?
Eva:	Abre el armario de la izquierda, allí están las botellas. Karin, la casa suya está cerca, así que visíteme. Generalmente estoy en casa. Pero llámeme por teléfono para mayor seguridad.
Karin:	Sí, lo haré con gusto.
Eva:	Mario, quedan algunas empanadas en el horno. Apágalo, por favor.

Ein Abend bei Freunden

Carlos:	Karin, gerade hat ein Freund von mir angerufen. Er hat uns heute Abend zu sich zum Essen eingeladen.
Karin:	Ein Freund von dir?
Carlos:	Ja, Mario Ibáñez, er ist ein reinrassiger Madrider. Er arbeitet seit fast einem Jahr in Barcelona. Seine Mutter möchte seinen Besuch feiern.

Zu Hause bei Familie Ibáñez.

Mario:	Carlos, lange nicht gesehen, Mann! Kommt herein.
Carlos:	Donnerwetter, Mario! So eine Überraschung! Sieh mal, das ist Karin.

Mario:	Freut mich. Nehmt Platz, da kommt meine Mutter.
Carlos:	Doña Eva, wie geht es Ihnen? ... Die Jahre sind an Ihnen spurlos vorübergegangen.
Eva:	Danke. Carlos, du hast dich überhaupt nicht verändert, wie immer so galant. Karin, seien Sie willkommen.
Karin:	Vielen Dank, Frau Ibáñez.
Eva:	Es ist wegen des Backofens so warm hier. Mario, öffne bitte das Fenster.
Mario:	Meine Mutter hat die berühmten Empanadas gemacht, damit Karin sie probiert.
Eva:	Bedienen Sie sich, Karin. Sie müssen sie warm probieren. Mario, Carlos, greift zu.
Karin:	Sind sie alle gleich?
Eva:	Nein, diese sind mit Hähnchen, diese mit Hackfleisch und die mit Gemüse.
Karin:	Wie schmackhaft! ... Carlos, probier sie mal. Sie sind hervorragend.
Mario:	Carlos, lass uns zuerst ein Gläschen Rotwein trinken.
Eva:	Mario, ich habe die Flasche in der Küche vergessen. Nimm bitte diese Gläser mit, weil wir sie nicht brauchen, wenn wir Wein trinken.
Mario:	Und wo ist der Wein?
Eva:	Mach den linken Schrank auf, dort stehen die Flaschen. Karin, Ihr Haus ist in der Nähe, besuchen Sie mich doch mal. Normalerweise bin ich zu Hause. Aber rufen Sie mich sicherheitshalber an.
Karin:	Ja, das werde ich gerne tun.
Eva:	Im Ofen sind noch ein paar Empanadas übrig, Mario. Schalte ihn bitte ab.

Bejahter Imperativ

	tú	*Vd.*	*vosotros*	*Vds.*
comprar	*compr**a***	*compr**e***	*compr**ad***	*compr**en***
beber	*beb**e***	*beb**a***	*beb**ed***	*beb**an***
escribir	*escrib**e***	*escrib**a***	*escrib**id***	*escrib**an***

Mit dem **Imperativ** (Befehlsform) wird eine **Bitte** oder **Aufforderung** ausgedrückt.

Die 2. Person Singular *(tú)* entspricht der Verbform der 3. Person Singular Indikativ Präsens:

*¡**Pasa** por mi casa!* Komm bei mir vorbei!
*¡**Lee** el libro!* Lies das Buch!
*¡**Recibe** a mis amigos!* Empfange meine Freunde!

Die **Höflichkeitsformen** *(Vd., Vds.)* werden mit den Endungen des **Subjuntivo Präsens** gebildet.

*¡Pas**en** Vds. por mi casa!* Kommen Sie bei mir vorbei!
*¡Le**a** el libro!* Lesen Sie das Buch!
*¡Recib**an** a mis amigos!* Empfangen Sie meine Freunde!

In der **zweiten Person Plural** *(vosotros)* werden die Endungen ***-ad*** (für Verben auf ***-ar***) bzw. ***-ed*** und ***-id*** (für Verben auf ***-er*** und ***-ir***) an den **Wortstamm** angehängt.

*¡Pas**ad** por mi casa!* Kommt bei mir vorbei!
*¡Le**ed** el libro!* Lest das Buch!
*¡Recib**id** a mis amigos!* Empfangt meine Freunde!

Aufgepasst

Bei **reflexiven Verben entfällt** das ***-d-***:
sentados ➔ *sent**aos***

Übung 1

Ergänzen Sie die Verbformen im bejahten Imperativ

	tú	vosotros		tú	vosotros
1. conducir			**4.** jugar		
2. recibir			**5.** vender		
3. volver					

Übung 2

Antworten Sie im Imperativ:

¿Puedo ir a casa? Sí, vaya a casa (usted).

1. ¿Puedo fumar? .... (tú)

2. ¿Puedo abrir la ventana? .... (Vd.)

3. ¿Podemos cantar y bailar? .... (vosotros)

4. ¿Cierro la puerta? .... (tú)

5. ¿Hablamos español? .... (Vds.)

6. ¿Compro pan? .... (tú)

7. ¿Puedo conducir yo? .... (Vd.)

8. ¿Podemos acompañar a Pilar? .... (vosotros)

Pronomen beim bejahten Imperativ

Das Personalpronomen wird an den bejahten Imperativ angehängt. Dativ steht vor Akkusativ:
*¡Pruébe**selas**!* Probieren Sie sie an!
*¡Sírv**ete**!* Bedien dich!

Übung 3

Wandeln Sie die Verben in den Imperativ um und ergänzen Sie die Pronomen:

Comprar el vestido. (tú) Cómpralo.

1. Mirar la televisión. (Vd.)

2. Preparar la comida. (vosotras)

3. Escribir la carta. (tú)

4. Arreglar la cama. (tú)

5. Comprar el periódico. (Vd.)

6. Sacar entradas. (Vds.)

Betontes Possessivpronomen

Singular mask./fem.	Plural mask./fem.	
mío/mía	***míos/mías***	mein/meine
tuyo/tuya	***tuyos/tuyas***	dein/deine
suyo/suya	***suyos/suyas***	sein/seine/ ihr/ihre/Ihre
nuestro/nuestra	***nuestros/nuestras***	unser/unsere
vuestro/vuestra	***vuestros/vuestras***	euer/euere
suyo/suya	***suyos/suyas***	sein/seine/ ihr/ihre/Ihre

Während die unbetonten *mi, tu, su* usw. immer vor dem Substantiv stehen, werden die betonten Possessivpronomen in folgenden Konstruktionen verwendet:
un + Subst. + ***mío: un amigo mío*** (ein Freund **von mir**)
ser + mío: *la blusa* ***es mía*** (diese Bluse **gehört mir**)
el + mío: *éste abrigo* ***es el mío*** (dieser Mantel ist **der meine**)
¡Subst. + ***mío***!: ¡*Dios mío!* (Mein Gott!)

Das betonte **Possessivpronomen** verhält sich wie das Adjektiv, d.h. es richtet sich in **Geschlecht** und **Zahl** nach dem **Substantiv**.

Übung 4

Ergänzen Sie das Possessivpronomen:

1. Estas gafas son . . . (yo)

2. El libro es . . . (usted)

3. El coche es . . . (vosotros)

4. ¿Es . . . (nosotros) esta maleta?

5. Los zapatos marrones son . . . (tú).

6. Una hermana . . . (él) me va a visitar esta tarde.

7. ¡Hija . . .! ¿Qué has hecho?

tan und tanto

tanto, -a, -os, -as **(so viel, so viele)** steht vor dem Substantiv und richtet sich in Geschlecht und Zahl nach diesem:

tanto *calor*	***tantos*** *hombres*
tanta *gente*	***tantas*** *amigas*

tanto wird – wie *mucho* – auch als Adverb gebraucht und ist dann **unveränderlich**:

bebe ***tanto***	er trinkt so viel
lamenta ***tanto***	er klagt so sehr

tan **(so, so sehr)** steht – wie *muy* – vor Adjektiven oder Adverbien:

sois ***tan amables***	ihr seid so nett
toca ***tan bien*** *la guitarra*	er spielt so gut Gitarre

Übung 5

Tan, tanto **oder *tanta*?**

1. Estoy cansada de ... trabajo.

2. Gracias, sois ... amables.

3. Hay ... gente en la calle que no se puede caminar.

4. Tiene ... dinero que no sabe como gastarlo.

5. Ha llovido ... poco este año como nunca.

Übung 6

Welche Antwort passt?

1. ¿Dónde trabaja?
a En una oficina.
b Soy médico.

2. ¡Visítame! Podemos salir juntas.
a Sí, me gusta muchísimo.
b Gracias, con gusto.

3. ¡Qué joven estás!
a Sí.
b Gracias.

4. Mira, aquí te presento a mi marido.
a Encantado.
b ¿En qué trabaja?

Wortschatz

apagar a.c.	etw. abschalten	**igual**	gleichartig
armario *m*	Schrank	**izquierda** *f*	Linke, links
cambiar	ändern	**lamentar**	klagen
carne *f* **picada**	Hackfleisch	**mío**	mein
celebrar	feiern	**para mayor seguridad**	sicherheitshalber
como siempre	wie immer	**recibir**	empfangen
de pura cepa	reinrassig	**sabroso, -a**	schmackhaft
empanadas *f pl*	Teigtaschen mit verschiedenen Füllungen	**seguridad** *f*	Sicherheit
galante	galant	**sentarse** (-ie-)	sich setzen
horno *m*	Backofen	**servirse** (-i-)	sich bedienen
		suyo, -a	Ihr
		tuyo, -a	dein, von dir
		visita *f*	Besuch

Im Umgang mit Freunden

Die Spanier nehmen es mit der Zeit nicht so genau. Das gilt für Verabredungen ebenso wie für Einladungen. Man kommt nicht ganz pünktlich, d.h. meist etwas zu spät. Wenn man mit Spaniern ein Gläschen trinken geht, ist es üblich, dass einer die Kosten übernimmt. Normalerweise kommt dabei jeder mal an die Reihe, allerdings in der Regel nur die Männer. Geht man mit mehreren Leuten zum Essen aus, wird bei der Bezahlung zusammengelegt, d.h. für jeden Tisch gibt es nur eine Rechnung, jeder legt seinen Anteil auf den Tisch. Es gilt als kleinlich, wenn jeder seine Bestellung separat bezahlt oder herumfeilscht, weil er meint, zu viel oder zu wenig bezahlt zu haben. Übrigens: ***Salud*** heißt nicht nur »Gesundheit«, sondern auch »Prost«! Allerdings ist es in Spanien nicht üblich, wie bei uns, mit dem Trinken zu warten, bis alle etwas haben und angestoßen wurde. Normalerweise trinkt jeder, sobald er sein Getränk vor sich stehen hat. Und um sich einen guten Appetit zu wünschen, sagt man ***¡Qué aproveche!*** oder ***¡Buen provecho!***.

En la consulta

Karin hace una cita por teléfono. Su amiga Paula trabaja en la consulta del Dr. Jiménez.

Karin: ¿Paula? Soy Karin.
Paula: Hola, bonita. Dime.
Karin: No me siento bien. Desearía pedir hora con el Dr. Jiménez. ¿A qué hora tiene consulta?
Paula: Los jueves todo el día, los viernes sólo por la mañana.
Karin: ¿Podría ir hoy?
Paula: Oye, ven ahora mismo.
Karin: Gracias, hasta pronto.

Karin en la consulta del médico.

Paula: Hola, tienes mala cara. Es la primera vez que vienes, ¿verdad?
Karin: Así es. Ten mi volante del seguro.
Paula: Ponlo allí. Espero que ya estés bien para tu despedida. Rellena esta ficha y vete a la sala de espera.
Doctor: Buenos días, ... entre, por favor. Dígame, ¿qué le pasa?

Karin:	No me siento bien. Tengo tos y un poco de fiebre. Me duele la garganta, creo que está hinchada.
Doctor:	Siéntese, vamos a ver. ¿Desde cuándo se siente Vd. mal?
Karin:	Desde hace dos días.
Doctor:	Abra la boca, ... saque la lengua, por favor. Diga »A«.
Karin:	Aaaa ...
Doctor:	Respire profundamente y contenga la respiración. Tosa, por favor.
Karin:	¿Es algo grave?
Doctor:	No, una gripe. Coma cosas ligeras y beba mucho. Debe quedarse unos días en cama.
Karin:	¿Unos días en cama? Todo va a estar patas arriba en casa.
Doctor:	No creo que esté enferma muchos días. Voy a recetarle algunos medicamentos. Tome una pastilla por la mañana y otra por la tarde antes de las comidas. Haga también una inhalación antes de acostarse. Vaya a la farmacia con esta receta. Tenga.
Paula:	Bonita, pronto te sentirás mejor y para tu despedida ya estarás sana. Hazme el favor de alegrar esa cara. ¡Qué te mejores!

In der Sprechstunde

Karin macht telefonisch einen Termin aus. Ihre Freundin Paula arbeitet in der Praxis von Dr. Jiménez.

Karin:	Paula? Hier spricht Karin.
Paula:	Hallo, Hübsche. Was gibt's?
Karin:	Mir geht es nicht gut. Ich wollte mit Dr. Jiménez einen Termin ausmachen. Wann hat er Sprechstunde?
Paula:	Donnerstags den ganzen Tag, freitags nur am Vormittag.
Karin:	Könnte ich heute kommen?

Paula:	Hör mal, komm doch jetzt gleich.
Karin:	Danke, bis gleich.

Karin in der Praxis.

Paula:	Hallo, du siehst schlecht aus. Es ist das erste Mal, dass du kommst, nicht wahr?
Karin:	So ist es. Nimm hier meinen Versicherungsschein.
Paula:	Lege ihn dorthin. Ich hoffe, es geht dir schon wieder gut bis zu deinem Abschied. Füll dieses Formular aus und geh ins Wartezimmer.
Doktor:	Guten Morgen, kommen Sie bitte herein. Sagen Sie mir, was fehlt Ihnen?
Karin:	Ich fühle mich nicht gut. Ich habe Husten und ein bisschen Fieber. Der Hals tut mir weh, ich glaube, er ist geschwollen.
Doktor:	Setzen Sie sich, wir werden mal sehen. Seit wann fühlen Sie sich schlecht?
Karin:	Seit zwei Tagen.
Doktor:	Machen Sie den Mund auf, strecken Sie die Zunge raus, bitte. Sagen Sie »A«.
Karin:	Aaaa.
Doktor:	Atmen Sie tief durch und halten Sie die Luft an. Husten Sie, bitte.
Karin:	Ist es etwas Ernstes?
Doktor:	Nein, eine Grippe. Essen Sie nur leichte Sachen und trinken Sie viel. Sie müssen ein paar Tage im Bett bleiben.
Karin:	Ein paar Tage im Bett? Dann wird zu Hause alles auf dem Kopf stehen.
Doktor:	Ich glaube nicht, dass Sie lange krank sein werden. Ich werde Ihnen ein paar Medikamente verschreiben. Nehmen Sie eine Tablette morgens und eine abends vor den Mahlzeiten. Inhalieren Sie vor dem Schlafengehen. Gehen Sie mit diesem Rezept in die Apotheke. Hier ist es.
Paula:	Na, Hübsche, bald wird es dir besser gehen und bis zu deinem Abschied wirst du schon gesund sein. Sei so gut und lächele ein bisschen. Gute Besserung!

Unregelmäßige Imperativformen

	tú	*Vd.*	*Vosotros*	*Vds.*
decir	***di***	***diga***	***decid***	***digan***
hacer	***haz***	***haga***	***haced***	***hagan***
ir	***ve***	***vaya***	***id***	***vayan***
poner	***pon***	***ponga***	***poned***	***pongan***
salir	***sal***	***salga***	***salid***	***salgan***
ser	***sé***	***sea***	***sed***	***sean***
tener	***ten***	***tenga***	***tened***	***tengan***
venir	***ven***	***venga***	***venid***	***vengan***

Diese Verben bilden in der **Du-Form** des bejahten Imperativs eigene Formen.

Übung 1

Ergänzen Sie die bejahenden Imperativformen:

	tú	Vd.	Vosotros	Vds.
1. hablar				
2. repetir				
3. empezar				
4. hacer				
5. pasar				
6. decir				

Übung 2

Setzen Sie die kursiven Verben in den Imperativ:

1. *Tener* mucho ojo al salir de la estación. (vosotros)

2. *Ser* bueno y *hacer* lo que te digan. (tú)

3. *Ir* con nosotros. (Vds.)

4. *Decir* lo que saben. (Vds.)

5. *Pasar* por la carnicería y *comprar* carne picada. (tú)

6. *Comprobar* la presión de los neumáticos. (Vd.)

Ersatzformen für den Imperativ

¿puede...?

¿Puedes abrir la ventana?	Kannst du das Fenster öffnen?

¿por que no...?

¿Por qué no abres la ventana?	Warum öffnest du denn nicht das Fenster?

Vamos + a + Infinitiv:

Vamos a cenar.	Gehen wir essen.

Diese Form wird mit der 1. Person Plural gebraucht.

a + Infinitiv:

¡A comer!	Essen!

Übung 3

Wie heißt die jeweilige Infinitivform?

escriba

tenga

diga

rellene

trabaje

pregunte

mira

ir - venir

Aufgepasst

ir heißt nicht nur **gehen, fahren,** sondern auch **kommen,** und zwar aus der Sicht des Sprechenden vom Sprechenden weg.
venir heißt **kommen,** und zwar zum Sprechenden hin:
¿Vienes? Kommst du? (zum Sprechenden hin)
Sí, voy. Ja, ich komme. (vom Sprechenden weg)

Übung 4

Ir, venir oder llegar?

1. ¿Cuándo ... el tren?
2. El mes que ... vamos de vacaciones.
3. Hoy no puedo ... de compras.
4. Mañana ... a visitar a unos amigos.
5. ¿... (vosotros) a nuestra fiesta el próximo sábado? Sí, ... (nosotros).
6. La Sra. García ... todos los días a la oficina.
7. ¿Ha ... (él) tarde hoy?
8. Mi madre ha ... de Alemania.
9. Mi hermano ha ... a México.
10. ¿Puedo ... ahora mismo?

Akzente setzen nicht vergessen!

Akzente sind wichtig zur Unterscheidung der Wortbedeutung bei gleicher Schreibweise:
*Pagu**é** en pesetas* – Ich **zahlte** in Peseten.
*Quiere que pagu**e** en pesetas* – Er will, dass ich in Peseten **zahle**.
*¿Viene **sólo** para visitarte?* – Kommt sie **nur**, um dich zu besuchen?
*Viene **solo**.* – Er kommt **allein**.
(Eselsbrücke: ***Solo*** allein, d.h. ohne Akzent, heißt »allein«.)
*¿Quieres que te **dé** un consejo?* – Möchtest du, dass ich dir einen Rat **gebe**?
*Madrid es la capital **de** España* – Madrid ist die Hauptstadt **von** Spanien.
*¿Eres **tú**?* – Bist **du** es?
*Es **tu** bolso.* – Es ist **deine** Tasche.

Übung 5

Mit oder ohne Akzent? Setzen Sie die Akzente, wo nötig:

1. Está siempre *solo.*
2. Prefiero *aquel* a este.
3. A *mi* esto no me importa.
4. *Estan* hablando.
5. Son *solo* las tres de la tarde.
6. *Aquel* árbol es muy viejo.
7. *El* abrigo es para *el.*
8. No *se* que hacer.
9. ¿*Que* me recomiendas hacer?
10. ¡*Que* te vaya bien!

Übung 6

Übersetzen Sie ins Spanische:

1. Ich habe Kopfschmerzen.
2. Mir tut der Hals weh.
3. Ich glaube, ich habe Fieber.
4. Ich fühle mich nicht gut.
5. Ich habe Husten.
6. Gute Besserung!

Wortschatz

alegrar	aufheitern
bonita *f*	Hübsche
cabeza *f*	Kopf
consulta *f*	Sprech-stunde, Praxis
contener (-g-)	anhalten
despedida *f*	Abschied
doler (-ue-)	schmerzen
enfermo, -a	krank
farmacia *f*	Apotheke
ficha *f*	Schein, Formular
fiebre *f*	Fieber
garganta *f*	Hals
grave	ernst
gripe *f*	Grippe
hinchado, -a	geschwollen
inhalación *f*	Inhalation
lengua *f*	Zunge
ligero, -a	leicht
medica-mento *m*	Medikament
médico *m*	Arzt
mejorarse	genesen
operación *f*	Operation
pastilla *f*	Tablette
pedir hora	einen Termin vereinbaren
preferir (-ie-)	vorziehen

profundamente	tief
¡Qué te mejores!	Gute Besserung!
receta *f*	Rezept
recetar	verschreiben
recomendar (-ie-)	empfehlen
rellenar	ausfüllen
respiración *f*	Atmung
respirar	atmen
sacar	herausholen, hier: herausstrecken
sala *f* **de espera**	Wartezimmer
sano, -a	gesund
tener tos	Husten haben
todo está patas arriba	alles steht Kopf
tos *f*	Husten
toser	husten
volante *m* **del seguro**	Versicherungsschein

Ärztliche Hilfe

Besorgen Sie sich vor Reiseantritt bei Ihrer Krankenkasse einen Auslandskrankenschein. Für kleinere Behandlungen wenden Sie sich an den praktizierenden Arzt ***(médico de medicina general)*** der nächsten Unfallstation ***(puesto de socorro)***. Im Fall einer ernsthaften Erkrankung können Sie den Telefon-Arzt unter der ADAC-Nummer in München (089) 22 22 22 täglich von 8 bis 17 Uhr erreichen. Er vermittelt den nächsten Deutsch sprechenden Arzt, nimmt Kontakt mit seinem ausländischen Kollegen auf und organisiert, falls nötig, den Rücktransport des Kranken.
Die Apotheken sind zu den üblichen Geschäftszeiten geöffnet. Die Adresse der Dienstapotheke ***(farmacia de guardia)*** ist bei den anderen Apotheken ausgehängt.

La despedida

Toda la familia García y Carlos la acompañan a Karin al aeropuerto que está en las afueras de Madrid.

Carlos:	Karin, no olvides facturar el equipaje.
Karin:	No te preocupes, estamos ya delante de los mostradores de Iberia. *(A la empleada:)* Para Alemania ¿vuelo IB 4805?
Empleada:	Sí, aquí. ¿Cuál es su maleta?
Karin:	La que está entre la maleta negra y la gris. ¿Han llamado ya para Múnich?
Empleada:	No, todavía no. ¿Es esto todo su equipaje?
Karin:	Sí, excepto este bolso que llevaré como equipaje de mano.
Empleada:	No lo ponga en la báscula, por favor.
Karin:	¿Tengo que pagar exceso de peso?
Empleada:	Pasa los 20 kilos, pero no se preocupe. Puerta no. 9A. Al lado del control de pasaportes.
Karin:	¡Este año con vosotros ha sido fantástico!

Carmen: El tiempo ha pasado rapidísimo.
Pedro: Nos hemos hecho muy buenos amigos. Vamos a echarte de menos.
Karin: No os pongáis tristes. Sois los mejores amigos que tengo, os agradezco lo que habéis hecho por mí.
Carlos: Las despedidas siempre son tristes ...
Karin: *(a Lucía)* No olvides escribirme.
Lucía: Descuida, te escribiré y te mandaré una foto de Nicolás que puedes colocar encima de tu escritorio.
Karin: ¡Todavía no han llamado para Múnich!
Pedro: No te inquietes.
Karin: Espero que vengáis un día a Alemania a visitarme. Entonces os mostraré algo de mi país. Ahora tengo que marcharme, están llamando para mi vuelo ... No me mires tan triste, Carmen.
Carmen: Ven para que te abrace. ¡Muchos saludos a tu madre!
Karin: Adiós, Pedro ... Adiós, Lucía ... Chao, David ... Adiós, Carlos.
Carlos: Adiós, Karin. ¡Buen viaje!
Carmen: ¡No te olvides de nosotros! ¡Que te vaya bien!

Der Abschied

Die gesamte Familie García und Carlos begleiten Karin zum Flughafen, der außerhalb von Madrid liegt.
Carlos: Karin, vergiss nicht das Gepäck aufzugeben.
Karin: Mach dir keine Sorgen, wir stehen schon vor den Iberia-Schaltern. *(Zur Angestellten:)* Nach Deutschland, Flug IB 4805?
Angestellte: Ja, hier. Welches ist Ihr Koffer?
Karin: Der zwischen dem schwarzen Koffer und dem grauen steht. Ist München schon aufgerufen worden?

Angestellte:	Nein, noch nicht. Ist dies Ihr ganzes Gepäck?
Karin:	Ja, mit Ausnahme dieser Tasche, die ich als Handgepäck nehmen werde.
Angestellte:	Stellen Sie sie bitte nicht auf die Waage.
Karin:	Muss ich Übergewicht bezahlen?
Angestellte:	Es überschreitet die 20 Kilo, aber machen Sie sich keine Sorgen. Ausgang Nr. 9A. Neben der Passkontrolle.
Karin:	Dieses Jahr mit euch war fantastisch!
Carmen:	Die Zeit ist im Nu vergangen.
Pedro:	Wir sind sehr gute Freunde geworden. Wir werden dich vermissen.
Karin:	Seid nicht traurig. Ihr seid die besten Freunde, die ich habe, ich bin euch dankbar für das, was ihr für mich getan habt.
Carlos:	Abschiede sind immer traurig …
Karin:	*(Zu Lucía:)* Vergiss nicht mir zu schreiben.
Lucía:	Sei unbesorgt, ich werde dir schreiben und dir ein Foto von Nicolás schicken, das du auf deinen Schreibtisch stellen kannst.
Karin:	Noch immer haben sie München nicht aufgerufen!
Pedro:	Mach dir keine Sorgen.
Karin:	Ich hoffe, ihr kommt einmal nach Deutschland, mich besuchen. Dann werde ich euch etwas von meinem Land zeigen. Jetzt muss ich gehen, sie rufen gerade meinen Flug auf … Schau mich nicht so traurig an, Carmen.
Carmen:	Komm, damit ich dich umarme. Viele Grüße an deine Mutter!
Karin:	Tschüss, Pedro... Tschüss, Lucía … Ciao, David … Tschüss Carlos.
Carlos:	Tschüss Karin. Gute Reise!
Carmen:	Vergiss uns nicht! Alles Gute!

Verneinter Imperativ

		tú	Vd.	vosotros	Vds.
*compr**ar***	***no***	*compr**es***	*compr**e***	*compr**éis***	*compr**en***
*beb**er***	***no***	*beb**as***	*beb**a***	*beb**áis***	*beb**an***
*escrib**ir***	***no***	*escrib**as***	*escrib**a***	*escrib**áis***	*escrib**an***

Der verneinte Imperativ wird mit den Formen des Subjuntivo gebildet.

Übung 1

Verneinen Sie die folgenden Verbformen:

1. Cerrad ....
2. Ven ....
3. Haced ....
4. Recibidle ....
5. Sube ....
6. Vayan ....
7. Diga ....
8. Oigan ....
9. Pon ....
10. Piénsalo ....

Übung 2

Wandeln Sie die Sätze um:

¿Vamos de cámping?
No, no vayáis de cámping.

1. ¿Toco la guitarra? No, ...
2. ¿Jugamos al fútbol? No, ...
3. ¿Compramos zumo de naranja? No, ...
4. ¿Pongo música? No, ...
5. ¿Salimos esta noche? No, ...

Pronomen beim verneinten Imperativ

Die Pronomen stehen **zwischen *no* und der Verbform. Dativ** steht **vor Akkusativ:**

*¡**no se lo** compres!*	kauf es ihm nicht!
*¡**no os** lavéis!*	wascht euch nicht!

Die Relativpronomen

la que ... diejenige, die
el que ... derjenige, denjenigen, den
las que ... diejenigen, die
los que ... diejenigen, die
lo que ... das, was

el/la/los/las + que stehen für **Personen und Sachen.** Diese Formen werden meistens **nach Präpositionen** gebraucht:

*El chico **con el que** te he visto.*	Der Junge, mit dem ich dich gesehen habe.
*La casa **de la que** ha salido.*	Das Haus, aus dem er herausgekommen ist.

lo que bezieht sich auf Neutra:

*Esto es **lo que** digo.*	Das ist, was ich sage.

Steht keine Präposition, folgt »*que*«:

*Sois los mejores amigos **que** tengo.*	Ihr seid die besten Freunde, die ich habe.
*La mesa **que** está en la cocina ...*	Der Tisch, der in der Küche steht ...

Übung 3

Que oder ***lo que***? Setzen Sie die richtige Form ein:

1. No quiero que hables de ... pasó el lunes.

2. Los niños comen un pastel ... está muy rico.

3. La cosa ... me contaste es muy importante.

4. Cuéntame todo ... has visto.

5. Las galletas ... he comprado están buenísimas.

6. ¿Viven aún en la casa ... está al otro lado de la calle?

Ortsangaben

en las afueras de *Madrid*	**außerhalb von** Madrid
delante de *nuestra casa*	**vor** unserem Haus
detrás del *árbol*	**hinter** dem Baum
entre *las maletas*	**zwischen** den Koffern
en *la mesa/****en*** *la maleta*	**auf** dem Tisch/**im** Koffer
al lado de *la mesa*	**neben** dem Tisch
encima del *escritorio*	**auf** dem Schreibtisch
sobre *la mesa*	**auf** dem Tisch
debajo del *puente*	**unter** der Brücke
a la derecha *de la iglesia*	**rechts** von der Kirche
a la izquierda *de la cama*	**links** vom Bett

Übung 4

Was ist das Gegenteil?

1. poco ......
2. delante ......
3. bien ......
4. lejos ......
5. también ......
6. siempre ......
7. sucio ......
8. encima ......
9. a la derecha ......
10. pequeño ......

Was tun beim Abschied?

In Spanien wird mehr geküsst! Zwischen Männern und Frauen und zwischen Frauen ist es üblich, sich beim Abschied ein Küsschen zu geben, besser gesagt zwei: auf jede Wange eines. Männer tun dies untereinander nur unter Familienangehörigen oder sehr guten Freunden, wenn es ein längerer Abschied ist. Ein einfaches Händeschütteln reicht bei entfernten Bekannten. Dafür fällt die Wortwahl leichter: ein ***adiós*** ist für alle Gelegenheiten das richtige Wort, und wer sich weltoffen und cooler geben möchte, verwendet ***chao***.

abrazar	umarmen
agradecer alguna cosa a alguien	jmdm. für etwas dankbar sein
al lado de	neben
báscula *f*	Waage
colocar	stellen, setzen, hängen
¿cuál?	welche(r)?
debajo de	unter
delante de	vor
descuidar	unbesorgt sein
despedida *f*	Abschied
detrás de	hinter
echar a alguien de menos	jmdn. vermissen
en las afueras de	außerhalb von
encima de	auf
entonces	dann
equipaje *m* **de mano**	Handgepäck
escritorio *m*	Schreibtisch
excepto	ausgenommen, mit Ausnahme
exceso *m* **de peso**	Übergewicht
facturar	hier: aufgeben
foto *f*	Foto
hacerse (-g-)	werden
inquietarse	sich sorgen, beunruhigt sein
marcharse	weggehen
mostrador *m*	Schalter
mostrar	zeigen
pared *f*	Wand
pasar	überschreiten
ponerse triste	traurig werden
preocuparse	sich sorgen
puente *m*	Brücke
¡qué te vaya bien!	Alles Gute!
silla *f*	Stuhl
sobre	auf
sofá *m*	Sofa
vuelo *m*	Flug

Schlüssel zu den Übungen

Lektion 1

Übung 1: **1.** viaja **2.** toma **3.** hablan **4.** estudia **5.** hablamos **6.** entras **7.** toman

Übung 2: **1.** eres **2.** es **3.** es **4.** es **5.** sois **6.** son **7.** es

Übung 3: **1.** no viaja **2.** no toma **3.** no hablan **4.** no estudia **5.** no hablamos **6.** no entras **7.** no toman

Übung 4: Es de Barcelona. Es español. Soy de Alemania. ¿Viaja Vd. como turista? ¿A qué ciudad viaja Vd.? ¿Toma Vd. leche y azúcar? No, sólo leche, gracias. Soy Paco. Soy profesor y estudio español. ¡Qué interesante!

Lektion 2

Übung 1: **1.** está **2.** están **3.** estáis **4.** están **5.** está **6.** está

Übung 2: **1.** tomo el café **2.** el avión es **3.** el pasajero es **4.** el bolso es **5.** las maletas pesan **6.** ¿Es Vd. -? **7.** es un país **8.** la señorita saluda

Übung 3: los pasaportes; unas azafatas; los equipajes; unos pasajeros; las maletas; unas tarjetas; las aduanas; unos bolsos; los diccionarios; unos libros

Übung 4: **1.** sucias **2.** grandes **3.** simpáticos **4.** interesante **5.** blanca **6.** amable

Übung 5: una maleta pesada; un café dulce; un pasajero simpático; unos aviones grandes; un aduanero rubio.

Lektion 3

Übung 1: **1.** voy **2.** vamos **3.** va **4.** van **5.** vamos

Übung 2: es; es ; es; es; está; es; es; están; son

Übung 3: **1.** son, somos **2.** eres, soy **3.** está, está

Übung 4: mucha gente; la lengua francesa; los turistas franceses; tanto ruido; hoteles buenos; la última semana; pocas azafatas; tres pasajeros

Übung 5: en autobús; a Granada; en tren; en barco; en avión; a Madrid

Übung 6: Karin toma el equipaje y va al centro. Son 2000 ptas. Karin paga. En el Paseo de la Castellana no. 6 baja. Hay mucha gente en el centro. Aquí está la dirección. ¿Dónde está la casa?

Lektion 4

Übung 1: **1.** habláis, habla, hablas, hablan **2.** escribís, escribe, escribes, escriben **3.** sois, es, eres, son **4.** bailáis, baila, bailas, bailan **5.** abrís, abre, abres, abren

Übung 2: **1.** se habla **2.** se baila **3.** se abre **4.** se toma

Übung 3: **1.** tu **2.** nuestros **3.** mi **4.** su **5.** vuestros **6.** vuestra, nuestro **7.** sus **8.** nuestros

Übung 4: **1.** más . . . que **2.** más . . . que **3.** más . . . que **4.** las mejores **5.** el . . . más

Übung 5: catorce, veintinueve, quince, nueve, uno, cuatro, veinticinco, veintiuno, diecinueve, treinta

Übung 6: **1.** hija **2.** marido **3.** nieta **4.** hijos **5.** suegra **6.** cuñada

Lektion 5

Übung 1: **1.** es **2.** hay **3.** hay **4.** está **5.** está **6.** tiene **7.** están **8.** es **9.** tiene **10.** está **11.** está **12.** hay

Übung 2: **1.** hay **2.** está **3.** hay **4.** está **5.** hay **6.** está **7.** está **8.** hay **9.** está **10.** hay

Übung 3: **1.** una **2.** al **3.** los **4.** al, al **5.** el, un **6.** el del **7.** unas **8.** unos, del

Übung 4: Falsch sind: **1.a, 2.b, 3.a, 4.b, 5.a, 6.b**

Übung 5: **1.** no **2.** sí **3.** no **4.** sí **5.** no **6.** sí **7.** no

Übung 6: **1.** toman **2.** coméis **3.** bebes **4.** vivimos **5.** tengo **6.** pasa **7.** abre **8.** habla

Lektion 6

Übung 1: **1.** no **2.** sí **3.** no **4.** no **5.** no **6.** no **7.** sí **8.** no **9.** sí **10.** sí

Übung 2: **1.** te . . . me **2.** se **3.** nos **4.** se **5.** os **6.** te **7.** se

Übung 3: **1.** todo el **2.** todas las **3.** todas las **4.** todos los **5.** todas las **6.** toda la **7.** todos los **8.** todo el

Übung 4: **a)** la una y media **b)** las cinco y cuarto de la tarde **c)** las cinco menos cuarto **d)** las siete en punto **e)** la una **f)** las doce menos cinco **g)** las diez y cinco **h)** la una menos veinticinco **i)** las tres y veinte de la tarde **j)** las diez de la noche

Übung 5: **1.** puedo **2.** estoy **3.** voy **4.** suelo **5.** tengo **6.** me quedo **7.** vengo **8.** soy **9.** como **10.** arreglo

Übung 6: ¿Puede ir a la agencia de viajes, por favor? – Sí, ¿dónde está? – Tiene que ir hasta la esquina, cruza la calle y toma el paseo a la derecha. Y está allí enfrente. – Muy bien.

Lektion 7

Übung 1: **1.** sabe **2.** sé **3.** sabéis **4.** saben **5.** sabe **6.** sabes **7.** saber **8.** sabemos

Übung 2: **1.a) 2.a) 3.c) 4.a) 5.c)**

Übung 3: **1.** el **2.** el **3.** la **4.** los **5.** la **6.** la **7.** el **8.** el **9.** el **10.** el

Übung 4: **1.** como, coméis, comes, comemos; **2.** estoy, estáis, estás, estamos; **3.** hago, hacéis, haces, hacemos; **4.** voy, vais, vas, vamos; **5.** soy, sois, eres, somos; **6.** sé, sabéis, sabes, sabemos; **7.** vengo, venís, vienes, venimos; **8.** tengo, tenéis, tienes, tenemos; **9.** preparo, preparáis, preparas, preparamos; **10.** abro, abrís, abres, abrimos

Übung 5: hago, voy, alquilo, disfruto, me pongo, tengo, viene, bailan, cantan, son

Übung 6: Buenos días, señora Gómez. Vengo de Valencia. Estoy un poco cansado. Mis maletas son pesadas. ¿ Está su marido en casa? Muchas gracias por el café. ¿Qué, Vd. sabe cocinar paella? ¿A qué hora cenamos? ¿A las 10 de la noche? Voy un poco de paseo.

Lektion 8

Übung 1: **1.** queremos, quiere, quieres, quieren **2.** almorzamos, almuerza, almuerzas, almuerzan **3.** sentimos, siente, sientes, sienten **4.** compramos, compra, compras, compran **5.** empezamos, empieza, empiezas, empiezan **6.** solemos, suele, sueles, suelen

Übung 2: **1.** 2.Sg. **2.** 3.Pl. **3.** 3.Sg. **4.** 1.Sg. **5.** 1.Pl. **6.** 3.Sg. **7.** 2.Pl. **8.** 2.Sg. **9.** 3.Sg. **10.** 3.Pl.

Übung 3: **1.** Yo la abro. **2.** Yo lo hago. **3.** Yo las como. **4.** Yo los escribo. **5.** Yo os quiero. **6.** Yo la compro. **7.** Yo la pongo. **8.** Yo los tomo.

Übung 4: **1.** lo **2.** la **3.** le **4.** (saludar)la **5.** preguntar(les) **6.** lo **7.** las **8.** (poner)le **9.** las **10.** le

Übung 5: **1. b 2. c. 3. a. 4. b.**

Übung 6: Medio kilo de tomates, por favor, dos litros de leche, una barra de pan, un cuarto de kilo de zanahorias, media docena de huevos, otra botella de leche y dos tarros de mermelada.

Lektion 9

Übung 1: **1.** No voy a hacerlo ahora. **2.** Vas a tocar la guitarra. **3.** Van a ir en coche a Madrid. **4.**No lo vamos a escribir. **5.** Vas a ir a la calle. **6.** Vas a tener que llamarle. **7.** Pilar no va a estudiar español. **8.** No voy a encontrar el libro. **9.** Vais a empezar temprano.

Übung 2: **1.** Para ir a Toledo. **2.** Para comprar un billete. **3.** Para ir al centro. **4.** Para mañana. **5.** Para Nicolás. **6.** Para poder hablar español. **7.** Para ir de paseo.

Übung 3: **1.** Dos mil trescientos cincuenta y tres. (2.353) **2.** Diez mil doscientos siete. (10.207) **3.** Ochocientos ocho. (808) **4.** Mil quince. (1.015) **5.** Treinta mil quinientos setenta y cinco. (30.575)

Übung 4: **1.** Alfonso trece, rey de España **2.** Siempre llego el primero **3.** Hoy es el tercer día de la semana **4.** Quiero medio litro de leche **5.** Juan Carlos primero de Borbón **6.** Subimos a la décima planta **7.** Compro un cuarto de kilo de tomates **8.** Estamos en el séptimo mes del año

Übung 5: **1.** de **2.** para/de **3.** en **4.** para **5.** a **6.** al **7.** a **8.** de **9.** en **10.** en

Lektion 10

Übung 1: **1.** parecen **2.** puede **3.** conozco **4.** parece **5.** quieres **6.** trabajar **7.** conoces

Übung 2: **1.** a mí **2.** a nosotros **3.** a ellos/ellas/Vds. **4.** a vosotros **5.** a ellas **6.** a ellos/ellas/Vds. **7.** a tí

Übung 3: **1.**usted **2.** mí **3.** nosotros **4.** ellas **5.** ti **6.** ustedes

Übung 4: **1.** Quisiera un trozo de queso, por favor. Quisiera visitar la parte antigua de la ciudad. Quisiera probarlo. ¿Puedo ir? Quisiera estudiar español. Puedo hablar español.

Übung 5: **1.** por **2.** para **3.** por **4.** para **5.** para **6.** para **7.** por... para

Übung 6: Inma es enfermera y Paco estudia informática. Los dos son buenos amigos. Se conocen bien. Se encuentran a menudo para ir al cine o al teatro. Inma trabaja cerca de la calle donde vive Paco. Por las tardes suelen ir de paseo. Estudian alemán porque quieren ir a Alemania.

Lektion 11

Übung 1: **1. c) 2. a) 3. b) 4. b) 5. a) 6. b)**

Übung 2: **1. a 2. – 3. – 4. a 5. a 6. – 7. – 8. a 9. a**

Übung 3: A nosotros los españoles nos gusta la vida. Nos gustan las fiestas y nos gusta el jerez. Nosotros los españoles somos así. ¿Conoce Vd. a los españoles?

Übung 4: **1.** conozco **2.** hacéis **3.** vamos **4.** pongo **5.** parece 6. salgo **7.** están 8. tienen **9.** doy **10.** sé

Übung 5: **1.** ¿Puede esperar un poco? Sí, un momento. **2.** ¿De parte de quién? De Carlos Martini. **3.** ¿Quién habla? Soy yo. **4.** Hola, ¿cómo estás? Muy bien, gracias. **5.** ¿A qué hora? A las 7.00 en punto. **6.** ¿Te parece bien? Sí, está bien. **7.** ¿Quieres salir conmigo? Sí, con gusto. **8.** ¿Conoces el Café Triana? Sí, lo conozco.

Übung 6: das, damos, dan; sales, salimos, salen; vas, vamos, van; pareces, parecemos, parecen; conoces, conocemos, conocen; duermes, dormimos, duermen; quieres, queremos, quieren; eres, somos, son;

Lektion 12

Übung 1: comido, querido, hablado, caminado, venido, trabajado, dormido, levantado, conocido, visitado

Übung 2: **1.** aburrido **2.** afeitado **3.** arregladas **4.** prohibido **5.** impresionada **6.** cantadas

Übung 3: **1.** has hablado **2.** no he tenido **3.** has estado **4.** has comprado **5.** habéis arreglado **6.** hemos desayunado

Übung 4: En abril voy a estudiar español e inglés. Para ello voy a ir primero a España y luego a Inglaterra. He estudiado ya una vez estas lenguas y también el francés pero quiero mejorarlas. España e Inglaterra son países interesantes e importantes.

Übung 5: **1.** ¡Qué sed tengo! **2.** ¡Qué rico es! **3.** ¡Qué guapa es esta chica! **4.** ¡Qué enferma está esta mujer! **5.** ¡Qué impresionante es esta iglesia! **6.** ¡Qué interesante es esta película! **7.** ¡Qué caro está el jamón hoy! **8.** ¡Qué hambre tengo!

Übung 6: **1.** tiene **2.** hay **3.** has **4.** habéis **5.** tiene **6.** han **7.** hay **8.** tengo

Lektion 13

Übung 1: **1.** no **2.** no **3.** sí **4.** no **5.** sí **6.** no **7.** no **8.** sí

Übung 2: **1.** veo, veis, ves, vemos; **2.** pido, pedís, pides, pedimos; **3.** salgo, salís, sales, salimos; **4.** sirvo, servís, sirves, servimos

Übung 3: **1.** algo **2.** ningún **3.** nada **4.** algunos **5.** algún **6.** ninguna **7.** alguien

Übung 4: **1.** No. **2.** – **3.** – **4.** No. **5.** No. **6.** No.

Übung 5: **1.** bueno **2.** bien **3.** mala **4.** mal

Lektion 14

Übung 1: sido, visto, puesto, vuelto, ido, dado, hecho, escrito

Übung 2: **1.** inmediatamente **2.** difícilmente **3.** generalmente **4.** rápidamente **5.** normalmente **6.** absolutamente

Übung 3: **1.** Sí, exactamente. **2.** directamente. **3.** difícilmente. **4.** amablemente. **5.** tranquilamente. **6.** generalmente. **7.** automáticamente. **8.** cómodamente.

Übung 4:

Fito es un perrito. Normalmente es un animalito pacífico. Tiene las patitas húmedas. Karin generalmente no tiene miedo a los perros. Fito saluda alegremente a la gente.

Übung 5: **1.** trabajar **2.** levantado **3.** practicar **4.** comprar **5.** vuelto

Übung 6: **1.** alegre **2.** pequeño **3.** poco **4.** bueno **5.** difícil **6.** caliente **7.** nuevos **8.** abierta

Lektion 15

Übung 1: **1.** comiendo **2.** tomando **3.** cantando **4.** esperando **5.** haciendo

Übung 2: **1.** siguen viviendo **2.** sigo esperando **3.** siguen vendiendo **4.** sigue durmiendo. **5.** seguimos acostándonos

Übung 3: **1.** Entra en el bar pidiendo cerveza. **2.** Marca los números repitiéndolos. **3.** Vuelve a buscar el bolso no pudiendo encontrarlo. **4.** Sale de la escuela corriendo. **5.** Saluda haciendo una señal con la mano.

Übung 4: **1.** Estoy esperando **2.** Estoy bailando **3.** Estoy preguntando **4.** Estoy yendo **5.** Estoy llegando

Übung 5: **1.** charlar **2.** llegado **3.** esperando **4.** repitiendo **5.** llamar

Lektion 16

Übung 1: **1.** Iríamos de compras. **2.** Acompañaríamos a los abuelos. **3.** Comeríamos un helado. **4.** Trabajaríamos poco. **5.** Saldríamos al parque. **6.** Subiríamos al tercer piso. **7.** Nos ducharíamos.

Übung 2: **1.** podría **2.** dirías **3.** querríais **4.** jugarían **5.** irías **6.** vendría **7.** viviría

Übung 3: **1.** lo **2.** la **3.** lo **4.** la **5.** le, ella **6.** te **7.** las

Übung 4: **1.** se los **2.** se lo **3.** se lo **4.** se las **5.** se los **6.** se las

Übung 5: ¿Qué desea? Un vestido./ ¿Qué color desea? Algo en rojo./ ¿De qué material? No sé, de algodón o seda./ ¿Para quién es? Para mí./ ¿Qué talla tiene? La 38./ ¿Le gusta? Sí, me gusta mucho./ ¿Cómo le queda? Me resulta un poco estrecho./ ¿Se lo lleva? Sí, me lo llevo.

Übung 6: Esta chica no está nunca en casa. Siempre está de viaje. Esta semana la he encontrado en Valencia y ahora está de nuevo en Madrid. Vive en esta calle grande que está al lado de esta iglesia famosa. No sé el nombre de esta iglesia que está en el centro.

Lektion 17

Übung 1: **1.** compré compraste comprarías compraríais **2.** leí leiste leerías leeríais **3.** canté cantaste cantarías cantaríais **4.** abrí abriste abrirías abriríais **5.** viví viviste vivirías viviríais **6.** perdí perdiste perderías perderíais

Übung 2: **1.** visité **2.** llamé **3.** abrió **4.** dejó, ofreció **5.** tomamos **6.** gustó **7.** salí **8.** ví **9.** tomé, volví

Übung 3: **1.** de la **2.** del **3.** de la **4.** de, de **5.** del

Übung 4: **1.** Al salir de casa me quedé sin llaves. **2.** Al ver esta película, nos reímos de carcajadas. **3.** Al leer el periódico me volví triste.

Übung 5: **1.** Sin conocerlas no las voy a acompañar. **2.** Sin ser muy listo sabe mucho. **3.** Sin tener mucho dinero viajo mucho. **4.** Sin ver la chica no abro la puerta.

Lektion 18

Übung 1: Ayer hice un viaje en tren. Me levanté muy temprano, me duché y me vestí. Luego tomé una tostada con café. Después cogí mi bocadillo para el almuerzo y lo metí en la mochila. Entonces salí de casa. Mi madre me llevó a la estación del autobús y allí esperé media hora en vano. Entonces hice autostop. Tuve que esperar otros diez minutos y llegué a la estación justamente un minuto antes de salir el tren. Lo cogí y así ¡todo salió a pedir de boca!

Übung 2: **1.** No quiero ni salir. **2.** No tengo tiempo ni para dar un paseo. **3.** No puedo ni hablar.

Übung 3: Nos encontramos ayer entre las siete u ocho de la tarde en un café. Tomamos un helado, uno o dos zumos y unas tapas. Nos sirvió un chico u hombre andaluz entre 18 o veinte años. A esto de las diez u once regresamos a casa.

Übung 4: **1.** hemos trabajado, estamos **2.** voy **3.** estuvimos **4.** hicisteis **5.** has comprado **6.** queremos

Übung 5: **1.** No he entrado ni en la iglesia ni en la catedral. **2.** No he visitado ni a los abuelos ni a los tíos. **3.** No he comido ni huevos ni patatas. **4.** No he comprado ni zumo ni galletas. **5.** No he leído ni el libro ni el periódico. **6.** No he ido ni de viaje ni de paseo. **7.** No he visto ni como anda ni como baila. **8.** No he oído ni los perros ni los ladrones.

Lektion 19

Übung 1: El año pasado mis padres y yo hicimos un viaje a Madrid. Ellos no supieron nunca por qué no nos fuimos a Barcelona. Fue porque yo estuve antes en Madrid y esta ciudad me gustó mucho. Allí conocí la amabilidad de muchos. También mis padres se sintieron de maravilla cuando llegaron allí y me lo dijeron muchas veces.

Übung 2: **1.** durmió **2.** supieron **3.** hicieron **4.** sintieron **5.** quisimos, pudimos **6.** fui **7.** siguió

Übung 3: **1.** fuiste, fuimos, fueron **2.** sentiste, sentimos, sintieron **3.** te duchaste, nos duchamos, se ducharon **4.** te afeitaste, nos afeitamos, se afeitaron **5.** pusiste, pusimos, pusieron **6.** dijiste, dijimos, dijeron

Übung 4: Debe de haber un restaurante por aquí. El año pasado estuve aquí con unos amigos. El restaurante debe de estar abierto.

Übung 5: **1.** buen tiempo **2.** gran alegría **3.** mal amigo **4.** cien kilómetros **5.** primer mes **6.** ningún hombre **7.** algún hotel **8.** mala noticia

Übung 6: sentirse de maravilla; dormir como un tronco; hay que tener mucho ojo; reirse de carcajadas; quedarse con la boca abierta; descansar a pierna suelta; salir a pedir de boca; estar hecho polvo

Lektion 20

Übung 1: **1.** ponías, poníais, poníamos **2.** saludabas, saludabais, saludábamos **3.** te adelantabas, os adelantabais, nos adelantábamos **4.** veías, veíais, veíamos **5.** sabías, sabíais, sabíamos **6.** ibas, ibais, íbamos **7.** estabas, estabais, estábamos **8.** eras, erais, éramos

Übung 2: **1.** iba **2.** daba **3.** mirábamos **4.** eras, tocabas **5.** no solíais

Übung 3: **1.** No puedo acompañarte hoy. ¡Qué pena! **2.** Se sentó a nuestra mesa sin preguntar. ¡Qué cara! **3.** No nos pasó nada en el accidente. ¡Gracias a Dios! **4.** Los tomates están en oferta. ¿De verdad? **5.** He olvidado el bolso en el metro. Lo siento. **6.** Ha habido un fuerte huracán en Florida. ¡Qué horror!

Übung 4: **1.** ¿Qué es de tu tesis? **2.** ¿Qué es de tus padres? **3.** ¿Qué es de tu coche? **4.** ¿Qué es de sus vacaciones?

Lektion 21

Übung 1: **1.** comíamos, tomamos **2.** cenaban, miraban **3.** cocinaba, arreglaba **4.** fumaba **5.** llegué, estaba **6.** llegó, esperaba **7.** se iban, se fueron **8.** hacía, hizo

Übung 2: **1.** la **2.** les/los **3.** los **4.** le/lo **5.** lo

Übung 3: **1.** Este coche lo compró hace dos años. **2.** ¡Qué hambre tenemos! **3.** Preguntaremos a María si nos hace una Paella. **4.** Este libro lo debes comprar de todos modos.

Übung 4: A mí me gusta jugar al fútbol, pero a Juanita le gusta el alpinismo y la natación. A mí me gustan los churros, pero a mi madre le gustan más los pasteles. A mí me gusta la música clásica, pero a mi hermano le gusta el folklore.

Übung 5: No me gusta mucho trabajar en esa oficina, porque pasan muchos coches y mucha gente por allí, el aire está muy sucio. Además tengo que escribir mucho. Antes me gustaba mucho, había muchos árboles y el aire estaba muy limpio, todos estábamos muy contentos, nos quedábamos más tiempo en la oficina.

Lektion 22

Übung 1: **1.**podrán, podréis, podré; **2.** comerán, comeréis, comeré; **3.** vivirán, viviréis, viviré; **4.** harán, haréis, haré; **5.** venderán, venderéis, venderé;

Übung 2: **1.** No pondrán música. **2.** No sabrá la lección. **3.** Estaré feliz. **4.** Hará frío. **5.** Volveremos pronto. **6.** José estudiará español. **7.** No querré ir al café.

Übung 3: El próximo domingo tendré una fiesta. Me pondré mi traje más bonito e invitaré a mucha gente. Tocaré la guitarra. Bailaremos y cantaremos hasta las cinco de la madrugada. Será muy divertido. Todos estaremos felices y diremos que es la mejor fiesta de todo el año.

Übung 4: **1.** En España uno se suele acostar tarde. **2.** Uno se divierte mucho jugando al fútbol. **3.** Los sábados uno no se aburre nunca. **4.** Uno se alegra mucho de su suerte. **5.** Cuando hace frío uno se pone el abrigo. **6.** Uno se presenta al profesor. **7.** Uno no se queda nunca en casa.

Übung 5: **1.** camarero **2.** profesor **3.** pintor **4.** secretaria **5.** azafata **6.** enfermera

Übung 6: **1.** no **2.** sí **3.** sí **4.** sí **5.** no **6.** no **7.** no **8.** sí

Übung 7: **1.** Buscar un nuevo trabajo. **2.** Comprar el periódico todos los días. **3.** Leer los anuncios de trabajo. **4.** Escribir cartas y solicitar un puesto de trabajo. **5.** Presentarse y tener una entrevista. **6.** Empezar a trabajar.

Lektion 23

Übung 1: No habrá venido. No estará. Se habrá ido. Habrá ido. Se quedará. Me llamará. Me comprará.

Übung 2: **1.** Le darán el coche. **2.** Habrán terminado ya. **3.** Irán a tu fiesta. **4.** Sabrá inglés. **5.** Hará buen tiempo. **6.** Estará de acuerdo. **7.** Habrá escrito la carta. **8.** Llegará mañana.

Übung 3: **1. a)** de lo que **2. b)** que **3. a)** que **4. c)** de las que **5. b)** de la que **6. a)** de la que

Übung 4: **1.** del que **2.** de los que **3.** de los que **4.** de los que **5.** de lo que **6.** de lo que **7.** del que **8.** del que **9.** que **10.** que

Übung 5: **1. b) 2. a) 3. c) 4.a) 5. b)**

Übung 6: **1. b)** Muchísimas gracias. **2. b)** Esto es más fácil de lo que se cree. **3. a)** Con mucho gusto. **4. b)** Le gusta más que cuidar a los niños. **5. a)** El reloj parece antiquísimo. **6. b)** ¿A cuánto estarán?

Lektion 24

Übung 1: **1.** El profesor fue buscado por la escuela de lenguas. **2.** Toda la región ha sido destruida por el huracán. **3.** El partido va a ser ganado por el Real Madrid. **4.** El robo ha sido denunciado por la chica.

Übung 2: **1.** Mi hermano ganó el premio. **2.** Yo he escrito las cartas. **3.** Un ladrón robó el coche.

Übung 3: **1.** Pasado mañana se terminará/terminarán el trabajo. **2.** Nunca se sabrá/sabrán la verdad. **3.** Algún día se encontrará/encontrarán el bolso.

Übung 4: **1. c)** hay que **2. b)** debe de **3. b)** hay que **4. a)** tienes que

Übung 5: **1.** hace **2.** desde hace **3.** desde **4.** desde hace **5.** desde hace

Übung 6: Buenos días. Querría hablar con Carlos. Quería preguntarle si ha comprado entradas. Querría ver un partido de fútbol alguna vez.

Lektion 25

Übung 1: **1.** conduce, conduzca; **2.** tiene, tenga; **3.** lee, lea; **4.** escribe, escriba; **5.** sube, suba; **6.** aprende, aprenda; **7.** viene, venga

Übung 2: Quisiera que: **1.** salgamos toda una noche. **2.** visitemos un bar. **3.** saques una entrada para el teatro. **4.** mires una película.

Übung 3: **1.** salgan **2.** salen **3.** visitéis **4.** visitáis **5.** tomen **6.** toman **7.** ayudes

Übung 4: ¿Me permite que: **1.** abra la puerta? **2.** fume un cigarrillo? **3.** salga con su hija? **4.** haga una pregunta? **5.** visite a su familia? **6.** entre en su casa?

Lektion 26

Übung 1: **1.** Dudo que estéis contentos. **2.** Javier no cree que tenga suerte. **3.**No creo que sepas cantar. **4.** No creo que vayan a Granada este año.

Übung 2: **1.** ¡Ojalá tengáis tiempo! **2.** ¡Ojalá lleven abrigos! **3.** ¡Ojalá haga sol! **4.** ¡Ojalá hables español!

Übung 3: **1.** Es imposible que os acompañemos. **2.** Es mejor que se quede en la cama. **3.** Es preciso que salgamos. **4.** Es probable que llegue hoy.

Übung 4: **1.** ¿Cuándo vas a venir a visitarnos? Cuando tenga tiempo. **2.** ¿Cuándo va a invitar Karin a sus amigos? Cuando tenga cumpleaños. **3.** ¿Cuándo van a ir tus padres de vacaciones? Cuando quieran. **4.** ¿Cuándo va a terminar Pedro el cuadro? Cuando lo necesite.

Übung 5: **1.** es, está **2.** está **3.** está **4.** es, está **5.** es **6.** está

Übung 6: **1.** haya **2.** vuelve **3.** tienes **4.** hablan **5.** descanséis **6.** no te enfades

Lektion 27

Übung 1: oiga, vaya, haya, venga, esté, empiece, diga, sienta, sea, dé, duerma, baile, quiera, salga, viva

Übung 2: **1.** quieras **2.** vayamos **3.** llegue **4.** vayamos **5.** estaba **6.** digas **7.** vea

Übung 3: **1.** Acabo de ponerla. **2.** Acabo de encontrarla. **3.** Acabo de comprarlo. **4.** Acabo de verla. **5.** Acabo de solicitarlo. **6.** Acabo de reservarla.

Übung 4: **1. a)** habla **2. b)** sepa **3. a)** prestas **4. b)** guste **5. b)** están **6. b)** visiten

Übung 5: **1.** cara **2.** primer **3.** cerrada **4.** mucha **5.** aburrido **6.** temprano **7.** nueva **8.** pequeño

Übung 6: **1.** cuánto **2.** cuántos **3.** cuánta **4.** cuántos **5.** cuántas **6.** cuánto

Lektion 28

Übung 1: **1.** conduce, conducid; **2.** recibe, recibid; **3.** vuelve, volved; **4.** juega, jugad; **5.** vende, vended;

Übung 2: **1.** Sí, fuma. **2.** Sí, ábrala. **3.** Sí, cantad y bailad. **4.** Sí, ciérrala. **5.** Sí, hablen español. **6.** Sí, cómpralo. **7.** Sí, conduzca. **8.** Sí, acompañadla.

Übung 3: **1.** Mírela. **2.** Preparadla. **3.** Escríbela. **4.** Arréglala. **5.** Cómprelo. **6.** Sáquenlas.

Übung 4: **1.** mías **2.** suyo **3.** vuestro **4.** nuestra **5.** tuyos **6.** suya **7.** mía

Übung 5: **1.** tanto **2.** tan **3.** tanta **4.** tanto **5.** tan

Übung 6: **1. a** **2. b** **3. b** **4. a**

Lektion 29

Übung 1: **1.** habla, hable, hablad, hablen; **2.** repite, repita, repetid, repitan; **3.** empieza, empiece, empezad, empiecen; **4.** haz, haga, haced, hagan; **5.** pasa, pase, pasad, pasen; **6.** di, diga, decid, digan;

Übung 2: **1.** tened **2.** sé, haz **3.** vayan **4.** digan **5.** pasa compra **6.** compruebe

Übung 3: escribir, tener, decir, rellenar, trabajar, preguntar, mirar

Übung 4: **1.** llega **2.** viene **3.** ir **4.** voy **5.** venís, vamos **6.** va **7.** llegado **8.** llegado **9.** ido **10.** ir

Übung 5: **1.** solo **2.** aquél, éste **3.** mí, esto **4.** están **5.** sólo **6.** aquel **7.** el, él 8. sé **9.** qué **10.** qué

Übung 6: **1.** Tengo dolores de cabeza. **2.** Me duele la garganta. **3.** Creo que tengo fiebre. **4.** No me siento bien. **5.** Tengo tos. **6.** ¡Qué te mejores!

Lektion 30

Übung 1: **1.** no cerréis **2.** no vengas **3.** no hagáis **4.** no le recibáis **5.** no subas **6.** no vayan **7.** no diga **8.** no oigan **9.** no pongas **10.** no lo pienses

Übung 2: **1.** No, no toques la guitarra. **2.** No, no juguéis al fútbol. **3.** No, no compréis zumo de naranja. **4.** No, no pongas música. **5.** No, no salgáis esta noche.

Übung 3: **1.** lo que **2.** que **3.** que **4.** lo que **5.** que **6.** que

Übung 4: **1.** mucho **2.** detrás **3.** mal **4.** cerca **5.** tampoco **6.** nunca **7.** limpio **8.** debajo **9.** a la izquierda **10.** grande

Test 1 – 3

Test Nr. 1: ¡MUY BIEN HECHO! (Sehr gut gemacht!)

Test Nr. 2: ¡TODAVIA MEJOR! (Noch besser!)

Test Nr. 3: ¡UNA MARAVILLA! (Wunderbar!)

Wörterverzeichnis

Lektionen 1–30

Die Zahlen geben die Lektion an, in der das Wort im angegebenen Sinn zum ersten Mal erscheint.

A

a nach 1
abanico *m* Fächer 25
abierto offen 7
abonado *m* Teilnehmer 15
abrazar umarmen 30
abrazar umarmen 30
abrigo *m* Mantel 21
abrir öffnen 4
absolutamente überhaupt 14
abuela *f* Großmutter 4
abuelo *m* Großvater 4
abuelos *m pl* Großeltern 4
aburrirse sich langweilen 6
acabar beenden, fertig sein 27
acampar campen 18
accidente *m* Unfall 18
aceite *m* Öl 7
aceite *m* **de oliva** Olivenöl 7
aceitunas *f pl* Oliven 8
acento *m* Akzent 10
aceptar zustimmen 18
¿a cómo está? was kostet es? 8
acordarse de alguna cosa sich an etw. erinnern 13
acordeón *m* Akkordeon 21
acostarse zu Bett gehen 14
acostumbrado, -a gewohnt 11
acostumbrarse a alguna cosa sich an etw. gewöhnen 22
a decir verdad ehrlich gesagt 25
adelantarse überholen 20
adelgazar abnehmen 16
además außerdem 8
adiós auf Wiedersehen 1
¿adónde? wohin? 3
aduana *f* Zoll 2
aduanero *m* Zollbeamter 2
aeropuerto *m* Flughafen 2
a eso de gegen (Uhrzeit) 6
afeitar(se) (sich) rasieren 12
a fuego lento auf kleinem Feuer 7
agencia *f* **de viajes** Reisebüro 6
agosto *m* August 18
agradecer alguna cosa a alguien jmdm. für etwas dankbar sein 30
(el) agua *f* Wasser 7
agua *f* **potable** Trinkwasser 18
ahora jetzt 3
ahora mismo jetzt gleich 16
aire *m* Luft 21
ajo *m* Knoblauch 7
a la derecha nach rechts 3
a la izquierda nach links 3
al ajillo mit Knoblauch gebraten 13
alegrar aufheitern 29
alegrarse sich freuen 22
alegre freudig 14
alemán, alemana Deutscher, Deutsche 1
Alemania *f* Deutschland 1
al fondo hinten 16
algo etwas 5
algo es un rollo etwas ist langweilig 10
¿algo más? noch etwas? 8
algodón *m* Baumwolle 16
alguien jemand 13
alguno, -a (irgend)ein 8
al lado de neben 30
allí dort 2
almuerzo *m* Mittagessen 6
alojarse sich einquartieren 27
Alpes *m pl* Alpen 4
alpinismo *m* Bergsteigen 21
alquilar vermieten 5
alrededor de um … herum 13
alto, -a groß, hoch 4
alumno *m* Schüler 4
(el) ama *f* **de casa** Hausfrau 7
amabilidad *f* Freundlichkeit 19
amable freundlich 2
amarillo, -a gelb 16
ambos, -as beide 20
a menudo oft 7
americano, -a amerikanisch, Amerikaner/in 4
amiga *f* Freundin 15
amigo *m* Freund 4
amueblado, -a möbliert 5

Andalucía *f* Andalusien 4
andar (herum)gehen 17
andén *m* Bahnsteig 9
ángel *m* Engel 18
a no ser que es sei denn 27
año *m* Jahr 1
año nuevo Neujahr 26
anoche gestern Nacht 17
a nombre de auf den Namen von 13
anorak *m* Anorak 18
anotar notieren 14
anteayer vorgestern 17
antes vorher 14
antiguo, -a alt 10
anual jährlich 22
a nuestro lado neben uns 20
anuncio *m* **de trabajo** Stellenanzeige 22
apagar algo. etw. abschalten 28
a partir de ab 27
a pedir de boca wie es besser nicht sein könnte 18
apellido *m* Nachname 20
apetecer (-zc-) Lust, Appetit haben auf… 13
a pierna suelta sorglos 18
aprender lernen 13
a propósito übrigens 23
aproximadamente (aprox.) ungefähr 22
aquéllo das dort 5
aquí hier 1
árbol *m* Baum 21
armario *m* Schrank 28
arquitecto *m* Architekt 1
arreglado, -a repariert 24
arreglar ordnen 6
arreglarse sich einigen, zurechtkommen 6
arreglo *m* Richten, Reparatur 24
arriba oben 14
arroz *m* Reis 6
artefacto *m* Geräte 7
ascensor *m* Aufzug 5
aseo *m* Toilette 5
así como als auch 13
asiento *m* Sitzplatz 9
aspecto *m* Aussehen 13
atención *f* Vorsicht 12
atender a alguien jmdn. pflegen 22
a tiempo rechtzeitig 18
atraer anziehen 25
auricular *m* Telefonhörer 15
autobús *m* Bus 3
autocaravana *f* Wohnmobil 18
automáticamente automatisch 4
autopista *f* Autobahn 20
a veces manchmal 5
a ver mal sehen 5
averiado, -a gestört, defekt 24
avión *m* Flugzeug 1
avisar a alg. jmdn. benachrichtigen 27
ayuda *f* Hilfe 10
ayudar helfen 16
azafata *f* Stewardess 1
azafrán *m* Safran 7
azúcar *m* Zucker 1
azul blau 2

B

bailar tanzen 4
bañarse (sich) baden 18
banco *m* Bank 12
baño *m* Badezimmer 5
bar *m* Bar 1
barato, -a billig 3
barco *m* Boot 3
barra *f* **de pan** eine Stange Brot 8
barril *m* Fass 13
barrio *m* Stadtviertel 5
báscula *f* Waage 30
bastante ziemlich 5
batido *m* Milchmixgetränk 13
baúl *m* Truhe 23
beber trinken 5
bebida *f* Getränk 13
bicicleta *f* Fahrrad 4
bien gut 13
bienvenido, -a willkommen 4
billete *m* Fahrkarte 9
billete *m* **de tren** Zugfahrkarte 9
bistec *m* Beefsteak 8
blanco, -a weiß 1
blusa *f* Bluse 16
boca *f* Mund 18
bocadillo *m* belegtes Brötchen 6
bolsa *f* Einkaufstüte 16
bolso *m* Tasche 2
bonita *f* Hübsche 29
bonito, -a hübsch, schön, reizend 4
botella *f* Flasche 4
¡bravo! hier: toll! 21
buen fin de semana schönes Wochenende 26
buenas noches guten Abend, gute Nacht 2

buenas tardes guten Tag 2
bueno, -a gut 3
buenos días guten Morgen 2
bufanda *f* Schal 26
buscar suchen 22

C

cabeza *f* Kopf 22
cabina *f* **telefónica** Telefonzelle 15
cada jede(r) 10
caer (-g-) fallen 15
café *m* Kaffee 1, Café 11
cafetería *f* Cafeteria 13
caja *f* **de cerillas** Schachtel Streichhölzer 8
calamares *m pl* Tintenfische 13
calamares *m pl* **a la romana** gebackene Tintenfische 13
calefacción *f* Heizung 5
calidad *f* Qualität 16
calle *f* Straße 3
calor *m* Wärme, Hitze 9
calzada *f* Fahrbahn 20
cama *f* Bett 6
camarero *m* Kellner 13
cambiar ändern 28
caminar gehen 12
camino *m* Weg 19
camino a unterwegs nach 19
camión *m* Lastkraftwagen 20
cámping *m* Campen, Campingplatz 18
campo *m* Land 7
campo *m* **de fútbol** Fußballplatz 21
canción *f* Lied 8
cansado, -a müde 4
cantar singen 7
cara *f* Gesicht 19
¡caramba! Donnerwetter! 21
cariñoso, -a lieb 3
carne *f* Fleisch 6
carne *f* **de pollo** Hühnerfleisch 7
carne *f* **picada** Hackfleisch 28
carnet *m* **de cámping** Campingausweis 18
carnicería *f* Metzgerei 24
caro, -a teuer 10
carretera *f* Straße 5
carta *f* Speisekarte 13, Brief 22
casa *f* Haus 3
casa *f* **de comidas** Speiselokal 13
casi fast 19
casi nunca fast nie 10
casi siempre fast immer 10
caso *m* Fall 17
castañuelas *f pl* Kastagnetten 25
castellano *m* kastillisches Spanisch 10
catedral *f* Kathedrale 10
caza *f* Jagd 13
cazuela *f* Kasserolle 7
cebolla *f* Zwiebel 7
celebrar feiern 28
cena *f* Abendessen 6
cenar zu Abend essen 6
centro *m* (Stadt) Zentrum 3
cerca nah 3
cerrar (-ie-) schließen 14
cerveza *f* Bier 3
cerveza *f* **de barril** Bier vom Fass 13
chalet *m* Ferienhaus 4
chaqueta *f* Jacke 22
charlar plaudern 13
chequeo *m* Überprüfung 19
chico *m* Junge 5
chiflar reizen, anmachen (ugs.) 23
chocar zusammenstoßen 20
choque *m* Zusammenstoß 20
chorizo *m* Paprikawurst 8
chucrut *m* Sauerkraut 7
churro *m* Schmalzkringel 21
cielo *m* Himmel 2
cigarrillo *m* Zigarette 25
cine *m* Kino 5
cinta *f* Band 2
cinta *f* **de equipaje** Laufband für Gepäck 2
cintura *f* Bund, Taille 16
cinturón *m* **de seguridad** Sicherheitsgurt 20
cita *f* Verabredung 11
ciudad *f* Stadt 1
claro klar, natürlich 2
clase *f* Unterricht(sstunde) 6, Klasse 9
clases *f pl* **de tenis** Tennisstunden 11
clínica *f* Klinik 22
club *m* **nocturno** Nachtclub 25
coche *m* Auto 3
cocina *f* Küche 5
cocinar kochen 6
coger nehmen 18
colegio *f* (private) Schule 6
colgar (-ue-) hängen 24
colocar stellen, setzen 30
color *m* Farbe 16
comenzar (-ie-) anfangen 10
comer essen, fressen 5
comercio *m* Geschäft 12

comida *f* Mittagessen 6
comisaría *f* Polizeirevier 17
como als, wie 1
¿cómo? wie? 3
como siempre wie immer 28
como para wie für 27
cómo no warum nicht 19
cómodo, -a bequem 3
compasión *f* Rücksicht 17
completo, -a vollständig 2
comportarse sich benehmen 27
compra *f* Einkauf 6
comprar einkaufen 6
comprender verstehen 6
comprobar (-ue-) überprüfen 19
comunicar verbinden 15
con mit 1
con gusto gerne 4
coñac *m* Kognac 13
concertar (-ie-) vereinbaren 22
concierto *m* Konzert 20
concreto,-a bestimmt 9
conducir (-zc-) fahren 20
conductor *m* Fahrer 20
conejo *m* Hase 5
confortable bequem 5
conmigo mit mir 11
conocer (-zc-) kennen, kennen lernen 10
conocimientos *m pl* **generales** Allgemeinbildung 22
conseguir besorgen 27
consistir de bestehen aus 6
consulado *m* Konsulat 17
consulta *f* Sprechstunde, Arztpraxis 22
contagiar anstecken 25
contar (-ue-) erzählen 16
contener (-g-) anhalten 29
contento, -a zufrieden 5
contestar antworten 16
contigo mit dir 11
control *m* Kontrolle 2
control *m* **de pasaportes** Passkontrolle 2
copa *f* (Stiel)glas 13
copia *f* Kopie 17
corral *m* Hühnerhof 8
correr laufen; fließen 15
cosa *f* Sache 5
cosas *f pl* **dignas de ver** Sehenswürdigkeiten 12
costa *f* Küste 18
costar (-ue-) kosten 8
creer glauben 14
crema *f* Cremesuppe 13
cruzar kreuzen, überqueren 12
cuadro *m* Bild 12
¿cuál? welche(r) 30
¿cuándo? wann 9
¿cuánto es? wie viel kostet es 3
¿cuánto, -a? wie viel 3
cuarto *m* Viertel 6
cubierto *m* Besteck 7
cucaracha *f* Küchenschabe 4
cuchara *f* Löffel 7
cucharada *f* Esslöffel voll 7
cuchillo *m* Messer 7
cuenta *f* Konto 10, Rechnung 13
cuero *m* Leder 9
cuidar a alguien auf jmdn. aufpassen 23
culpa *f* Schuld 11
culpable schuldig 20
cumpleaños *m* Geburtstag 26
cuñada *f* Schwägerin 4
cuñado *m* Schwager 4
curioso, -a neugierig 7

D

dar geben 11
dar gritos schreien 17
dar un frenazo bremsen 20
darle tiempo al tiempo nur mit der Ruhe 6
de aus 1
¿de acuerdo? einverstanden? 21
de atrás von hinten 17
debajo de unter 30
deber sollen, müssen 19
deber de sollte, müsste 19
decir sagen 15
declaración *f* Aussage 17, Erkärung 20
declaración *f* **de los hechos** Beweisaufnahme 20
declarar deklarieren 2
decorado *m* Dekoration 13
de día tagsüber 17
¿de dónde? woher? 3
dejar dalassen 13, hinterlassen, zurücklassen 15, (über)lassen 16, übrig lassen 26
delante de vor 11
de maravilla wunderbar 19
de memoria auswendig 7
de nada gern geschehen, bitte (als Antwort auf »Danke«) 1
de noche nachts 18

denuncia *f* Anzeige 17
denunciar anzeigen 17
departamento *m* Zugabteil 9
¿de parte de quién? wer spricht dort? 7
de paso im Vorbeigehen 24
depende kommt drauf an 6
dependiente *m/f* Verkäufer/in 8
deporte *m* Sport, Sportart 21
depósito *m* (Benzin)tank 19
de prisa schnell 20
de pura cepa reinrassig 28
¿de quién? wessen? 13
derecha *f* rechte Seite 16
desagradable unangenehm 14
desastre *m* Desaster 20
desayunar frühstücken 6
desayuno *m* Frühstück 6
descansar ausruhen 18
descolgar (-ue-) aushängen, (Hörer) abnehmen 15
describir beschreiben 17
descuidar unbesorgt sein 30
desde seit 24
desde hace seit 24
desear mögen, wünschen 8
desgracia *f* Unglück 19
despedida *f* Abschied 29
despedir a alguien jmdn. entlassen 22
despedirse (-i-) sich verabschieden 18
después nachher 6
después de nach 13
desvergonzado, -a frech 14
detallado, -a detailliert 25
de todos modos auf alle Fälle 17
detrás de hinter 30
deuda *f* (Geld)Schuld 26
de verdad wirklich 14
¿de verdad? tatsächlich? 20
de vez en cuando ab und zu 10
día *m* Tag 1
día *m* **de salida** Abreisetag 18
día *m* **del santo** Namenstag 5
diccionario *m* Wörterbuch 2
diciembre *m* Dezember 18
diferente anders 7
difícil schwierig 4
digno, -a würdig, wert 12
dinero *m* Geld 22
dirección *f* Adresse 3, Richtung 12
directo, -a direkt 9
discoteca *f* Diskothek 18
disfrutar de a.c. etw. genießen 7
divertido, -a lustig 10
divertirse sich vergnügen 19
docena de huevos *f* ein Dutzend Eier 8
doctor *m* Arzt, Doktor 29
doler (-ue-) schmerzen 29
dolor *m* Schmerz 22
domingo *m* Sonntag 1
donde wo 3
¿dónde? wo? 2
dormir (-ue-) schlafen 10
dormir como un tronco fest schlafen 19
dormitorio *m* Schlafzimmer 5
ducha *f* Dusche 5
dudar zweifeln 26
dulce *m* Süßspeise 6
dulce süß 2
duro, -a fest, hart 8

E

echar gießen 7
echar a alguien de menos jmdn. vermissen 30
electricidad *f* Strom 18
electrizar elektrisieren 25
elegante elegant 12
empanadas *f pl* gefüllte Teigtaschen 28
empaquetar einpacken 23
empezar (-ie-) anfangen 8
empleada *f* Angestellte 3
emplear einstellen 22
en im 1
en absoluto überhaupt nicht 5
enamorado, -a verliebt 19
encantado, -a entzückt, sehr angenehm 4
encantar begeistern 12
encantar a alguien jmdn. erfreuen, ihm schmecken, gefallen 13
en casa de (zuhause) bei 27
en caso que falls 27
encima de auf 30
encontrar (-ue-) finden 9
encontrarse sich treffen 10
encuentro *m* Treffen 4
enero *m* Januar 18
enfadarse sich ärgern 26
enfermera *f* Krankenschwester 1
enfermo *m* Kranker 22
enfermo, -a krank 2
enfrente gegenüber 5

¡enhorabuena! ich gratuliere! Glückwunsch! 26
en las afueras de außerhalb von 30
en plena calle auf offener Straße 17
en principio im Prinzip, eigentlich 12
¿en qué puedo servirle? was kann ich für Sie tun? 17
ensalada *f* Salat 7
enseñar zeigen 16
¿en serio? im Ernst? 25
entonces dann 8
entrada *f* Eintrittskarte 21
entrar hineingehen 1, hereinkommen 5
entre zwischen 13
entrevista *f* Interview, Vorstellungsgespräch 22
en un abrir y cerrar de ojos im Handumdrehen 17
en vano umsonst 18
envuelto, -a eingewickelt 26
época *f* **del año** Jahreszeit 10
equipaje *m* Gepäck 2
equipaje *m* **de mano** Handgepäck 30
equipo *m* Mannschaft 21
escaparate *m* Schaufenster 16
escribir schreiben 4
escritorio *m* Schreibtisch 30
escuchar (zu)hören 6
escuela *f* Schule 11
escuela *f* **de lenguas** Sprachenschule 22
espalda *f* Rücken 22
España *f* Spanien 1
español, -a spanisch, Spanier/in 1
espárrago *m* Spargel 13
especial speziell 13
especializarse en sich spezialisieren auf 13
espectáculo *m* Vorstellung 25
esperar warten 11
esposa *f* Ehefrau 4
esposo *m* Ehemann 4
esquí *m* Skifahren 21
esquina *f* Ecke 5
está bien in Ordnung 3
estación *f* **central** Hauptbahnhof 9
estación *f* **del metro** U-Bahnstation 5
estación *f* **de servicio** Service-Station 19
estadio *m* Stadion 21
estar sein 2
estar de acuerdo einverstanden sein 17
estar de pie stehen 17
estar hecho polvo kaputt sein 19
estómago *m* Magen 22
estrecho, -a eng 16
estropeado, -a kaputt 24
estudiar studieren, lernen 1
estudio *m* Studio 6
estupendo, -a hervorragend 22
evitar verhindern 20
exacto, -a genau 3
examen *m* Prüfung 26
excelente ausgezeichnet 3
excepcional außergewöhnlich 7
excepto ausgenommen 30
exceso *m* **de peso** Übergewicht 30
excursión *f* Ausflug 10
excusa *f* Entschuldigung 14
excusarse sich entschuldigen 14
exigir fordern 22
experiencia *f* Erfahrung 22
experiencia *f* **laboral** Berufserfahrung 22
exposición *f* Ausstellung 24
extranjera *f* Ausländerin 3
extranjero *m* Ausland, Ausländer 3
extravagante extravagant 16

F

fabricar herstellen 3
fácil leicht 4
facturar (Gepäck) aufgeben 30
falda *f* Rock 16
faltar fehlen 19
familia *f* Familie 3
familiar Familien- 6
famoso, -a berühmt 3
fanático, -a de alguna cosa verrückt auf etw. 21
fantástico, -a fantastisch 18
farmacia *f* Apotheke 29
febrero *m* Februar 18
¡felices pascuas! frohe Feiertage! 26
felicitar gratulieren 26
feliz glücklich 22
¡feliz navidad! frohe Weihnachten! 26
festejar Fest feiern 26
festivo, -a festlich 26
ficha *f* Schein, Formular 29
fiebre *f* Fieber 25
fiesta *f* Fest 7
fijo, -a fest 25
fin *m* **de semana** Wochenende 24
finalmente schließlich 15
flamenco *m* Flamenco 25

flan *m* Karamellpudding 13
flojo, -a mager 6
flor *f* Blume 7
fondo *m* Tiefe 16
footing *m* Jogging 21
formulario *m* Formular 17
foto *f* Foto 30
fotografía *f* Foto 12
frenazo *m* Bremsung 20
frenazo *m* **de emergencia** Notbremsung 20
frío *m* Kälte 18
fruta *f* Frucht 6
fuego *m* Feuer 7
fuera raus, weg 14
fuerte stark, reichhaltig 6
fumador *m* Raucher 9
fumar rauchen 21
fútbol *m* Fußball 21

G

gafas *f pl* Brille 17
galante galant 28
galleta *f* Keks 18
gallina *f* Huhn 8
gallinas *f pl* **de corral** freilaufende Hühner 8
gamba *f* Garnele 13
gana *f* Lust 11
ganga *f* Schnäppchen 23
garganta *f* Hals 29
gasolina *f* Benzin 19
gasolinera *f* Tankstelle 19
gastar verbrauchen 19
gato *m* Katze, Kater 6
generalmente im Allgemeinen 14
genial genial 12
gente *f* Menschen, Leute 3
gota *f* Tropfen 19
gracias danke 1
¡gracias a Dios! Gott sei Dank! 20
gramo *m* Gramm 8
gran almacén *m* Warenhaus 25
grande groß 2
grandeza *f* Größe 12
grave ernst 29
gripe *f* Grippe 29
gris grau 16
grito *m* Schrei 17
grupo *m* Gruppe 10
guapo, -a hübsch 11
¡guay! (ugs.) toll! 5
guía *m* Reiseführer 10
guía *f* **de teléfonos** Telefonbuch 24
guitarra *f* Gitarre 9
gustar gefallen 7

H

haber haben, sein 12
habitación *f* Zimmer 5
habitación *f* doble Doppelzimmer 27
habitación *f* **individual** Einzelzimmer 27
hablar sprechen 1
hacer machen 7
hacer autostop trampen 7
hacer calor warm sein 18
hacer falta nötig sein 14
hacer frío kalt sein 18
hacer transbordo umsteigen 9
hacerse (-g-) werden 30
(el) hambre *f* Hunger 5
harina *f* Mehl 8
hasta bis 3
hasta la vista auf Wiedersehen 3
hasta luego bis später 3
hasta mañana bis morgen 3
hasta otro día bis dann 3
hasta pronto bis bald 3
hay es gibt 3
helado *m* Eis 13
hermana *f* Schwester 4
hermano *m* Bruder 4
hija *f* Tochter 4
hijo *m* Sohn 4
hijos *m pl* Kinder 4
hinchado, -a geschwollen 29
histórico, -a historisch 12
hola hallo 2
hombre *m* Mann, Mensch 11
hombro *m* Schulter 22
hora *f* Uhr 6
horno *m* Backofen 28
hospital *m* Krankenhaus 22
hostería *f* einfaches Lokal mit typischen Gerichten 13
hotel *m* Hotel 3
hoy heute 6
huella *f* Spur 19
huevo *m* Ei 6
húmedo, -a feucht 14
huracán m Orkan 20

I

ida *f* Hinfahrt 9
ida y vuelta Hin- und Rückfahrt 9
idea *f* Idee 7
igual gleich 12, gleichartig 28
imaginarse sich vorstellen 22
importancia *f* Bedeutung 12
importante wichtig 13
importar wichtig sein 6
importar algo a alguien jmdm. etwas ausmachen 24
impresión *f* Eindruck 20
impresionante beeindruckend 12
impresionar beeindrucken 12
incluir einschließen, beinhalten 25
incluso sogar 18
increíble unglaublich 11
información *f* Information 10
informática *f* Informatik 10
ingeniero *m* Ingenieur 1
Inglaterra *f* England 3
inglés, -sa englisch 1
ingrediente *m* Zutat 7
inhalación *f* Inhalation 29
inicial Anfangs- 22
inmediato, -a gleich, sofort 14
inofensivo ungefährlich 14
inquietarse beunruhigt sein 30
insaciable unersättlich 25
inspección *f* Inspektion 19
inspiración *f* Inspiration 6
instalar installieren 24
instituto *m* Institut 5
interesado *m* Interessent 22
interesante interessant 1
internacional international 15
invierno *m* Winter 18
invitar einladen 28
ir fahren, gehen 3
ir de cámping campen gehen 18
ir de compras einkaufen gehen 6
irse weggehen 6
isla *f* Insel 27
italiano, -a italienisch, Italiener/in 1
izquierda *f* Linke, links 28

J

jamón *m* Schinken 6
jamón *m* serrano Landschinken 8
jardín *m* Garten 27
jerez *m* Sherry 3
jersey *m* Pullover 16
joven jung 8
judías *f pl* **verdes** grüne Bohnen 7
jueves *m* Donnerstag 21
jugar spielen 4
julio *m* Juli 18
junio *m* Juni 18
junto, -a neben 5, gemeinsam 6

K

kilo *m* Kilo 8
kilómetro *m* Kilometer 5

L

la primera vez zum ersten Mal 10
laboral Arbeits- 22
ladrar bellen 14
ladrón *m* Dieb 17
lamentar bedauern 25, klagen 28
lámpara *f* Lampe 23
largo, -a lang 25
lástima *f* Bedauern 12
lata *f* Dose 8
latinoamericano, -a lateinamerikanisch 21
lavabo *f* Waschraum 18
lavado *m* Waschen 14
lavadora *f* Waschmaschine 16
lavar al seco chemisch reinigen 24
lavarse sich waschen 6
leche *f* Milch 1
leer lesen 6
lejos weit 3
lengua *f* Sprache 3, Zunge 29
levantarse aufstehen 6
libre frei 6
libro *m* Buch 2
ligero, -a leicht 29
limpio, -a rein 21
líquido *m* Flüssigkeit 19
líquido *m* **de frenos** Bremsflüssigkeit 19
lista *f* Liste 6
listo, -a fertig, bereit 2, gescheit, schlau, fertig 17
llamada *f* Anruf 15
llamada *f* **a cobro revertido** R-Gespräch 15
llamar anrufen, rufen 15
llamarse heißen 6
llave *f* Schlüssel 4
llavero *m* Schlüsselbrett 24
llegar ankommen 11
llegar tarde sich verspäten 11

llenar füllen, ausfüllen 22
lleno, -a voll 19
llevar retraso Verspätung haben 9
llevarse alguna cosa etwas mitnehmen 17
llover (**-ue-**) regnen 20
lluvia *f* Regen 22
lo siento tut mir Leid 8
local örtlich 13
local *m* Lokal 25
loco *m* Verrückter 25
luego nachher 3
lugar *m* Ort 10
luna *f* Mond 4
lunes *m* Montag 3

M

madre *f* Mutter 4
madrileño,-a Madrider, -in, aus Madrid 3
madrugada *f* früher Morgen 22
magdalena *f* in Papierhüllen gebackene Biskuittörtchen 6
maleta *f* Koffer 2
malo, -a schlecht 4
mañana *f* Morgen, morgen 5
manchego *m* Käse aus der Mancha 8
mandarina *f* Mandarine 18
mano *f* Hand 2
mantón *m* Umhang 25
máquina *f* (**de escribir**) Schreibmaschine 17
maravilla *f* Wunder, Wunderwerk 19
marca *f* Marke 13
marcar anwählen 15
marcharse weggehen 30
marido *m* Ehemann 4
marrón braun 16
martes *m* Dienstag 21
marzo *m* März 18
más mehr 4
más o menos ungefähr 6
más próximo, -a nächste 15
mascota *f* Maskottchen 5
matar töten 24
matar dos pájaros de un tiro zwei Fliegen mit einer Klappe schlagen 24
mayo *m* Mai 18
me mir 7
media suela *f* Laufsohle 24
medianoche *f* Mitternacht 6
medicamento *m* Medikament 29
médico *m* Arzt 23
medio, -a halb 6
mediodía *m* Mittag 6
mejorar verbessern 12
mejorarse genesen 29
melancólico, -a melancholisch 25
menú *m* **turístico** Touristenmenü 13
merecer (**-zc-**) verdienen, wert sein 23
merendar (**-ie-**) vespern 6
merienda *f* Vesper 6
mermelada *f* Marmelade 6
mes *m* Monat 5
mesa *f* Tisch 5
mesón *m* rustikales Gasthaus 13
meter hineinstecken, -tun 16
metro *m* Metro 3
México *m* Mexiko 15
mi mein 2
miedo *m* Angst 14
mientras während 15
mientras tanto währenddessen 19
miércoles *m* Mittwoch 21
mil veces tausendmal 14
mínimo, -a Mindest- 22
mío mein, von mir 28
mirar sehen 5
mismo, -a der-, die-, dasselbe 15
mochila *f* Rucksack 18
moda *f* Mode 16
modelo *m* Modell 16
moderno, -a modern 4
molestar stören 9
momento *m* Moment 11
monedero *m* Geldbeutel 17
mono, -a reizend 5
monte *m* Berg 4
morder (**-ue-**) beißen 14
morir (**-ue-**) sterben 15
mostrador *m* Schalter 30
mostrar (**-ue-**) zeigen 16
motor *m* Motor 19
mozo *m* Bursche, Tankwart 19
mucha suerte viel Glück 26
muchas felicidades herzlichen Glückwunsch 26
muchas gracias vielen Dank 1
muchedumbre *f* Gedränge 17
mucho, -a viel 2
mucho gusto freut mich sehr 4
mueble *m* Möbelstück 5
mujer *f* Frau 4
Múnich München 1

museo *m* Museum 12
música *f* Musik 6
muy sehr 4

N

nacional national 21
nadie niemand 13
naipe *m* Spielkarte 21
nata *f* Schlagsahne 13
natación *f* Schwimmen 21
naturalmente natürlich 14
navidad *f* Weihnachten 26
necesario, -a notwendig 2
necesitar brauchen 2
negro, -a schwarz 5
nervioso, -a nervös 14
neumático *m* Reifen 19
nevar (-ie-) schneien 20
niebla *f* Nebel 20
nieta *f* Enkelin 4
nieto *m* Enkel 4
nietos *m pl* Enkelkinder 4
niña *f* Mädchen 3
ninguno, -a keine(r) 13
niño *m* Junge 3
niños *m pl* Kinder 3
no nein 1
no es nada das macht nichts 1
no fumadores *m pl* Nichtraucher 9
no hay de que keine Ursache 1
¿no le parece? meinen Sie nicht auch? 10
noche *f* Abend, Nacht 6
nombre *m* Name 4
nórdico, -a nordisch 25
normalmente normalerweise 14
nota *f* Nachricht, Notiz 14
noviembre *m* November 18
nube *f* Wolke 5
nuestro, -a unser 3
nuevo, -a neu 4
número *m* **de teléfono** Telefonnummer 14
nunca nie 10

O

o oder 15
obra *f* Werk 12
ocasión *f* Gelegenheit 7
octubre *m* Oktober 18
ocupado, -a besetzt 15
ocuparse de alguna cosa sich mit etwas befassen 17
ocurrir vorkommen, geschehen 17
oferta *f* Angebot 8
oferta *f* **de trabajo** Stellenangebot 22
oficina *f* Büro 3
oficina *f* **de información** Informationsbüro 3
oficina *f* **de la telefónica** Telefonamt 15
ofrecer (-zc-) anbieten 10
oír (-g-) hören 15
ojalá hoffentlich 26
olvidar vergessen 20
operación *f* Operation 29
oportunidad *f* Gelegenheit 27
óptica *f* Optikerfachgeschäft 24
órden *m* Ordnung 11
organizar organisieren 10
orgullo *m* Stolz 25
oso *m* Bär 5
oso *m* **de felpa** Teddybär 5
otoño *m* Herbst 18
otro, -a andere/r 3

P

pacífico, -a friedlich 14
padre *m* Vater 4
padres *m pl* Eltern 4
paella *f* spanisches Reisgericht 7
paellera *f* typische Paellapfanne 7
pagar zahlen 3
país *m* Land 1
pájaro *m* Vogel 24
palabra *f* Wort 21
pálido, -a blass 20
palmoteo *m* rhythmisches Klatschen 25
pan *m* Brot 5
pan *m* **integral** Vollkornbrot 18
panadería *f* Bäckerei 24
pantalones *m pl* Hosen 14
papel *m* Papier 16
paquete *m* Paket, Tüte 8
paquete *m* **de cigarrillos** Päckchen Zigaretten 8
para für 2, nach 3, damit 6, um zu 7
¿para cuándo? für wann? 9
parada *f* Haltestelle 5
para mayor seguridad sicherheitshalber 28
¿para qué? wofür 9
¿para quién? für wen? 9
pardo, -a braun, grau, trüb 6

parecer (-zc-) scheinen 10
parque *m* Park 4
parrillada *f* Gegrilltes 13
parte *f* Teil 10
parte *f* **trasera** hinterer Teil 20
partido *m* **de fútbol** Fußballspiel 21
partir wegfahren, abreisen 9
pasajero *m* Passagier 1
pasaporte *m* Reisepass 2
pasar vorbeigehen, vorbeifahren, vergehen 5, verbringen 6, durchgehen 9, vorbeikommen, vorbeigehen 12, überschreiten 30
pasarse sich begeben 25
pascua *f* **florida** Ostern 26
pascuas *f pl* kirchliche Feiertage 26
pasearse spazieren gehen 25
paseo *m* Weg, Promenade 3, Spaziergang 6
pasión *f* Leidenschaft 25
pastel *m* Kuchen 13
pastilla *f* Tablette 29
pata *f* Pfote 14
patata *f* Kartoffel 8
patrón *m* Schutzpatron 12
pedir (-i-) verlangen, bitten 13
pedir excusas sich entschuldigen 14
pedir hora einen Termin vereinbaren 29
película *f* Film 4
peligroso, -a gefährlich 18
pelo *m* Haar 22
pensión *f* Pension 19
pequeño, -a klein 2
perder de vista aus den Augen verlieren 17
pérdiz *f* Wachtel 10
perdón Entschuldigung 1, 11
perfectamente perfekt 16
periódico *m* Zeitung 5
permiso *m* **de conducir** Führerschein 20
permitir erlauben 25
pero aber 3
perro *m* Hund 14
perseguir (-i-) verfolgen 17
persona *f* Person 3
pesado, -a schwer 2
pesar wiegen 2
pescado *m* Fischgericht 6
pie *m* Fuß 3
pierna *f* Bein 18
pintar malen 6
pintor *m* Maler 6
Pirineos *m pl* Pyrenäen 4
piscina *f* Schwimmbad 25
piso *m* Wohnung 5
planchar bügeln 16
planear planen 27
plano *m* **de la ciudad** Stadtplan 10
planta *f* Stockwerk 9
plato *m* Gericht 6, Teller 7
playa *f* Strand 3
plaza *f* Platz 3
plomo *m* Blei 19
pobrecito *m* Ärmster 19
poco, -a wenig 3
poder (-ue-) können 6
policía *m* Polizist 2
póliza *f* **del seguro** Versicherungsschein 20
pollo *m* Hähnchen 7
polvo *m* Staub 19
poner setzen, stellen 7
ponerse triste traurig werden 30
por für 1, durch 3
por aquí hier entlang 2
porcelana *f* Porzellan 23
por ciento *m* Prozent 13
por Dios um Gottes willen 10
por ejemplo zum Beispiel 21
por el momento no im Augenblick nicht 16
por favor bitte 1
por fin endlich 10
por lo menos wenigstens 15
por mucho que auch wenn 27
porque weil 10
¿por qué no? warum nicht? 11
porrón *m* Porron (langhalsige Flasche mit Trinkrohr) 7
por si las moscas ... für alle Fälle 23
postre *m* Nachtisch 6
practicar üben 14, betreiben 21
práctico, -a praktisch 3
precio *m* **fijo** Festpreis 13
precioso, -a herrlich 12
precisamente ausgerechnet, gerade 15
predilecto Lieblings- 26
preferencia *f* Vorfahrt 20
preferir (-ie-) vorziehen 29
prefijo *m* Vorwahl 15
pregunta *f* Frage 9
preocuparse sich Sorgen machen 14
preparar vorbereiten 6, zubereiten 7
presentarse sich vorstellen 22

presión *f* Druck 19
pretensión *f* Anspruch 13
prever vorausplanen 24
primavera *f* Frühjahr 18
primero, -a zuerst, als erste(r) 9
prisa *f* Eile 20
probador *m* Umkleidekabine 16
probar (-ue-) probieren 8
probarse (-ue-) alguna cosa (sich) etwas anprobieren 16
problema *m* Problem 6
profesión *f* Beruf 22
profesor *m* Lehrer 1
profundamente tief 29
prohibido, -a verboten 12
pronto gleich 14
propina *f* Trinkgeld 13
proponer vorschlagen 25
provincia *f* Provinz 27
próximo, -a nächste(r) 9
puente *m* Brücke 30
puerta *f* Tür, Tor 3
puesto *m* **de trabajo** Arbeitsplatz 22
puro, -a rein, pur 25

Q
que wie, welche, die 1
¿qué? was? 1
¡qué barbaridad! unglaublich! 23
qué cara so eine Frechheit 20
quedar bleiben 4, passen 16
quedarse bleiben 6
quedarse con la boca abierta sprachlos sein 18
¡qué horror! wie schrecklich! 20
qué interesante wie interessant 1
qué lástima wie schade 11
qué mar de ... welche Menge ... 23
qué pena wie schade 20
querer (-ie-) wollen, mögen, lieben 8
queso *m* Käse 6
¿qué tal? wie? 13
¡qué te mejores! gute Besserung! 29
¡qué te vaya bien! Alles Gute! 30
¿quién? wer? 4
quisiera ich möchte gern 10
quizá vielleicht 26

R
ramo *m* **de flores** Strauß Blumen 8
rápidamente schnell 14
rara vez selten 10
raro, -a selten, seltsam 19
rastro *m* Flohmarkt 23
rato *m* Augenblick, Weile 9
rayado, -a gestreift 16
realmente eigentlich 21
rebaja *f* Sonderangebot 5
rebanada *f* **de pan** eine Scheibe Brot 8
recado *m* Nachricht, Botschaft 15
recados *m pl* Besorgungen 24
recepción *f* Rezeption 27
receta *f* Rezept 29
recetar verschreiben 29
recibir empfangen 23
recoger abholen 24
recomendar (-ie-) empfehlen 29
reconocer (-zc-) zugeben 20
reflejar widerspiegeln 12
regalar schenken 5
regalo *m* Geschenk 16
regatear handeln 23
región *f* Region 7
regla *f* Regel 25
regresar zurückkommen 18
reirse a carcajadas aus vollem Halse lachen 17
rellenar ausfüllen 17
reloj *m* Uhr 23
relojería *f* Uhrenfachgeschäft 24
remolcar abschleppen 20
reparar reparieren 24
repetir (-i-) wiederholen 15
requerir (-ie-) fordern 22
reserva *f* Reservierung 9
reservar reservieren 9
respetar beachten 20
respiración *f* Atmung 29
respirar atmen 29
resto *m* Rest 26
resultar ausfallen 16
retrato *m* Porträt 26
rey *m* König 9
rico, -a reich, wohlschmeckend 8
río *m* Fluss 5
ritmo *m* **gitano** Zigeunerrhythmus 25
robar stehlen 17
robo *m* Diebstahl 17
roedor *m* Nagetier 5
rojo, -a rot 16
romper kaputtmachen 14
ropa *f* Kleidung 2

rubio, -a blond 2
ruido *m* Lärm 3, Geräusch 19
rústico, -a rustikal 13

S

sábado *m* Samstag 21
saber wissen, können 6
sabroso, -a schmackhaft 28
sacar herausholen 5, herausnehmen, (Fahrkarte) lösen 9, herausstrecken 29
saco *m* **de dormir** Schlafsack 18
sal *f* Salz 7
sala *f* **de espera** Wartezimmer 29
sala *f* **de estar-comedor** Wohn-Eßzimmer 5
salchicha *f* Würstchen 7
salir (**-g-**) abfahren, hinausgehen 9, ausgehen, hinausgehen 11
saltar springen 14
saludar grüßen 2
sangría *f* Sangria 13
sano, -a gesund 29
santo *m* Heiliger, Schutzpatron 5
sardina *f* Sardine 8
sartén *f* Stielpfanne 7
secretaria *f* Sekretärin 22
sé ich weiß 6, 7
sed *f* Durst 5
seda *f* Seide 16
sediento durstig 21
seguir (**-i-**) fortfahren 15
según gemäß 25
segundo, -a zweite(r) 9
seguramente sicherlich 15
seguridad *f* Sicherheit 28
sello *m* Briefmarke 24
semana *f* Woche 3
señal *f* Signal(ton), Zeichen 15
sencillo, -a einfach 13
señor *m* Herr 2
señora *f* Dame 4
señorita *f* Fräulein 2
sentarse (**-ie-**) sich setzen 26
sentimiento *m* Gefühl 25
sentir (**-ie-**) bedauern 8
septiembre *m* September 18
ser sein 1
ser aficionado, -a a alguna cosa von etw. begeistert sein 21
ser preciso nötig sein 26
ser probable wahrscheinlich sein 26
servicio *m* **de reparaciones** Kundendienst 24
servicios *m pl* Toiletten 18
servir (**-i-**) dienen 17, servieren 13
servirse (**-i-**) sich bedienen 28
sexy sexy 16
sí ja 1
siempre immer 7
silla *f* Stuhl 30
simpático, -a nett 1
sino sondern 1
sin plomo bleifrei 19
situación *f* Situation 14
sobre auf, über 14
sobrina *f* Nichte 4
sobrino *m* Neffe 4
sofá *m* Sofa 30
sol *m* Sonne 5
solamente nur 17
soleado, -a sonnig 5
soler gewohnt sein zu 6
solicitar alguna cosa etw. beantragen, anfordern 17
solo, -a allein 8
sólo nur 1
sonar (**-ue-**) läuten 11
sorpresa *f* Überraschung 7
sótano *m* Untergeschoss 25
su Ihr 2
subir einsteigen, hinaufgehen 9
sucio, -a schmutzig 2
sudoso, -a verschwitzt 21
suegra *f* Schwiegermutter 4
suegro *m* Schwiegervater 4
suegros *m pl* Schwiegereltern 4
sueldo *m* Gehalt 22
suerte *f* Glück 3
sugerencia *f* Vorschlag 25
supermercado *m* Supermarkt 8
sur *m* Süden 19
susto *m* Schreck 20
suyo, -a Ihr 28

T

taberna *f* kleineres (Wein)lokal 13
tablao *m* **de flamenco** Flamencobühne 25
tableta *f* **de chocolate** Tafel Schokolade 8
tacón *m* Absatz 24
taconeado *m* Steppen 25
talla *f* Konfektionsgröße 16
taller *m* Werkstatt 19

tamaño *m* Größe 7
también auch, außerdem 5
tampoco auch nicht 7
tanto, -a so viel 3
tapa *f* Häppchen 12
taquilla *f* Kasse, Kartenschalter 21
tardar dauern 9
tardar un rato etwas länger brauchen 9
tarde *f* Nachmittag 3
tarjeta *f* Visitenkarte 2
tarjeta *f* **telefónica** Telefonkarte 15
tarro *m* **de mermelada** Glas Marmelade 8
tarta *f* Torte 26
tasca *f* Kneipe 13
taxi *m* Taxi 3
taza *f* Tasse 7
¿te parece bien? bist du einverstanden? 11
teatro *m* Theater 5
técnica *f* Technik 21
tele(visión) *f* Fernsehen 6
telefónico, -a Telefon- 15
teléfono *m* Telefon 5
temprano, -a früh(zeitig) 9
tenedor *m* Gabel 7
tener haben 5
tener a disposición zur Verfügung haben 25
tener ganas de Lust haben zu 11
tener lugar stattfinden 20
tener mala cara schlecht aussehen 19
tener miedo a alguna cosa Angst vor etwas haben 14
tener mucho ojo aufpassen 17
tener razón Recht haben 26
tener tos Husten haben 29
tenis *m* Tennis 21
terminar aufhören 25
tesis *f* Doktorarbeit 20
testigo *m* Zeuge 20
tía *f* Tante 4
tiempo *m* Zeit 6
tiempo *m* **libre** Freizeit 6
tienda *f* Laden 12, Zelt 18
tienda *f* **de confecciones** Bekleidungsgeschäft 16
tierra *f* Erde 4
timbre *m* Türglocke 4
tintorería *f* Reinigung 24
tío *m* Onkel 4
tíos *m pl* Onkel und Tante 4
típico, -a typisch 7
tipo *m* Art, Typ 7
tirar (weg)werfen 22
tiro *m* Schuss 24
tocar berühren, spielen 4
tocar el timbre läuten 4
tocar la guitarra Gitarre spielen 4
toda una noche eine ganze Nacht lang 25
todavía noch 9
todavía no noch nicht 12
todo alles 2
todo el día den ganzen Tag 6
todo está patas arriba alles steht Kopf 29
todo recto immer geradeaus 12
todos, -as alle 6
tomar nehmen, trinken 1
tomar el sol sonnenbaden 18
tomar fotografías fotografieren 12
tomar nota notieren 27
tomate *m* Tomate 7
tortilla *f* span. Omelett 6
tos *f* Husten 29
toser husten 29
tostada *f* Toastbrot 6
trabajar arbeiten 6
trabajo *m* Arbeit 6
traer (**-g-**) bringen 18
tráfico *m* Verkehr 3
traje *m* Anzug 7
tranquilo, -a ruhig 5
transbordo *m* Umsteigen 9
tratar de (+ **Inf.**) versuchen 24
tren *m* Zug 3
(tren) rápido *m* Schnellzug 9
triste traurig 2
tristeza *f* Traurigkeit 25
trozo *m* Stück 8
tubo *m* **de mayonesa** Tube Majonäse 8
turista *m* Tourist 1
turístico, -a Touristen-, touristisch 10
tutearse sich duzen 23
tuyo, -a dein, von dir 28

U

último, -a letzter, letzte 3
un, -a ein, eine 1
un día eines Tages, einmal 26
una serie de eine Reihe von 25
Unión *f* **Europea** Europäische Union 2
universidad *f* Universität 11

un montón de eine Menge 25
un par de ein paar 27
un poco ein bisschen, etwas 1
un poquito ein bisschen 8
urgente dringend 15
usar benutzen 26
usted (abgekürzt: **Ud./Vd.**) Sie *(Sg.)*, **ustedes** (abgekürzt: **Uds./Vds.**) Sie *(Pl.)* 1
utilizar benutzen 15

V

vacaciones *f pl* Ferien 6, 26
¡vale! in Ordnung 11
valer wert sein, nützen 16
valorar schätzen 22
variado, -a vielfältig 13
variedad *f* Vielfalt 13
vaso *m* Glas 7
¡vaya! so was! 16
vecino *m* Nachbar 24
vendedor *m* Verkäufer 21
vender verkaufen 23
venir kommen 5
venta *f* Verkauf 9
ventana *f* Fenster 5
ventanilla *f* Schalterfenster, Zugfenster 9
ventanilla *f* **de venta de billetes** Fahrkartenschalter 9
ventas *f pl* auf Wild spezialisiertes Lokal 13
ver sehen 5
verano *m* Sommer 18
verdad *f* Wahrheit 3
¿verdad? nicht wahr? 3
verdadero, -a wirklich, wahrhaftig 23
verde grün 16
verdura *f* Gemüse 6
vestíbulo *m* Diele 5
vestirse sich ankleiden 18
vía *f* **aérea** Luftweg 10
viajar reisen 1
viaje *m* Reise 2
vida *f* Leben 6
vida *f* **nocturna** Nachtleben 25
viernes *m* Freitag 21
vigilado, -a bewacht 18
vino *m* Wein 3
visita *f* Besuch 10
visitar besuchen 10
viva es lebe hoch 21
vivir leben 5
volante *m* **del seguro** Versicherungsschein 29
volver (**-ue-**) zurückkommen 13
vuelo *m* Flug 30
vuelta *f* Rückfahrt 9

Y

y und 1
ya schon 6

Z

zanahoria *f* Mohrrübe 5
zapatería *f* Schuhmacherwerkstatt 24
zapato *m* Schuh 24
zumo *m* **de naranja** Orangensaft 18